シリウス星直系
クリヤヨガバイブル

ヘルメス・トートとのチャネリングから生まれた
ルン/Rlung㊋息空 のすべて

スティーブ・ジョブズもマイケル・ジャクソンも学んだ
カルマ解消の Secret Technique

サッチー亀井
（クリヤヨガマスター）

本書を出版するにあたって

ヒカルランドから『クリヤヨガバイブル』を出版できますことを大変喜ばしく思っております。ヨガによる健康増進やメンタルケアなど、皆さんの間でも心と体の繋がりや目には見えないけれど作用している魂についての関心が高まってきております今、この書が、これからの生き方や、思想や創造的領域の分野においても大いに役立つのではないかと期待しております。

本書の刊行にあたり、今回の出版のご縁を創ってくれました作家でクリヤヨガ指導者であり生徒の夏目祭子（まつりこ）さん、ご快諾いただいたヒカルランドの石井健資社長に、この場を借りて心より感謝いたします。

読者の皆さんが少しでも本書に価値を見出してくださいますことを祈っております。

二〇一七年二月一一日

クリヤヨガマスター／スピリチュアルヒーラー
クリヤヨガアカデミー校長　サッチー亀井

クリヤヨガ
アカデミー
kriya
YOGA
academy

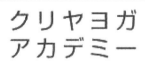

シリウス星直系 KRIYA YOGA BIBLE クリヤヨガバイブル 目次

Ancient Sirius Hermes Thoth
"Hermes Thoth the Keeper of Records the product of sophisticated thinkers. The Life when has Wisdom in Kriya Yoga"

Receive only the Sirius Hermes Thoth messages in Earth Satchi Kamei of Spirituality Awakening Nirvana

Nada (Mantra)
LemAtlantiara LemAtlantiara SiriusHermes Tohth SphinxAmenti Holy

カバーデザイン　takaokadesign
校正　麦秋アートセンター
本文仮名書体　文麗仮名（キャップス）

第1部

なぜ今
クリヤヨガなのか!?

序章

ヨガの起源の星シリウス直系のヨガ、
それが《クリヤヨガ》

クリヤヨガ／Kriya Yoga
宇宙開廟の祖ヘルメス・トートとイナンナ女神が創成した宇宙意識による地球最古にして最上のヨガ。「宇宙意識のヨガ」。瞑想・呼吸法・秘儀。「行動」「行い」「魂の向上」「意識の科学」を意味し、シリウス・レムリア・アトランティス語が語源。究極の人間覚醒修養法。日本ではスピリチュアルヒーラーのサッチー亀井が唯一指導している。チャクラをクレンジング（チューニング）し、「Rlung ルン」（プラーナ）を松果体へ巡らせクンダリーニを覚醒し解脱、ニルヴァーナ（大いなる存在と繋がり）を具現化し、その尊い慈愛のエネルギーを世の中に拡散し、還元して貢献することが最大の目的である。地球のみならず全宇宙の聖霊に護られた至高・究極・本質の根源の光自体のヨガアンドロメダ大星雲オリオン座シリウス星団のシリウスの星々ではきわめて古い時代からクリヤヨガ（瞑想）の修行が行われてきました。その起源はサット文明（紀元前800000 Sat年※［Sat ※巻末注釈参照］～紀元前5万年頃）にさかのぼるとも言われています。この「ヨガ」というシリウス語には、「目標」と「設定」「方法」という3つの意味合いが込められています。

目標ということでいえば、ヨガとは最高の境地における「調和」、すなわち大いなる存在を悟り、万象万物と一体となった状態を意味します。そして、この目標に到達するために役立つと考えられるすべての方法は「クリヤヨガ」といわれます。

この場合のヨガは、「手段・技法」を意味するアトランティス、シュメール語の「ユクティ」と同義です。このような調和を目指す人々の進歩をうながすと考えられる修行法は、すべてひっくるめてヨガという名で知られています。

すなわちヨガとは、一人の人間を、肉体ばかりでなく、精神、魂をもあわせて全人格的にとらえ、それらすべてを向上させ調和させていく、包括的な修行体系なのです。

しかし、わたしたちはこの調和への過程において、調和とは逆の「崩壊」を招くような、様々な困難に出合うことがあります。その一つが心や身体の病気です。そのとき、それに立ち向かう方法を見つけなければなりません。実際、健康な心身は、人間であるわたしたちが日々より良く生きるためには欠くことのできないものです。

「大いなる存在」と繫がる目的を持つ人間として手離すことのできない書物として『ヘルメス文

書』があります。心と体と魂に積極的な思念をもたらすための具体的な方法が綴られており、それらはクリヤヨガの起源に湧き上がった「熱り(ほとぼり)」に彩られた熱誠が残る知の地平です。

またシュメール文明の古典である「ギルガメッシュ叙事詩」では、実践・霊性の学習・宇宙への思念の3つがクリヤヨガとして定められています。

クリヤヨガは日常的に行うことで、高次と繋がる融和によって囚われのない精神状態で心と体と魂の領域から霊性を養う条件をつくるものです。ですから、心身のバランスがとれていなくても安心して開始できます。

また、ヨガに変な柔軟性だけを求めるのは大きな間違いです。過度に筋肉や組織を伸ばすことで、筋線維の受容体はそれを過剰なストレスとして受け止め、その信号を脳に送ってしまいます。そうなると潜在意識の領域に「心の結び目」が出来上がってしまうのです。いわゆるブロックのような状態になるのです。

クリヤヨガを実践して心身を調えることで、ヨガの実践に付き物の大きな落とし穴に出合ったり、心身の破綻をきたす不安から遠ざかることができます。これは真実でとても大切なことです。このことをヨガの実践者は決して忘れないでください。実際、残念なことに、他のヨガを行い続けたことで心身のバランスを失ったりするなど落とし穴や破綻に苦しんでいる人がたくさんいるのです。

クリヤヨガとは、古代よりエジプト、ギリシャ、インドはもとより世界に広く知られている科学でもあります。太古の叡智に根ざしたヨガの科学が生み出したシンプルかつ効果的な練習法であり、「KRIYA」とはシリウス星団のヘルメス・トートからの「創造の源の光」を意味しアトランティス語で「内側の光の鍛錬」を意味します。すなわち「心魂磨(しんこんみがき)」、生き様であり、これからの新しい世紀に代表される宗教性を超越した実践的な肉体とスピリットの「霊性修行」であり、「スピリチュアルジャーニー」そのものなのです。

クリヤヨガは、一人ひとりが存在の源と繋がり、人生を思い通りに創造していけることを目的としています。

クリヤヨガは、あなたの大切な時間と心と体と魂と魂の触れ合いの領域をも磨きをかけることができるシンプルで非常に強力なプロセス（デヴァインツール）です。

それは一般に特定の結果だけを達成することを目指すことなく、ヨガの規律の中、技術や練習だけにとらわれない自発的な「〝魂のリーラ（戯れ）〟」を地で行くものであり、「或るがまま」の「静寂な自己」を目指します。

クリヤのもう一つの意味は、目覚め（クンダリーニ）から生じる物理的な状態を言います。それは、クンダリーニエネルギーの目覚めから生じる自発的な動きのことを指します。

「Yoga」とは広義に大いなるものとの合一を意味します。繋げると、「クリヤヨガ（Kriya Yoga）」＝「内側の光の鍛錬」を意味し、大いなるものとの合一ということになります。

これは、人間の血液中の炭酸ガスを除去して酸素を補給していく、簡単な心理作用を活用した生理学的技法であり、この技法によって、体内に吸収された余分な酸素原子は生命エネルギーに変換され、脳や脊髄やＤＮＡの胚などの中核に活力と内在的変容の組成力を与えていきます。

クリヤヨギ（クリヤヨガ実践者）は、静脈血の蓄積を止めることにより、体内細胞の老廃を減少したり阻止したりできるようになり、さらに熟練すれば、肉体細胞を完全にエネルギーに変えることもできるようになるのです。

クリヤヨガでは、内外の環境が実践者の身体と心にもたらす影響に対して、じゅうぶん考慮がなされています。

それは、内外から心身に加わるさまざまな衝撃や攻撃（ストレス、プレッシャー）に効果的に対応できるような、一種の強力な免疫性を帯びた修養により、本来に根差した自然治癒力や自己治癒力が甦生されてくるのです。

こうした心身の強化と純化は、真のヨガが目指すところのバランスのとれた行動と安定した「智」にもとづく人格をもたらすために不可欠のものと考えられています。

健康や幸福感には様々なレベルや程度による質量があります。

クリヤヨガとは、この健康や幸福感を可能なかぎり最高のレベルまで引き上げるための秘宝といえるのです。

サッチー亀井

第1章　クリヤヨガ／神秘のサイエンス

スティーブ・ジョブズもクリヤヨガを学んでいた

あのスティーブ・ジョブズが、唯一、iPad に残していた書籍。

それは、クリヤヨガについて書かれた『あるヨギの自叙伝』だったんです。

今、世間で広く知られた一般的なヨガは、たくさんのポーズ（運動）を連続でとり、アグレッシブに体を鍛えていくタイプのものが多く、それはまるでラジオ体操のような動きを延々と1時間前後も繰り返しやるような感じであり、体に対して相当刺激を与え続ける種類のものがほとんどです。

これに対してクリヤヨガは、呼吸を基盤とした心と体にとても優しい動きが特徴的です。

呼吸に重点を置き、呼吸によりまず体の緊張を取り、そして、簡単な種類のポーズでより体をリラックスさせていく。とても瞑想的なものです。

これをしばらく繰り返すことで人間はより深い潜在意識と一つにつながっていけるのです。

一般的なヨガは、体を直接刺激するので、躍動感がとてもあり、その場限りではありますが心も元気になります。けれどもあっという間に心は萎えていき、ストレスに侵された状態になってしまいます。

しかしこのことを癒しだとほとんどの人々は、錯覚しているのです。一般的なヨガは、自己表現、自己主張が大変に過剰で、ポーズばかりに偏っていますが、このことに気づいておらず、社会通念としてこのようなものをヨガと呼んでいる人があまりにも多くて悲しくなります。

このようなポーズや見た目を重視する一般的なほとんどのヨガやフィットネスなどは脳を著しく刺激するものばかりで、一時の気分は高まり、それに伴って意味もなく変にテンションが高まっていってしまったりもします。

このような状態ですと心は、リラックスできていないと判断してしまい、勝手に興奮してくるのです。

脳の興奮を抑え静めるのは呼吸であり、「クリヤヨガ」による『鼻呼吸』と『内呼吸』が最適です。

『鼻呼吸』と『内呼吸』は、脳の興奮を静め、体の緊張を解き、心と体の繋がりを整えて高めてくれます。

このクリヤヨガの基盤と言える『鼻呼吸』と『内呼吸』は「セルフケア」の真骨頂といえます。

そして、これからのヨガの主流になります。

クリヤヨガは一般的なヨガとどう違うのか

一般的なヨガの場合

一般的なヨガのほとんどは、見た目の派手さを重視しており、内側からの変化よりも、表面上の効果を目的としているために「外呼吸」しか取り入れていません。

そのため、ハードなポーズや柔軟性の高いポーズ、道具を用いたり、環境（ホットヨガ）に頼らなければすぐに効果を出せず、結果、ポーズ、見た目はきれいでも、実際は身体にとても負担がかかってしまっているのです。

《一般的なヨガのイメージはこう》

身体が柔らかくないとできない（身体が柔らかくなりそう）
キレイにポーズがとれないから恥ずかしい（キレイにポーズをとりたい）
いろいろなヨガがありすぎて、どこを選んでいいかわからない（なので、とり敢えずホットヨガに行っている）

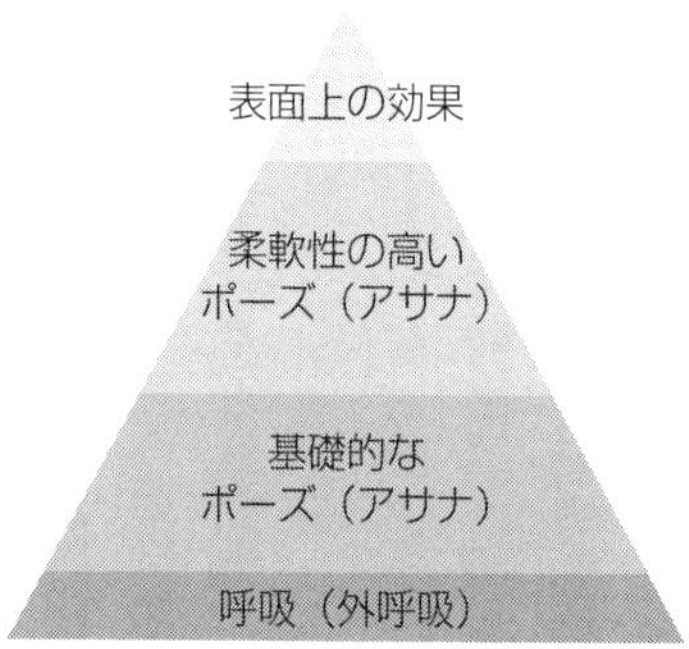

表面上の悩みを解決します。

・ダイエット
・美容（しわ・たるみ等々）
・運動機能による健康増進
・腰痛／疲労…etc.

若い人しかできなそう
女性ばかりで男性は入りづらい（ほとんどの男性には、「ヨガ、女性のするもの」との固定概念がある）

クリヤヨガの場合

クリヤヨガは、「内呼吸」に重点を置くことで、意識と神経に働きかけて体の内側から外側へと気づきを与えていく手法をとっています。

この方法は、「呼吸」を意識するだけで、心と体の両方を同時にデトックスしてアンチエイジングできますし、簡単なポーズをとるだけで、格段に高い効果が得られるのです。

そのため、負担の強い柔軟性の高いポーズを行わなくても、その人の体（状態）を考えたメニューで、負担がなく、体の硬さや年齢・性別を問わず、どんな方にでもできる万人のための優しいヨガなのです。

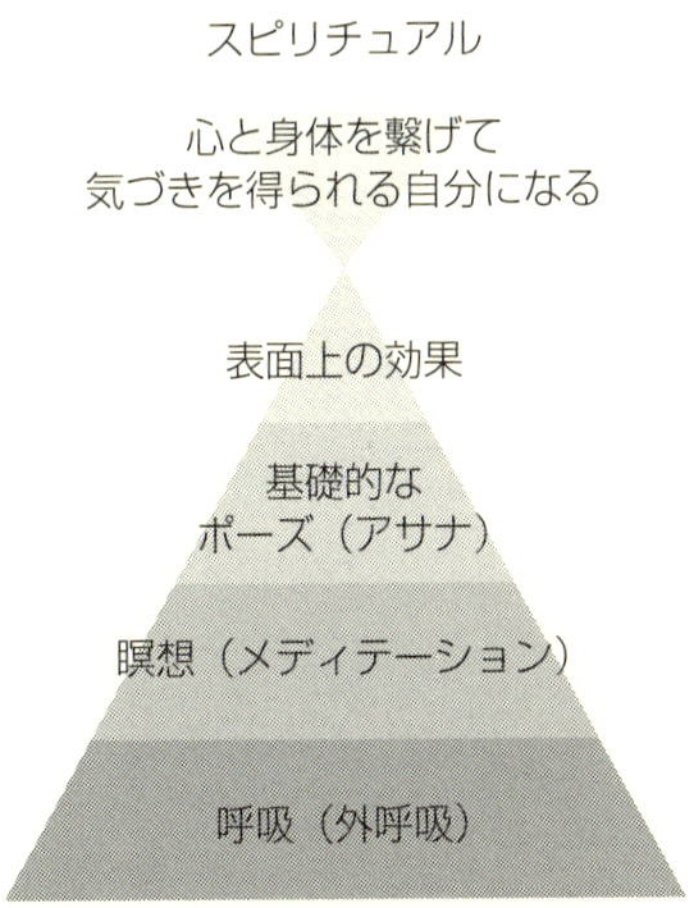

「内呼吸」を用いて神経や意識まで働きかけるため、表面上のお悩み以外にも、下記の効果が期待できます。

- 心と身体を繋げて未病に気づける身体になる
  →心身共に健康になる
- 脳の活性化／認知症予防／アンチエイジング
- デトックス
- 視力回復などの神経からくる症状の改善
- マインド向上／気づき／覚醒…etc

身体が硬くてもできる

誤解している人が多いのですが、ポーズの美しさと体の柔軟性は無関係です。体の硬い人の中にも美しいポーズをとる人はたくさんいます。この美しさも、自分への観察というものが大きく関係しています。

そして、身体の硬い人ほど、ヨガを始めるとその効果がはっきりとわかるようになります。ヨガの極意に気づきやすいといってもいいでしょう。

この極意を会得すると、健康になることはもちろん、心身を含めて若返っていきます。続けることによって、体の柔軟性も自然と増していくのです。

ポーズがとれなくても大丈夫

クリヤヨガは、極端に柔軟性を必要とするポーズやアクロバティックなポーズは一切行いません。キレイにポーズをとることよりも、日常生活で身体が楽に動けることを目指しているからです。

正しい動きは安全であると共に、快適でもあります

クリヤヨガは、ヨガの起源です。ですので、基礎をしっかり身に付けられます。現在、ヨガにおいて様々な流派等が存在しておりますが、そのすべてのヨガの基本となるのがクリヤヨガです。

クリヤヨガは、現代に必要な脳科学（脳トレ）やヒーリング（エネルギー療法）、引き寄せの法則（スピリチュアル心理学）の要素がふんだんに取り入れられています。

ヨガを楽しく行うためには、基本を学び基礎をしっかり身に付けることが一番良いでしょう。

ご高齢でも無理なく楽しめます

クリヤヨガと他のヨガの違う良い点は、見た目にキレイで完成されたポーズを目指さないということにあります。

呼吸の練習から始まり、だんだんと深い自分の内側に辿り着くように観察をくり返します。

ゆったりとした動きのポーズが中心なので、ご高齢の人でも十分に楽しめます。

男性の方にこそお勧めします

昨今では、女性限定の駅前ヨガスタジオが流行っているため、どうしても男性のヨガ人口はまだまだ少ないのが現状です。

しかし、ヨガは本来、老若男女だれでも楽しめるものなのです。

男性は女性と違って仕事などのストレスを心と体に溜め込みやすく、リラックスしにくいのも特徴です。

クリヤヨガでは副交感神経（リラックス効果を司る神経）に作用する鼻呼吸をしっかり練習するので、日常にも活かせて、どんな場所でもリラックスできる方法が身に付きます。

ですから、男性の方こそヨガをしたほうがいいのです。

世界では主流のクリヤヨガはなぜ日本であまり認知されていないのか

門戸が厳しい理由

海外の「クリヤヨガ」団体は、家元として独特のルールを規定していたため、門戸が厳しく、一般の人が気軽にできない環境にありました。

そのため、日本でもその流れを汲み、入門の条件も厳しく、教室がある所は限られ、あまり広まりませんでした。

しかし、本来「クリヤヨガ」は人を選ばずに誰でもできる心と体に優しいヨガなのです。

体が硬い人や、ご高齢者の方などに必要とされ、今後はどんどん流行っていくことでしょう。

伝統と最新が融合したスーパースピリチュアル

「クリヤヨガ」は呼吸と瞑想、意識の科学であり、本来の自らの心と体、内側、メンタルや、フィジカルを豊かに鍛え高めてくれるツールです。

わたしたちは今、社会の激動の時代を乗り越えようとしています。

同時にかつてないほどの大きな変化を余儀なくされています。

この激動の時代に「クリヤヨガ」について学び、あらゆる可能性の扉を開くことは、あなたの人生にとって大いなるアドバンテージとなることは間違いありません。

あなたはこの事実をご存じでしょうか

ヨガは本来、人間の生き方、すなわちアセンション（自己実現）して世の中をより良くしていくための術、マインドを鍛え魂を癒すものなのです。その科学的な技法こそ、「クリヤヨガ」なのです。

ヘルメス・トートやプラトン、エジプトのファラオ、ジーザス、仏陀、稗田阿礼（ひえだのあれ）（『古事記』作者）、空海、安倍晴明、レオナルド・ダ・ヴィンチ、シェークスピア、ベートーベン、本居宣長、平田篤胤、ローマ法王、ガンジー、エルビス・プレスリー、ザ・ビートルズ、松下幸之助、マイケル・ジャクソン、スティーブ・ジョブズ、マズロー博士、作家ヘンリー・ミラー、J・K・ローリング……。

これまでに多くの成功者や歴代の著名人がクリヤヨガを学び、歴史にその名を残してきました。

そしてこの度、古代エジプト・ギリシャ・インドの叡知が、忙しい現代人に合うように見事にリチューンされて誕生したのがクリヤヨガです。

このリチューンされた〝アンプラグド〟な「クリヤヨガ」は、伝統的な教えと最新の方法を統合しており、プログラムを実践するだけで、個人にとって心と体とマインドを最適な状態に、短時間で導くようにプログラムされています。

呼吸（上鼻道、内呼吸）と瞑想を使い、自身が作っている自分の限界を取り除き、本来持っている長所や力を伸ばし、人生の目的を再発見していきます。

ハードに体を動かし、柔軟性を競うだけの「フィットネス系ヨガ」を続けると、過度の柔軟性を必要とするポーズが筋肉の損傷を招き、脳と各神経、遺伝子へ「怖れ」や「傲慢」な「自己」として伝わり、潜在意識に「トラウマ」と「ストレス」という〝心の結び目〟を作ってしまう原因になります。

より深く本来のヨガを学びたい方、ヨガの真髄を身に付けたい方、ぜひ、一緒にヨガの真髄を経験し、アセンションしながら7つの海を巡りましょう。


クリヤのもう一つの意味は、目覚め（クンダリーニ）から生じる物理的な状態を言います。

それは、クンダリーニエネルギーの目覚めから生じる自発的な動きのことを指します。

「Yoga」とは大いなるものとの合一を意味します。

繋げると、「クリヤヨガ（Kriya Yoga）」＝「特定の行法による大いなるものとの合一」ということになります。

これは、人間の血液中の炭酸ガスを除去して酸素を補給する、簡単な心理生理学的技法であり、この技法によって、体内に吸収された余分の酸素原子は生命エネルギーに変換され、脳や脊髄の中核に活力を与えていきます。

クリヤヨギ（クリヤヨガ実践者のこと）は、静脈血の蓄積を止めることにより、体内細胞の老廃を減少させたり阻止したりできるようになり、さらに熟練すれば、肉体細胞を完全にエネルギーに変えることもできるようになるのです。

第2章　どうしてクリヤヨガに出会ったのか

ヨガに出会うまでの旅

ここで少々ジェットコースターのようなわたしの半生とヨガとの出会いのエピソードをシェアしてもらいたいと思います。けっして退屈させないほどの波瀾万丈ぶりです。

小学生時分は運動と読書好きの父親のおかげで体育と作文が好きな子どもでしたが、基本的にはボーっとするのも好きでした。活発な面もあり、見様見まねで学校の砂場でバック転、前転、側転、なんでもできました。習い事は塾と書道なのに、なぜか水泳や陸上の大会にお呼びがかかって出たりもしていました。自分でいうのもあれですが、元祖ジャニーズ系でした。ジュノンボーイなんてまだない時代です（笑）。お気に入りの大好きな歌は〝アイル・ビー・ゼア〟、ジャクソン5です。

中学生になり入学した学校が当時神奈川で一番ワルと評判の学校で、入学式中に上級生から因縁つけられて、いわゆる「メンタン切られ」たり。その上級生のイニシャルは○・Y。今でもおぼえています。

とにかく荒（すさ）んだ生徒が多い学校でした。当時の部活は県内唯一のフィギュアスケート部。お気に入りの想い出は〝ジャネット・リン〟です。

2年生で市内の別の学校へ転校しました。ワルさ100倍のとこからの転校生ということですぐにわたしは上級生らから目をつけられましたが、ハッタリをかましてデカイ態度で臨んだところ、見事退散してくれました（ホッ）。その後、卒業まで番を張ることになりました。

他校の女生徒からも人気で、〝ビー・バップ・ハイスクール〟を地でいってました（苦笑）。

また、そのころの友達○・I君のおかげでスピリチュアルにも目覚め、体外離脱を何度も体験するようになりました。その他にも心霊現象など毎日のように体験しました。チャネリング、サイキックな能力も開花し、時同じくして、暴走族にも参加。国内最大のチームだった〝○○○○エンペラー〟の横浜支部幹部として、再三の補導で幾度か両親と共に家裁へ行ったのは、今思えば本当に親不孝な息子でした。

その後もやんちゃな気質はあいかわらずで、翌年入学した某美容学校もわずか2ヵ月で退学。親からの大ひんしゅくをかってしまいました（当然ですよね）。

その後は、友人のすすめで東京ディズニーランドを造る建設作業員として○HI等で研修。まだ赤土とダンプ、重機入り混じる中、アドベンチャートンネル等を建設する部署で作業にあたりました。

そして、そのころ、その後の人生を決定づけた事件がおきたのです。

非行仲間だった○・S君がとある一件のことで急にいちゃもんをつけてきました。

「亀、つきあい悪いんだよ！」と言い放ち、顔を拳で思いっきりなぐってきたのです。とっさのことで一瞬ひるみましたが、気をとりなおしなぐり返そうか思ったけど、急に心の声がしてきてアホくさくなったので、「じゃあな！」とだけ言ってその場を後にしました。この時の自分の心の声を今でもハッキリおぼえています。

「こんなことしてたらだめだ。別の世界で生きよう！」って。

その後、外資系大手の企業に奇跡の就職決定。在職中3度の全社トップセールスの売り上げを叩き出しました。18、19才の頃です。

また、休日になんとなくウィンドサーフィンを始めてみました。

3回目のウィンドスクール中コーチから衝撃の「ひと言」がありました。

「男のくせにおまえバランス感覚悪いな！」って。

この一声がわたしの負けず嫌いの炎を一気に燃え上がらせてくれました。

その晩、いきつけの居酒屋〇太郎で「〇〇〇さん、おれ、わるいっすけど世界行きますから！プロウィンドサーファーになって世界でたたかいますから!!!」と公言してしまったのです。

同席の友人らは、「むりでしょ〜〜」とか、「でかいこと言わないほうがいいよー」とか、ネガティブ系のそんな言葉だらけでしたが、わたしにはすでにハッキリとその時〝世界〟でたたかう自分がありありと見えたのです。

それからすぐに会社に辞職願いを出して、毎日横浜の鶴見から湘南に通いました。**365日24時**

間、**海とウィンドサーフィン漬けの生活**に入りました。

夜はまかない付きの湘南のとあるカフェバーでバイトして、昼間は一日中海にでて練習を続けるという日々が始まりました。

ウィンドサーフィンはなんせ道具が多いスポーツなのでお金がかかります。ボードにセイル、ウエットスーツ等々、それに車も。ほんとうにお金がかかるスポーツなんです。

試合や合宿、遠征でお金が必要な時は今でいう読者モデルや、新宿でホストクラブのバイトしたりもして資金を捻出してました。まだバブル経済前夜って頃でした。

プロウィンドサーファー時代～草レースからわずか数年で世界へ～

湘南や地方への遠征で、アマチュアとして数々の実績をつくり、わたしはプロのウィンドサーファーとしてついにデビューしました。ほろ苦い下積み時代の苦労が報われた瞬間を味わいました。

同時にその頃、湘南でウィンドサーフィンスクールの校長兼インストラクターもしてました。徐々に認知度も上がり、毎日多くの人が受講しに来てくれました。地方の方や海外からも。わたしが海外へ行った時でも現地でお声がかかるほど大人気でした。その当時、時の運（命）をしっかりつかんでいたわたしは、やることなすことすべてが自然に上手くいきました。気力・体力・知力のどれをとっても無敵で、なにも怖いものなんてありませんでした。

練習の成果が徐々に着実に繋がりだしてきました。

全種目できるプロは日本ではまだ少なく、テレビやマスコミへの露出も増え、わたしを支援してくれるいくつものスポンサー企業からは、とても感謝されました。ここまでこれたのは自分のあくなき挑戦と膨大で緻密な練習・研究、そして、後援会、スポンサー企業、友人、メンバーさんたち全員のおかげでした。世界でたたかう環境と運にめぐまれたことは今でも誇りですし、感謝しています。

しかし、すべて順調だったわけではありません。

もともと呼吸が浅く、すぐに疲れてしまう性分のうえ、せっかちで些細なことにもイライラしっぱなしな面は相変わらずのままでした。

それと、線が細い少年だったわたしはとにかく筋肉をつけるのもひどく大変でした。一日6食の食事法を実践して、合間にもプロテインやアミノ酸、サプリメント等々を摂取し、ありとあらゆるトレーニングと食事を試し、筋肉をつけて体重を増やして試合に臨む生活でした。

徐々に筋肉もつき、MAXで85キロの体重になって、体脂肪は3％でした。見た目はたしかにボディビルダー並みまで仕上げましたが、いかんせん脂肪をそぎ落としすぎて体が冷えきってしまい、冬の海に入るのがつらくなってしまったのです。ですので、翌年からは脂肪を落としすぎず、体脂肪は8～12％でのコンディション作りに変えていくことにしました。

しかし、悩みや状態を外的要因のせいにしてしまう癖は直らず、呼吸も浅いままでした。そんな状態を打破できるのはいつなのか想いをめぐらせていた時のことです。

偶然、アメリカ遠征を終え、わたしはインディアンの首長主宰の瞑想合宿に参加する機会を得ました。各自の大きなリュックに寝袋や食料を詰め込んで、全米中を歩いて横断する歩行瞑想のキャンプです。見ること、出くわすこと、カルチャーショックの連続でリーダーの首長の半端ないスピリチュアルパワー炸裂の瞬間にも何度も遭遇しました。ある日、朝からサークル（円陣）を組んである儀式をしてた時です。無風で、遠くの煙もまっすぐ上に昇る状態でした。しかしです。

首長が「風よ吹け」といった途端、今の今まで無風だった空気が一変しました。正面からもの凄い風が吹き荒れたのです。時間にしてたぶん数分のことでしたが、あまりの出来事に参加してた世界中の名のあるヒーラーたちも茫然としていました。すると今度はわたしのいる後ろ側からも風が吹いてきたのです。風に関してはプロのわたし。こんなことがあるわけないと思いましたが、夢でもまぼろしでもなく、正面、後方ともに風が吹き荒れているのです。参加者のどよめきも頂点をむかえた時、首長が天たかく人差し指をある呪文とともに振りおろしました。

「○△□？　☆　○△□？　☆　○△□？　☆　○△□？　☆」

そういうと吹き荒れてた風は一瞬でピタっとやんだのです。

おたがいの顔を見る参加者たち。わたしがこの現象の正体を知るのはすこし先のことです。

わたしたちは本来、無限大の力をみな持っています。

首長がいつも話してくれました。「森羅万象、生きとし生けるものは皆平等に尊い存在である。そして呼吸を観察することこそが、この世での乗り物であるわたしたちの肉体と魂を唯一結びつける鍵であり法なのだ」と、仰られました。

わたしは意を決して首長に質問してみました。

「あの日の風は、いったいなんだったのでしょうか」

「あーあ、きみ、日本からの初めての友人よ。とてもいい質問だよ」

「あれは、コンシャスネスだよ。意識が生み出したマインドの風じゃよ」

「？？？」

「まあ、きみにもっとわかるように説明しよう。ここはわれわれの先祖からの約束の地だ。四方八方、神聖なエナジーで満たされている聖なる土地じゃよ。わたしたちのコンシャスネス（意識）以外のことは起きない護られた土地じゃよ。火も水も風も土も、わたしたちと同じコンシャスネスでできているんじゃよ。信じられるかね？」

「？？？」

「きみの住むアジアでも五行や陰陽、太陽崇拝、信仰等、いろいろあるじゃろ」

「はい。それとなにか関係でもあるのですか？」

「おおありじゃよ。もともと、わたしたちは皆、大いなるものの化身であり、器、乗り物なんじゃよ。意識という無限の宇宙に住まう住人なんだ。念じるだけで奇跡は起きるのだよ。エナジーという、意識の層をゆらすことですべてをクリエイトすることができるんじゃよ。シュメールやエジプト、インド、倭（日本）各古代文明では、ひとびとはテレパシーと共に、物体の移動も可能なほど、コンシャスネスの宇宙を自在に操っていたんじゃ。その名残が垣間見られるものが、オーパという類いじゃよ」

「首長。グレイトな話すぎて、なんだかこんがらがってきてしまいました……」

「そうじゃったか。きみはよくきいてくれたな。きみに、聖なる名前、スピリチュアルネームを授けよう」

「それは、願ってもいない計らいに感激感謝します」

「アクア・ツタ（Akua Tuta）、風の息吹じゃ」

「ありがとうございます！」

このような稀有な体験をいくつも味わう、まさに「魂の癒し 魂の息吹の旅」でした。

この旅をさかいに、わたしの呼吸は見違えるほど、ときどきですが、長く、安定した深い呼吸に変わってきたのです。錬金術でいくつかの金属の破片がなにかの化学反応を起こし、融解して金になる感じのように、見違えるほど格段に変容してきたのです。この時まだ、ヨガを始めるとは夢にも思いませんでした。

ヨガに出会い修練を積む

その後もプロウィンドサーファーとして活動しながらも、わたしの呼吸が浅くて体が硬い状態は続きました。

そして、ついに人生を変えてしまうほどの一大転機がおとずれたのです。ヨーロッパでの遠征を終え、昔からの知人の赴任先のスリランカへ向かいました。初めての地。高ぶる興奮を抑えるのが大変でした。

到着後の空港で待つこと3時間。いくら待っても友人は現れませんでした。しかたなくわたしはタクシーで行き先を告げ車を走らせてもらいました。当時のスリランカはまだセイロン時代の名残が町並みに多く残り、決して治安が良いとは言い難いところでした。車を走らせること2時間くらい。お世話になる予定の施設に到着しました。そう、ここは瞑想・ヨガ道場。インドやスリランカではアシュラムと呼ばれる施設です。ここに籠(こも)り約1ヵ月、浮世と離れ、瞑想とヨガをしながら3日で1食という過酷な条件のもとで、クンダリーニから解脱そしてサマディ（覚醒）まで味わう修行を行うことになったのです。

わたしが使わせてもらえる部屋は元馬か牛か豚か、なにか動物のいた厩舎のような建物です。部屋の隅に所どころにカピカピになった動物の糞が落ちている臭い部屋でした。そこで朝3時30分から瞑想を始めるのです。

この時間は〝ブラフマータイム〟といって、昼でも夜でもない精妙なプラーナがちりばめられた聖なる時間とインド地方では言われています。

ここのアシュラムは、日本の武道の道場みたいに稽古や指導をするために常に指導者が居るわけではありません。ですので、初めの数日と終わりの数日に指導者が居ただけでした。わたしが滞在してた日数の半分以上はおもに一人での修行でした。まあ、そもそも当時わたしは瞑想をする時は一人でやるもの、くらいの認識しかありませんでした。

そして、ヨガをするには教えてくれる先生が絶対に必要だと思っていました。しかし、ここではまったくその逆で、ヨガのポーズは一切教えてくれませんでした。自分の居る部屋か、みんなが使えるホールのようなところで勝手にポーズの練習をしたりする別の人をたまに見かける程度でした。そのかわり、瞑想は指導者が居る日には、朝4時から夜11時くらいまで、何も飲み食いせずに、ひたすら内なる自分に問いかける時間を持てました。その指導者は、広い瞑想ホールの一角に微動だにせず、ただ座しているだけでした。

ところがです。不思議なことに、指導者の〝氣〟がわたしのところまで伝わってきました。プラーナと呼ばれるものです。いわゆる〝氣〟が伝播してくるのを心で感じることができたのです。

古代エジプトやギリシャ、インドでは呼吸による瞑想のことを〝聖なる科学〟〝魂の癒し〟または〝魂の学校〟と呼ぶ所以（ゆえん）がここにありました。そうして、わたしは深遠なヨガ・瞑想に深くのめり込んでいくようになったのです。

その後、ハワイでサーフィンの神様と呼ばれる人のもと、ヨガポーズを初めてやりました。ハタヨガでいうところの〝太陽礼拝〟をしたのです。ハワイの風に吹かれ、とても気持ちよい想い出になったのが昨日のようです。

それから数年後、プロ選手引退の日がおとずれました。

おりからの不景気と、バブル経済破綻の影響をもろに受けての引退でした。大会開催のためのスポンサー企業が集まらず、ウィンドサーフィン界は急激に縮小していってしまいました。わたしの運営しているウィンドサーフィンスクールとお店もいつしか閑古鳥が鳴き、苦しい状況が続くようになったのですが、生活レベルを下げられなくて借金ばかり膨らんでしまいました。到底、どう転んでも払えない金額にまで借金は膨らんでしまいました。

原因は自分の見栄と欲望から出た傲慢な心でした。当時持っていたブラックカードやプラチナカードで、思う存分買い物や飲食、旅行にと使いまくっていたせいです。とうとう首が回らなくなり、弁護士にお願いして免責の手続きを始めました。正確に言うと、弁護士代もないから法テラスという機関を利用したのです。通帳の全内容のコピーが義務づけられて、お金のすべての収支や使い道の提示、大好きだったプレミアムカーの売却、命と同じくらい大切だったウィンドサーフィンのセイルやボード、お金になりそうな物はすべて売却して免責に臨む必要があったのです。そして、約10ヵ月後にようやく裁判所で免責が決定されたのです。官報という政府誌に名前、内容等が掲載されたのです。

この頃、唯一やすらげる場所は当時○○にあったヨガスタジオだけでした。そこのオーナーでヨガティーチャーの〝○○〟先生の教室は最高にしあわせな時間をわたしにもたらしてくれました。人間としての垣根のない、裏表のない、本当の愛を分け与えてくれる、あたたかく心から尊敬できる素晴らしい先生でした。

ほっと一息ついたのもつかの間で、それからさらにわたしは困窮することになりました。借金は免責でなくなったものの、当時同棲していた人と別れることになったのです。理由はいろいろで、ここでは書くことはやめておきます。

そうこうあって、わたしは心が完全に折れて潰れて元にもどらなくなってしまいました。単なる失恋が原因というのではなく、心の羽が根本から完全にもげ落ち、鬱になってしまったのです。

生きる力も、なにかを想像することも、なにもかもいやで、ほんとうになにもできなくって、薄暗い狭いワンルームでひきこもるのがやっとでした。就職はおろか、アルバイトをする気力も体力も残ってはいませんでした。

もちろんヨガをする気力も体力もありませんでした。真っ暗な森を立つこともできず、歩くこともできず、だれかに助けを呼ぶこともできず、這いつくばることしかできませんでした。

過去の栄光も、マイケル・ジャクソンさんやアイルトン・セナさんとウィンドサーフィンした想い出も、もう、遠い過去の話か、他人事の話のような気さえしてきました。涙も三日三晩泣きとおしてもまだ出てきて、ひと月以上ずっと泣いても涙が止まりませんでした。

夢も希望も全く見えず、音や匂いすらもとうとうかすれてきました。わたしの命のともしびが消えかけてきたのです。わたしの心の深い暗い闇から、つめたくって音もしない、匂いもない、なにか得体の知れない恐怖とも呼べる気配を感じだしたのです。

なにも居ないはずなのに心臓の鼓動はたかなり、耳にはなにかの機械が発する高音のようなけたたましいノイズが聞こえだしたのです。そう。わたしはついに精神に異常をきたし、幻覚、幻聴があらわれだしたのです。もう自分の手には到底負えないところまで落ちてしまったのです。

わたしは気が遠くなるようないくつもの日々を過ごすことになったのです。体重も激減していて、すでにガイコツのような形相で、生きている常人には到底見えない状態でした。そんな状態ですので働くことも当然できませんでした。生活保護を受けて暮らしていたのです。数ヵ月という長い時が過ぎたのも気がつきませんでした。心軽やかで世界を目指したあの日も、雨の日も、雪の日も、日照りで凪の蒸し暑い日も、厳寒の風が吹きすさぶ日も、さわやかな風が吹き抜ける日も、すべて手放さなければならない時がおとずれてしまったのです。意識が朦朧として、いつまた、幻覚と幻聴、狂気が来るかわからない状態です。

わたしは意を決してこの身を、命すら明け渡す決心で肚（はら）をくくる覚悟をしたのです……。

どのくらいの時間が流れ、過ぎ去ったかすらわかりませんが、なにかがとつぜん変わり始めたことだけはわかりました。そう、長年気にかけていてどうすることもできずに放っておいた呼吸が、浅かった呼吸が急激に、自分の内側の目に見えないパワーか、エネルギーのようなものが、根源から勢いよく流れ込んできたのです。自分の居る部屋の端から端。窓際から玄関。カベをつきぬけて反発力をともない戻ってくる目に見えない力を、わたしはまざまざと感じたのです。

そう。本来の呼吸。呼吸という命の息吹が生まれだしてきたのです。

なんども夢か、幻か、あらたな別の幻覚かと疑い、これが本当の呼吸なのか、自分の息がそうであるのかを何日も何日もかけて検証してみたのです。

それはまぎれもなく、わたしの息、呼吸でした。吐く息も、そして、吐く息だけでなく吸う息も、内側にふたたびしっかりと戻ってくるメビウスの輪のような繊細で強靭でしなやかで深遠で包括された魂の息吹が生まれ、蘇ったのです。

それはまるで天空とわたしたちの住まうこの大地を繋ぐ生命の樹そのもののように感じたのです。

すると、どこからともなく聞いたこともない、音なのか、言葉なのか、不思議なバイブレーションがあらわれてきたのです。

「フラカン イシュムカネー シナ

フラカン　イシュムカネー　シナ
フラカン　イシュムカネー　シナ
……………………」

永遠に続く刻まれた紋章のような音の木魂（こだま）、波紋をのこし、わたしのもとにおとずれた不思議なバイブレーション。音のコトバ。

だいぶあとでわかったことなのですが、

その〝フラカン　イシュムカネー　シナ〟は、古代の文明のシュメール語で〝呼吸こそ、神の風〟。〝神の息吹〟という意味だったのです。

そう、あの日、アメリカインデイアンの首長が唱えていた呪文そのものだったのです。

この日をさかいに、わたしは元気を取り戻しました。ヨガと瞑想の日々へも少しずつですが着実に戻っていくことができました。

その後、某精神病院の職員として就職しました。数ヵ月の短い在職でしたが、患者さんと向き合う中で、自分の使命として〝呼吸に気づく生き方〟すなわち『本来のヨガ』を通じ、病んでいる人も救い、すべての人を自分らしく生きられるように支援しようって決めました。ヨガ指導者として生きる覚悟を決めた瞬間でした。

そして、若干の紆余曲折はありましたが、応援してくれる素晴らしい仲間、わたしのレッスンを受けてくださる皆さまがささえてくれているおかげで今があります。

わたしはこう思います。
ヨガが人を変えてくれるのではありません。
人が人として成長するには人の居る社会で揉まれ、
人に見返りを求めず、期待せず、
笑顔を忘れず、行動することだけです。
どんなに苦しい時でも、相手のことを想い、一呼吸して、
まごころからの行動でしめすことが最大の誠意だと感じます。

そして、わたしのヨガに話を戻すと……
わたしは過去に、ひたすら体を動かし続けるアシュタンガヨガや、個々の体格の差異を無視してマニュアルに則ったアイアンガーヨガ、インド国内では宗教団体であるシヴァナンダヨガｅｔｃ．……様々なヨガを学んで練習してきましたが、どれもその団体の営利目的やリーダーの独断が強く、「本質」にはほど遠い感じがしていました。
また、昨今ではヨガを単なるビジネスと捉え、心と体をおざなりに、危険に曝し続けているホッ

トヨガなど、酷い状況はさらに酷くなっていて人心荒廃そのものが起きています。これらはすべて浅い自己満足は得られても深い部分での気づきは決して得られません。

わたしはそのすべてを経験してきました。

さらに、膨大な時間を学びと研鑽に費やしてきました。

そして、最終的にたどり着いたのが「クリヤヨガ」と「スピリチュアルヒーリング（コンシャスネス・ヒーリング）」だったのです。

覚醒経験（スポーツでいう"ZONE"）を果たし、「日常生活で役立つスピリチュアル」こそ本物だと確信を持ちました。

太古の王族やヨギ、神官からのチャネリングもマスターしました。スピリチュアルな叡智とその実践そのものが、クリヤヨガだと気づきました。

◎呼吸が浅く、イライラしがちだったわたしは「クリヤヨガ」で生まれ変わることができました。

◎クリヤヨガの瞑想で自分をみつめ直すことができました。

◎人には言えない悩みや迷い事を抱える人たちを「コンシャスネスヒーリング」によって瞬時に癒し解放することができるようになりました。

修行や経験を活かすことがこんなにも喜びに満ちていると初めて知ったのです。

第3章　マイケル・ジャクソンの話

風のかけら マイケル・ジャクソン

キング オブ ポップ
マイケル・ジャクソンさんと海へ

ＥＵ統合前の地中海某所での話。

プロウィンドサーファーとして試合や宣伝等で世界を巡る日々の中、共通のプロモーターA氏のご縁で実現した夢の一日。

前日よりマイケルさんと落ち合う海岸近くの超高級コンドミニアムに滞在したわたし。

1泊3０００$。専属のシェフやガーデナーもいるところです。

お隣様はあのアルマーニ氏の物件でした。

前日は夜おそくまでプロモーターA氏と今後の打ち合わせをしながら、専属シェフの料理に舌鼓を打っていました。

朝陽がのぼる少しまえから海をながめながらジャクージにつかっていると、直線状に伸びる閃光とともに今日の太陽が顔を出し始めました。

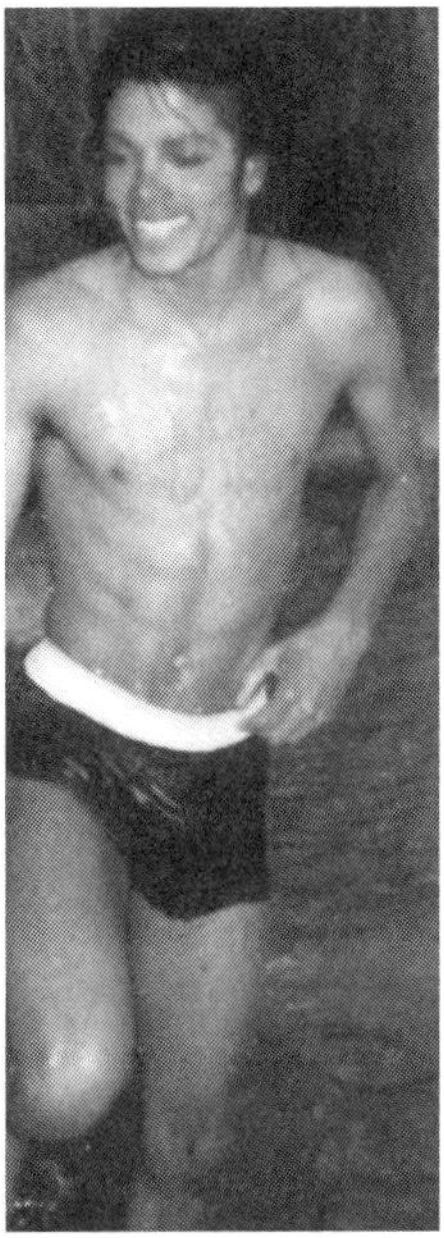

風のない早朝の海はどこか幻想的です。

専用ジム付きなので軽い筋トレをして朝食をいただきました。

その後マリーナに向かい、道具を積んで約束の波間を目指しました。

お昼近くの時間、沖からの一陣の風と共にマイケルはウッディな帆船タイプのチャーター船で登場しました。

透き通る瞳がうつくしい人でした。

グレートサーファーという紹介をプロモーターA氏がしてくれると、彼はハグして握手して船のデッキでムーンウォークもしてくれました。

特注の●社のパンツを着てもらい、マイケルと波間に向かいました。

ウィンドサーフィン初体験のマイケルさん。

3度ほどバランスくずしそうになった程度で、ものの1分で見事に海面をなめらかに滑走しはじめました。

さすがキング オブ ポップ！

ネバーランド♡

グレートを連呼するわたしにハワイの挨拶〝シャカ〟をしてくれました。

その後、並んでセイリングしたり、船に戻り専用のシェフのランチをいただいたりしました。

そして、アカペラでわたしが一番好きな「I'll Be There」を唄ってくれました。

ありがとうマイケル。

いつかまた逢えるね……。


マイケルさんはこう言っていました。

「サッチー、潜在意識にはね、主語はないんだよ」

またマイケルさんはこうも言っていました。

「潜在意識というのはね、無限の力を持っているんだよ」

わたしたちが生まれ死を迎えるその時まで、人やものとの出会い、身の回りで起こるすべてのことに、潜在意識は大きな力が働いていて、その根幹を司っています。

その偉大なる力を持つ潜在意識で

すが、潜在意識は、その想いの中に含まれる主語を判別することはできません。

〝わたしはお金持ちになって幸せになりたい〟

〝けれどあの嫌いな人には不幸せになって悲しい想いをさせてやりたい〟

こんなふうに願っても、主語を判別できない潜在意識はその想いのすべてを想いを掛けた者自身に降り注ぎ、周りの人の幸せを祈る者には幸せを与え、他人の不幸を願う者は自らが不幸になるように働いていくのです。

日本には、「人を呪わば穴二つ、情けは人のためならず」、といったことわざが昔からありますが、これらはその主語のない潜在意識の働きを示したものです。

潜在意識が働くこの微細で精妙な領域の究極的根幹は、自他の区別がないすべてがひとつの世界であり、それゆえに、主語が存在し得ない世界でもあるのです。

すべてはひとつ、自他を超えて想いはすべて自らに返ってくる。これは人が幸せを築くための自然の法則であり、この微細で精妙な領域が愛によって満たされている最高の証であると感じます。

マイケルさんが生前、こう話していた言葉を思い出しました。その潜在意識の働きをこう言っていました。

キング オブ ポップであるマイケル・ジャクソンさんは、大切なレコード発売の前に、ライバルの歌手のレコードもヒットすることを願い、ライバル歌手の曲を自ら歌い「多くの人に聴いてもらえるように！」と心の中で強く念じたそうです。

これは簡単にできることでは決してありませんが、実際に行うことで宇宙の錬金術が作用して想像を遥かに超えた大きな力が働いてくるのです。

マイケル・ジャクソンさんは過密なスケジュールの中でも、一日の中の特別な時間に瞑想（クリヤヨガ）をし、イメージトレーニングをし、そこで明るい思考を創りだしたといいます。息という荘厳な「大いなる存在の息吹　フラカン　イシュムカネー　シナ」を意識のスウェル（波）と共に肉体のありとあらゆる部分へと照射、拡張していったそうです。このようなワークをつねに心がけ、日常生活の中で、私欲、ねたみ、恨み、怒りを捨て去り、周りの人の幸せを真に願い続けたといいます。

「サッチー、潜在意識にはね、主語はないんだよ」

言葉としてはとても簡単に聞こえるかも知れません。

概念としても理解することはそう難しくはありません。されど、これを実行することはとても困難であり、困難であるからこそ、とても大切なものであるとも言えるのです。

自分の心の中で、他人に対する否定的な想いを捨て、皆がともに幸せになることを願えたとしたら、それはどんなに素晴らしいことでしょう。まるで地上のシャンバラ（聖なる高次元＝天国）そのものといえるでしょう。

それが自分だけではなく周りの人たちすべてに広がっていったなら……。

これが本当の意味でのアセンション（次元上昇）といえるのではないでしょうか。

ヒーラーとしてのマイケル・ジャクソン

物心ついた頃から人前でジャクソン5やジャクソンズのメンバーとしてステージに立ち、歓声と罵声を浴び続けた少年はやがて、栄華と奈落、その両方の狭間を味わいました。

生きながらにして天国も地獄も、意識の領域としての幸福と苦悩を味わい尽くしたと彼は生前わたしに話してくれました。

世界中の古代史や歴史や音楽、科学の本。オカルトや錬金術、ヘルメス学やプラトン、アリストテレス等の形而上学、道教やソロモンのユダヤ学、インドヨーガのヒンディズムや北南先住民のシャーマン学、古事記や古神道や日本文化の侘び寂び……。

わずかな出待ちの時間にすら彼の探究は続いていたそうです。

とくに呼吸法や瞑想には並々ならない情熱と希望を注いでいました。

音楽家でありながら古代言語の謎を解明するため、太初の秘儀を修得するため、命のともしびをも焼き尽くしてしまうのではと見えるくらいに情熱を傾けていました。

とくに、シュメール文明やそれより古いアトランティスへの探求と造詣、その遥か彼方の古代の言葉への思い入れは強く、某所でお会いした時にはすでに自身の最大のヒット曲をアトランティス語で熱唱してくれたのがまるで昨日のようでなりません。その時に彼のほうからわたしを探しだしてくれた秘密、話の一部始終を聞くことができたのです。

「サッチー、霊は信じるかい？　魂って、あると思うかい？」

「もしあって、そのつながりを辿ることができたら凄いと思わないかい？」

そう彼は続けました。

わたしは急に言われたことに狐につままれたようにしばらく考え込んでしまいました。が、すこしして、

「うん。霊は信じてるし、魂もあるって確信してるよ!!」

魂の繋がり。うん。あるはずだよ。きっとあるよ。

以前、日本のわたしの師匠がこんな話をしてくれたのを思い出しました。

「ひと言でわたしたち人間は〝愛〟をいえるほど上等にはできていないかも知れないが、〝愛〟を体現するために様々な方法や、時には苦しみとも呼べそうな行動や状態を経験したりすることがあるだろ、なんでそんな苦労をしなけりゃ〝愛〟は得られないし、感じられないと思っているのか考えてみたことはあるかね？」

「はい。初中（しょっちゅう）のべつ幕無しというくらいに考えています。考えれば考えるほど、なぜかそこから、愛から遠のいていくような気になるのはわたしだけでしょうか？」

頭で捉えたものを、生きてきて知らず知らずに刷り込まれている様々な思念の一つを、あたかも自分の心の奥からの真実の声とでもいわんばかりなものを信じている自分が居る気がしてなりません。

声なき声を本来求めていたのに、どうしてかいつの間にか、欺瞞という不安定なその他大勢、もしくは目に見えない社会や偽善の常識という空の人工物にうつつを抜かしていたなんて。悲しすぎますし、本当の愛って、どこにあるというのでしょうか？　と悲嘆に暮れた時期もありました。

生成消滅する「〝ほとぼり熱り〟」であるわたしたちがこの無有の「〝愛〟」を体現するには唯一この方法しかないのではと、先日ようやく気がついたくらいなのですよ。

その唯一の方法とは、自分自身が「〝愛〟」に成る。

あるいは「〝愛〟」に「或る」。これだと思うのですね。

「〝愛〟」とは作用や利益や徳や状態ではなく、ただそこに「或る」性質そのものの天分、自然の理そのものだと想うのです。

惚れた腫れたの人情論もプロセスとして、ある意味現実の実務経験の領域では大切なことだと感じます。

人を好きになることや恋すること、想い想われるのは生体リズムや情緒や肉体の面から見ても有用な状態だと思います。

そして幾度かそのようなプロセスを経てわたしたちはようやく重い尻を持ち上げて本来への旅に

出る準備を始めていくのです。

そう「スピリチュアルジャーニー」という、好奇心も野心もまったく必要のない、荷物の重さも要らない、心と魂の解放と融合への旅。自然と摂理が出会う「〝奇蹟〟」の旅。

「〝Rlung〟ルン」（プラーナ）という「霊子」にフォーカスを合わせ、日常というまどろみの淵源から立ち込める微細神にチューニングを施していく。

そのチューニング方法が「プラーナヤマ（呼吸）」であり、「瞑想」であり、愛のプラーナも滴（したた）るように満ち満ちと馨（かんば）しく息吹の内在神と共に舞い踊ることにほかならないのである。

そう「クリヤヨガ」の弥栄（いやさか）の奏でに成る、「或る」それである。

魂の癒やしこそ愛の息吹の顕れであり本質。

実際に見ることのできる存在という名の人神の顕れ。

まさに愛の国。愛の神殿の建立をこの瞼（まぶた）の中のサードアイで具現化すること、「クリヤヨガ」の真髄がここに顕れるのです。

第4章

カルマ解消の技
ドリーム〝霊夢〟ヨガ

〝夢ヨガ〟は皿に載らない料理ではない

クリヤヨガでは夢に対する探求の一つとして『夢ヨガ』があります。単に眠りにつき寝落ちしてしまうことも多いのがわたしたちでありますが、ほんのすこし眠りにつく前に簡単な準備をすることで、夢への新しい扉が開かれていくのです。

内的世界へのこれらの旅は、ある意味異次元、多層と見られる宇宙への訪問です。わたしたちが夢見る、大いなる存在の天空の神殿への訪問なのです。

夢見（創造的夢見、明晰夢、鮮明夢、覚醒夢、自覚夢）。

古代、夢は神との交感の場と考えられていました。

多くの賢者は、夢を解く者としての役割を担っていました。近年も夢に対しては、さまざまな研究がなされています。クリヤヨギ（スピリチュアリスト）たるものなら注目すべき分野といえるのです。

皆さんはこう考えたことはありませんか？

夢は、無意識からくる、単なる象徴的なメッセージだと……。

もっとも、多くの人たちにはそのように受け取られているようですが……。ほとんどの人たちの記憶に残る夢の中のイメージやシンボル、出来事はほんの表面における体験の一コマにすぎないものです。

気づきの単位　スピリットは眠らない

スピリットは決して眠りにつくことはありません。

スピリットは気づきの単位というもので構成されています。

肉体が眠りについている間、スピリットの意識は常に目覚め行動しています。そうです。この体験という記憶の束が、夢と呼ばれる段階、気づきのとびらであり異次元という多層の宇宙の一つの部屋なのです。

夢と呼ばれるものは、わたしたちの肉体が起きている状態での体験と同じくらい現実的で確かでとても豊かなものです。そして、一ついえることは、異なった存在の次元で起こっているということです。

わたしたちが見る夢のほとんどが大変にわかりにくい理由としては、わたしたちの記憶というものが脳波や思考、筋緊張や過度のダイエットや高揚感、ストレスや義務感、集合意識や社会通念などの何の根拠もない軽薄で粗雑な状況や環境などによって歪められているからなのです。

夢から覚めるやいなや、夢の体験は、わたしたちのマインド・精神の一つの機能である夢のセンサーを通り抜けます。そして、わたしたちは出来事の一部分しか覚えていないという現実に直面するのです。

またはわたしたちの稚拙で未熟な意識的裁量の不十分な理由で、夢はシンボルという偶像の借り物の姿としてデコレーションされていきます。

夢の体現者であるスピリチュアルなクリヤヨガの内在形であるヘルメス・トートは、夢の抽出者「〝夢大師〟」です。彼の全知全能のスピリチュアルな叡智が生徒全員にひたひたと浸み込み、触れた叡智を求めるすべての人たちの心の泉（ハートチャクラ）が湧き出すように、指導する一つの方法として夢を使っているのです。

またヘルメス・トートは、カルマの解消のために、そしてよりスピリチュアルな理解と機能する意識を与えるために、個人の夢を使います。

クリヤヨガの目標は、自由自在に、現界と外界、または物質世界と内なるスピリチュアルな世界を行き来することです。これは、ヘルメス・トートのスピリチュアルジャーニー「クリヤヨガ」と、夢の意図的な利用によって可能となるのです。

夢はわたしたちのスピリチュアルな開花を助けてくれます

また夢はスピリチュアルな開花にも重要な役割を果たします。夢は至高の世界を垣間見るためのものなのです。多くの場合、夢は真実のいくつかを識る道具となります。

クリヤヨガは、学ぶことにいつも関心があり、そして夢は、より高い意識に到達するためのメッセージになりうるのです。夢の中でわたしたちは、恐怖と欲望が伴っている自分の性格に直面します。これは、わたしたちが起きている時であったら真正面に受け止められないものを、夢の中でなら受け止めることができるからです。

カルマは夢の状態でも解消される

カルマや過去からのスピリチュアルな債務（業（ごう））は、夢の状態で解消できます。

カルマの目的とは、わたしたちの意識を開き、スピリチュアルなレッスン（クリヤヨガ）を通じ霊性と慈悲、利他共に生きる真実の理を教える事です。もし、夢の中で体験をくり返すことによって、スピリチュアルなレッスンを学ぶと、目覚めている状態でその体験を繰り返す必要はなくなります。必要な条件は、わたしたちがスピリチュアルな成長を続けることだけでいいのです。

さらに、これは、わたしたちの肉体を酷使するのを避けるのに、非常に役立ちます。

例えば、内なる夢の首謀者は、痛ましい交通事故の体験を、夢の中で起こさせることで物質界からアストラル界にその道程を移せます。それは夢の間においてもとても恐ろしい体験ですが、現実で起こるよりかは遥かに対応がしやすい体験です。

見る夢のシンボルや出来事は個人的なものですが、多くの人たちが、夢のシンボルや出来事は共通で簡単に解釈できるし、分析可能だと主張します。

昨今、多くの書籍やテレビ、インターネットで、火はこんな意味、鳥はあんな意味と説明する本や媒体、情報に出くわします。

ヘルメス・トートのクリヤヨガの教えでは、夢のシンボルや出来事はそのような通念的で一般化された形態であるとは考えていません。わたしたちが存在することにおいては、一人一人が極めてユニークな個人の集まりです。ですので、一人一人に使われるシンボルや出来事もまた、個人的なものです。

「海で潮風を纏う」という行為の意味は、ある人にとっては別の人と異なった、違う意味があって当然なのです。ですので、夢を見る人にとって大切なことは、自分の内に入り、個々のシンボルや出来事の自分本来の意味を知ることなのです。これこそが、スピリチュアルエクササイズともいえるクリヤヨガの真骨頂の一つなのです。

夢の中の登場人物は夢を見ている当人の深層意識の顕れである

といっても、夢のストーリーや登場人物のそれ自体がいつも重要というわけではありません。とても恐ろしい夢が、夢を見る人を勇気づけるメッセージを含んでいることもあります。しかし、多くの場合、夢の登場人物は夢を見ている人自身を表しています。

これらは、わたしたちが誰で、目的は何かを理解するための大切な鍵です。クリヤヨガでは、夢の意味を把握しようとする時は、より肯定的なメッセージを探すのが賢明だと感じます。

夢の首謀者は、いつもあなたのために働きかけている

夢のレベルには多種、多層からなる様々なレベルや性質があります。もし、夢を見ている人自身が夢の中にいることに気づけば、夢の体験をコントロールできるようになります。

夢を見る人はヘルメスを呼び出し、スピリチュアルな指導をお願いすることができるのです。また、高次に存在する黄金のイヤシロ、弥栄の光明を帯びる神殿の一つを探索することも可能です。

これらの場合、その体験は実際には夢というよりスピリチュアルジャーニーそのものになりうることでしょう。

夢は予知できる予知夢と呼ばれるものが存在します。

通常の時間軸を超えた範疇から人生を眺め、将来さえも垣間見ることができるのです。されど、予知夢の使い方は、あなた自身の個人的な人生に制限するのが最善です。

また、多くの人たちは夢のシンボルを見誤ったり誤解することが非常に多いです。

もしもあなたが天変地異の夢を見て、その後、すぐにやってくるであろう地殻の大変動を友人達に話したりすれば、実際には何事も起こらなかった場合、恐らく非難を受け気まずい思いをするでしょう。

ほとんどの場合そのような夢は、個人的な変化や切望、絶望を予知していて、夢を見ている人自身の環境の変化や意識の突然の変化が起きる前兆だったり近づいていることを暗示しているのです。

夢は実際において、予知することが可能です。しかし、その本当の意味を知るのは難しく、時には逃すこともありえるでしょう。

夢日記をつける

わたしたち全員に言えることは夢日記をつけましょうということです。現実の世界の社会で生きてさえいればそんなことは必要ないのではとおっしゃる人がいても無理はありません。そのように感じている多くの人たちは、夢見について役立つこととなる認識や知識、情報を単に持ち合わせていないか、そのような環境や啓蒙、出会いや探究の機会が得られなかっただけなのです。

夢見は、わたしたちの内的世界と外的世界の次元の間を取り持つ魔法のかけ橋となります。

わたしたちの夢の多くはすぐに忘れ去られてしまいます。自分自身の夢日記を読んだ後、多くの人は、自分がどれだけたくさんの夢を見るかに、驚かされるといいます。

夢日記を続けると、わたしたちの夢には、ある一定のパターンや法則があることを知ります。よく登場する特定のシンボルや出来事の隠れた意味を探っていくことで定期的に表れる夢の傾向があることが理解できます。そしてこれらのパターンを認識することで、これらの体験をより深く具体的に理解できるようになるのです。そして、結果的に、夢を記すというプロセスを経てその体験を統合していき、やがて手放すことが可能になります。

この荷物はわたしたちの纏(もつ)れた思考の縦糸であり、想念という波動が引き寄せたカルマの横糸、情動の炎そのものです。

この想念の波動を手放すことで、纏れたカルマと染みついた汚れた情動のエゴなる自己が逆スピン（男女で回転の向きは違う）を辿り消滅していきます。

そう、わたしたちは理解と実践という縦糸と横糸を得ます。スピリチュアルで自由な翼を得ることができたのです。

たましいの帆〝SAIL〟は夢の目的であり至高の港

わたしたちが見る夢の究極の目的とは、一体なんでしょうか？

わたしたちを奇跡と呼べる神の光と音に近づかせてくれるとでもいうのでしょうか？

このように、漠然とした疑問がふつふつと湧いてくるのは当然といえるでしょう。

くわしくお話しすると、なんと夢は人生そのものと同じ目的を持っているのです。

ヘルメス・トートは、内的マスターに意識を開くことがまだできない新しい生徒たちのために、夢のなかでコミュニケーションを取り合うのです。

夢はスピリチュアルな幹を造りしなやかで強靭な大地に張る根と、太陽と風にささやく枝と共に季節や雨風、気温や環境のすべてを包含した葉と花のある生命の樹を造る第一歩なのです。

夢は、スピリチュアルジャーニーそのものでありますし、地球上のすべての人々にとって、重要で活用すべきインスピレーションにほかなりません。生きる希望や愛や智慧、他人との関係性などすべての事柄の経験が可能です。

その経験により、人生はもはや、怠惰や惰性、世俗的で、一方通行的なめくらめっぽうな体験でなくなっていくのです。

カルマ

わたしたちが知るこの宇宙にはいくつもの目には見えない法則、魂の約束と呼ばれるものがあります。

カルマはある種、普遍性を持っています。

その普遍性とは、生あるものに引き寄せられ、生を結びつけるということです。

それは一概にわたしたち人間だけではなく、動物や植物、鉱物や自然の中に存在する山や渓谷や海岸や絶壁の未開の森に至るまで生とされるすべての物や事柄、気象条件にまで介し、縁しているのです。

このようにどの生も同様に主要な要因の一つであることは間違いありません。これらすべては、複雑で切り離せない存在と実在の歴史、そして切り離すことのできないカルマを持った一つの運命共同体といえるものなのです。

かのニュートンが、親の農園でリンゴが地面に落ちるのを見たのは、わずか3歳の時でした。

今だから言えることですが、このリンゴは彼の頭に当たったのではありません。されど、それは彼の万有引力の理論を支えることに成功しました。

１６６５年、ニュートンは、運動の３つの法則を公式化しました。

その一つは、すべての作用には同等の反作用が伴う、というものでした。

ニュートンの説明によると、この法則は通常、物理的な作用である力と物体の相互作用に適用されるものです。されど、同じといえる条件のもとでの作用と反作用の法則は、ときに感情や思考の力にも適用されるのです。

精緻なるカルマの法則

カルマの法則は、科学的なものとも、また極めて論理的なものとも呼べます。

なぜかというと、その証拠に物理的な原因からその結果を導き、物としての確かな存在証明の起因を作り出し、法則としてのスピリチュアルな形になるからです。

すべての行動と呼べる起因や意識、情動等は、常に同じ大きさで反対の反応を作り出します。

それによりカルマの法則は、わたしたちの行動の結果を理解する手助けとなります。このプロセスは、スピリットの形成と成熟に役立ちます。この法則の目的は、実在の実体としての愛を教え、そして高めることであり、戒(いまし)めや懲罰をすることではありません。

カルマは、最も情熱的でアグレッシブなやり方でその働きを鮮明にします。

もしわたしたちが仮に前世で他人の自由を奪ったとすると、恐らくこの今世で、大きな自由を奪われるでしょう。これを魂の領域から理解し学習すれば、わたしたちはより本質である物の見方や他者との関わり方、関係性、生きる本当の意味を振り返り識る魂の時間を持つことになり、愛という真の法則を学ぶことでしょう。

被害者はもともと一人もいない。〝魂の約束〟はカルマのこと

カルマの法則を受け入れると心で決めた瞬間から、わたしたちの宇宙意識の波動は精妙な理の奏でへと変化し共鳴していきます。

わたしたちが犠牲者であるがごとく囚われている細微な濁りの矢で思考の尾はここに完全に焼き払われていきます。解放されるのです。

根源的なスピリチュアルな縁起の理解を始めた途端、大地の厚情な熱の調べと天空の形而上的息吹がひとつの渦となり精緻で広大で至高の行動を開始します。

起きる問題が、関わり遭遇する事象のすべてがスピリチュアルな成長のための機会となるのです。

カルマは宿命や運命と呼ぶものの類いではありません。

わたしたちやすべての存在する森羅万象の実在、その事柄においての人生や存在の実体に積極的でかつ本質的な役割を担い、司ることを約束する力であり意図なのです。

カルマの法則は、スピリチュアルな探求者にとって、最高に本質的なレベルの道しるべ「〝パス

ファインド〟」なのです。

責任ある質量〝カルマ〟

わたしたちは自己実現の気高い状態をたとえ達成したとしても、それとはまったく関わりなく自分の日常生活におけるすべての行動に責任があります。

されど、その時までに、前世から積み重なってきたカルマは解消しているのでしょうか？

そして、今世での使命と役割を終える時、教え伝えるために、または奉仕するためにこの世界に戻ってくると決めない限り、あなたは戻ってくることができないかも知れません。いや、きっと二度と戻ってこれないでしょう。

わたしたちは、このように拡張した意識を、生涯にわたって保つことができると想像できますか？

あるいは、「いやそんな長い期間はたぶん無理だろう」という人もいるでしょう。

それとも、ある時期はしっかりとその高尚な意識を持ち合わせていたかもしれません。もしかすると、それをしっかりと心に抱いていたものの、たった一度の罪や咎めによってその崇高で善意に満ちたひかりの生涯を一瞬で失うかもしれません。苦しいかな、大空を渡る鳥のように360度見回せるディメンション（視点）を失うリスクが常にあることをあなたは識るでしょう。

宇宙意識への歩みは、一瞬一瞬、獲得するものなのです。

ほとんどのヨギは、この苦しくて厄介なカルマから自由になりたいと思っています。

今世の終わりまでに、カルマのツケを払って帳尻を合わせたいのです。

ヘルメス・トートは、彼らがこれを行う手助けをします。きわめてスピリチュアルなクリヤヨガを行うことにより、わたしたちは、みずからを過去の忌々しいものに縛り付ける態度や癖を、その手から放します。

輪廻の理に頼ることなく、それぞれのスピリチュアルな運命の楔（くさび）を満たすことができます。

魂の〝公証人カルマ〟

カルマの法則はどこからとっても完全に道理であり正道なものです。これについては、公正であることとは、見える世界での安心感を意味します。クリヤヨガは、どのような相手のスピリチュアルな成長のレベルにかかわらず、すべてに対して平等で、共感し、丁寧で落ち着いた呼吸のように呼応することです。

わたしたちは、だれひとり漏らすことなく同じスピリチュアルな旅路についています。

苦悶や痛みの連鎖がいつも過去の行為に対する罰である、という訳ではないのです。それは物凄く多くの微妙な情動とプロセスがもたらした作用なのです。もしあなたが前世で秩序なき恐怖と謂われなき迫害を体験していたとしたら、これらの感情を未だに深部の受容できない囚われの思考として記憶の中に持っているかもしれません。

そしてその顕れとして実体のない得も知れぬ恐怖と不安感を、現在の人生で体験するかも知れません。

これらの恐怖心は、あなたがスピリットは永遠であるという本能すら超えて自我や煩悩が完全に役割と使命としての存在だったと思い出し、そのような心配事を聖なるスピリット（見えざる自己のスピリチュアルボディ）に委ねるまで、続いてしまうかも知れません。

ライアとオウン（責任の所在）

ヘルメス・トートは、わたしたち全員に責任があることを教えます。

物質的なレベルでは、自立・自律するためのすべての敬意と努力を行うことを意味します。

スピリチュアルなレベルでは、自分自身の気づきをアーニング（会得）することを意味します。

もしわたしたちが、わずか一度の一回だけの人生と見なせば、これは誠に不合理に思えます。たった一つの生において、明白な理由もなく、苦難に見舞われたり幸運に遭遇したりするのですから。

大いなる存在は気分屋で、破茶滅茶のように見えます。わたしたちがカルマと生まれ変わりの法則を受け入れるにつれて、スピリチュアルな責任というヘルメスの原理をより学ぶことができるでしょう。

たとえば、輪廻転生というものは、わたしたちがスピリチュアルなレッスンを学ぶまで何度も何度も生まれ変わる、と同じセリフを言ってきます。

まるでカルマの法則は、わたしたちの行動がそのようだからこういった結果になるのだと必至を装うようです。

おもしろいことに、カルマというこの法則は、ある一つの生で播いたいくつもの種を、別の様々な生で刈り取っていくものなのです。

もし他の人の行動や成長を妨げれば、わたしたちはカルマの債務を招くことになるでしょう。

その行動における思考を見ればまだなにも愛の法則を学んでいないことがわかるでしょう。

債務は支払われなければどうなるのでしょうか？

何か免責のような超法規的措置がその領域にもあるのでしょうか？

いや、カルマの法則においては超法規的措置のような情状酌量はありません。

カルマの教えの中枢、極意を生涯かけて艱難辛苦と共に学ばなければならないでしょう。

それに伴う苦しみや怒り、情動の燃え盛る炎は、大いなる存在のアクト（仕打ち）ではありません。

わたしたちは、ただ、自分たちが播いたものを刈り取っているだけなのです。

個々のスピリットが、体験を通して至高のスピリチュアルな可能性を開いていく手助けをするのは、愛に溢れた大いなる存在によるものなのです。

そして、カルマを呼び起こす低波動的行為として一番重大なものは、個人の利益や私欲のためにスピリチュアルなパワーを悪用することです。歴史を見ると、このようなサイキックな能力や知恵を自分の富や名声、栄誉や金品のために使った人々の例で溢れかえっています。このような偽りの者たちは、自身と生徒たちにネガティブのカルマを与え、いつかその債務は、巡ってきて払う必要に迫られることでしょう。

体験は貢献者

体験がわたしたちに教えます。レッスン、特にスピリチュアルなクリヤヨガのレッスンを学んだ時、わたしたちは、もはやその体験を必要としません。そのカルマは終わりを迎えるのです。そしてようやくわたしたちは次のステップに進むことができます。これは恩赦でも見逃しでもありません。まさに地を踏みしめてグラウンディングして、肚に魂宿り、天空へと一気に昇華するスピリチュアルな成長なのです。

設定こそ〝至高の知の地平線〟～大いなる存在の領域へ～

わたしたちは、宇宙意識をネットや通販で買ったりレンタルすることはできません。また他の人や友人・知人、親きょうだいからも与えられることもありません。

わたしたちの憤りや傲慢で幼稚な過ちや罪が、生の最後の瞬間に、単なる嘆願によって無罪放免となることは決してありません。

わたしたちは、自分たちの行動に責任をとることや、ヘルメス・トート、スピリットがどのように執り行うかを学ぶことにより、スピリチュアルな智慧を獲得するのです。スピリチュアルな爛熟は、わたしたち自身が、人生の創造主であると山座同定した時に初めて訪れます。

　わたしたちが森羅万象の一滴として、最高であり最大で最善の『フラカン イシュムカネー シナ（神の息吹の恩恵）』となることを、創造し知了することにより、大いなる存在と共に解き導く者になることを学ぶのです。

第5章
本来のあるべき自分に立ち返る
心と体と魂のエクササイズ

クリヤヨガの本質

クリヤヨガは本来のあるべき自分に立ち返るためのワークを伴う心と体と魂のエクササイズです。わたしたちはより高い階層の生き方へ進化していくための努力、自己実現に到達し、真の幸福を得るため様々な努力や苦労、勉強に仕事、人づきあいなど数多くのことをしてきました。その努力自体も自己実現や目的、夢のためであるとするならば、それはそれで良い人生と言えるのかも知れません。

しかし様々な理由や状況がどうあれ、ヨガを始めない理由などありません。また、わたしたちが置かれている状況を考えると、ヨガを必要としない人は誰一人としていません。他人に促されるまでもないでしょう。物事の在り方さえ理解できればそれは明らかなことです。大事なのはヨガの実践そのものではなく、ヨガが必要だと感じる心です。必要性を感じることが重要で、実践はその後に続いていくものです。

必要性を感じていない人に実践を勧めるのは無意味なことです。そして、ヨガの必要性を感じないのは、まったくの無知によるものが大きいかも知れません。わたしたちは、幻想的な幸福感に浸っているだけで、現実を見据えていないのかも知れません。

この宇宙もわたしたちも、片時も休まず目的地に向かって走り続ける電車のように動いています。みなこの走る電車に乗っていて、外に出て降りることはできません。乗車しているかぎり、電車と一緒に動くほかないように、宇宙の中にいるかぎり、動いている宇宙と一緒に動くしかないのです。

一つ言えるのは、わたしたちは、自分で思っているほど安定して、個々に独立した存在ではないということです。自己を見極められるような存在ではなく、むしろわたしたちは、変化するプロセスの集まり、変動の束のようなものです。常に進化し続ける宇宙の中で、永続的に安定した不変の個を保つことなど不可能なのですから。

仏陀が、同じ川の水に触れることはできない、と説法したのもこのためです。

流れる川の水が無常であるように、わたしたちの心と体も常に変化しています。車窓の風景のように世界は刻々と変化していて、一時たりとも休んではいません。

宇宙は常に変化していて、この不可避の変化のことを進化と呼ぶのはこのためです。それが現代の進化論であろうと、様々な聖典が説く進化論であろうと、示唆するものは同じです。限りあるものが、無限で大きな懐に近づきたいと感じる必要性、これを進化と呼ぶのです。

有限な存在が、自己の状態に満足し続けることはできません。

誰しも、どのような制約も受けたくないと思うものです。束縛されたくありませんし、いかなる制限も外部から課せられたくありません。しかし、わたしたちは、あらゆる面で制限されており、それゆえに自由を求めて行動します。

まず身体的な制限があります。個人の存在は、他の人たちの存在によって制約を受けます。社会的制約、政治的制約もあります。それがどのような制限、制約であっても、決して好ましいものではありません。

刑務所の塀の中のような、制限、束縛を受けた生き方を、誰も求めてはいません。みな自由の身でありたいと思っています。できることなら、すべてに関して自分の意見が通ればと期待をします。しかし、そうはいかないのがこの世界です。有限の個体が集まり、限定された経験しかできない有限の世界では、内淵の魂が追い求める真の自由を手に入れることはできません。

わたしたちは、心理的な先入観のみならず、理性的な先入観にも強く影響されています。感情的な先入観があるように、知性や理性にも偏見、先入観があるのです。一見とても理性的に見える行為が、自己主張でしかないこともあります。感情と知性が錯乱した思考に慣れてしまっているため、このようなことが起こるのです。

フランシス・ベーコン（英）は、これを洞窟のイドラ（偶像）現象と呼びました。

人間が持つ偏見、先入観、幼き頃より行われている固定観念による思考様式を指す言葉です。

わたしたちは生まれてから、さまざまな人々や環境の影響を受けて育ちます。親、同級生、教師、そして社会から受ける影響などもあります。また、生まれ育った国がどこであれ、その国独特の考え方やイデオロギー、ドグマがあります。

みな幼少の頃より特定の考え方を教え込まれて**（吹き込まれて）**いるのです。

洗脳されていると言ってもよいでしょう。

ヨガを実践するためには、このような条件づけられた思考を一旦リセットする必要があります。それがどのようなものであろうと、条件づけされた（ドグマ）心はヨガには適しません。自分はキリスト教徒、イスラム教徒、あるいは僧侶、在家であるといった考え、また、女性である、男性であるという観念さえも一旦脇に置いておくのが良いでしょう。

しかし、心に深く根ざした先入観は、わたしたちの意識の重要な部分を形成していて、なかなか容易には手放すことができないのが現状です。

実体と意識は同じものであり、先入観で偏ったわたしたちの実体も、わたしたちの意識と一体化しているために、偏見、先入観があることすら気づけないのです。自分の考え方や観念には、何ら問題がないように思えます。ヨガを学び実践していくにはグル（指導者）が必要だと言われるのは、このためです。

心にそなわる性質や性分は、必ずしもこの世界に適合したものではありません。この宇宙、この世界、わたしたちを取り巻くこの広大な環境は、ばらばらに孤立した、互いに無関係の物質で形成されているのではありません。「宇宙」という言葉は、この世界を適切に表した言葉ですが、カオス（無秩序）の反対を意味します。カオスとは、独自の動きをする個々の物が、雑然と寄り集まったもので、お互いが全く無関係の状態です。

一方「宇宙」という言葉には、摂理に則したアレンジメント（コンポーネント）という意味があり、個々の存在が表面的な繋がりを持つだけではなく、内的な関係を持つという特質があります。

内的関係と表面的な繋がりの違いは、次のような例で説明することができます。

政治家は国会議員や地方政治家など、議員は一人一人が国や町や市と、組織を構成する一員として、互いに繋がりを持っています。議員たちはみな相互に関係していますが、その関係は政治的にたやすく壊すことができるものです。議員たちの関係はここでいう内的関係ではありません。議員は辞職することができますし、議員として活動している時でさえ、他の議員とは内的関係にありません。独立した存在です。議員たちは、お互いが外的に繋がることで国会や地方政治を構成していて、外的な繋がりは必要に応じて断ち切ることができます。これに対し、内的関係とは断つことのできない繋がりのことです。

わたしたちと宇宙と魂と大いなる存在との関係は、政治家の繋がりとはまったく異なります。わたしたちと宇宙の関係は、内的で変わらないもの、面目抜きにして荘厳でいて俊輝なる永遠のものです。宇宙との繋がりは不滅であり、いかなる時にも決して絶つことのできないもの〝真実の理〟、ひかりなのです。


わたしたちの肉体、手足と体の関係も、人間と宇宙の関係に似ていると考えることができるかも知れませんが、同じではありません。手足など体の一部は切断することが可能で、切断されてしまうと、手や足と体の関係は途絶えてしまいます。しかし、この世界、この宇宙とわたしたちの関係は、決して断ち切ることができない深遠で崇高で尊いものです。

広大なる宇宙と個人との関係が断たれることは、いかなる状況においてもあり得ません。わたしたちと宇宙の関係は永遠であり、進化の過程の中で人類という階層にまで到達してきたわたしたちは、人間として存在する以前に、より低い次元の存在を通過してきたのです。

過去生や人間以外の生き物として存在してきたことは、進化の事実における紛れもない事実であり、それはまた、個人の存在がこれからも永続していくことを物語っています。進化は事実であり、また、人間が進化の最終地点にいる存在ではないことも明らかです。低い階層から現在の階層へと進化してきたのであれば、さらに高い階層へ進化していくのは自然の流れです。わたしたちは、久遠の昔より存在しており、こらから先も永遠に存在していくのです。

わたしたちは、宇宙と呼ばれる偉容で壮麗な多層的構造の永遠なる構成質量自身なのです。ちっぽけな世界の住民ではありません。自分は東京都の人間だ、ニューヨーク州の人間だなどと、つまらない考えを持つ必要はありません。千葉県、愛知県、福岡市、あるいは知床の人間だなどと考えるのは低層域なことです。自分をそのようなちっぽけな存在と考えるのは今日からやめにするのです。

わたしたちが居るこの場所は、多様な階層（実在世界）を持つ広大な宇宙です。

宇宙における自分の居場所を知るということは、容易なことではありません。僅かながら思いを巡らすだけでも畏敬の念を抱かずにはいられないでしょう。

「自分はこの世界の一部なのか。それとも世界の中で存在しているのか。世界は自分の外にあるのか。自分はいったい、どこに存在しているのか」このような疑問に直面すると、恐怖すら感じてしまうのが常です。

宇宙の本質、そして自己と宇宙の関係についていくらかでも推察し開眼することができれば、世界は変わります。世界の構造、宇宙の実体についての話は、宇宙についてすなわちクリヤヨガの魂ともいうべき霊性についての理解を深めていくためのイントロダクションなのです。

ここからはクリヤヨガの本質である性質を表している自然界のエレメントから読み解いていきたいと思います。

『そは「大地」より「天」へのぼり、たちまちまたくだり、まされるものと劣れるものの力を取り集む。かくて汝は全世界の栄光を我がものとし、ゆえに暗きものはすべてなんじより離れ去らん』

（ヘルメス・トート）

クリヤヨガはこの地球のすべての時間と場所に遍在し瞬くひかりの智慧です。太初の灯が生まれた時には太初の〝教え〟と〝智慧〟が白光おびただしく天空からひかり輝いていました。

そのひかりは今もって全く色褪せることなく「まじろぎ（瞬）」を続けています。その智慧のひかりの正体こそこれから説明する五大元素〝FIVE Elements〟なのです。わたしたちはおろか、すべての生きとし生けるすべてのものやこの地球自身すらもこの五大元素“FIVE Elements”の恩恵なくして存在すらできないほど重要で有り難いものは他にありません。

まず名称から順に見ていきましょう（表記している言語はおもにヘブル語です。クリヤヨガは初めに記したように地球最古のヨガであるので、インド等の言語表記は最小限に留め、なるべく純粋な言霊を読者に味わっていただきたいと思います）。

1．Space、空 shamayim（シャマイム）
2．Air、風 avu~iru（アヴィール）
3．Fire、火 eš（エシュ）
4．Water、水 májim（マイム）
5．Earth、地 adamah（アダマー）

上記の5つそれぞれには次のような性質や状態と呼べる現象と性質があります。

A．ピュア Pure「純粋・純質」
B．ボラティリティー Volatility「動性・情熱」
C．デッドロック Deadlock「停滞性・惰性」

という側面があります。

それぞれのピュアの側面から、

1．聴覚
2．触覚
3．視覚
4．味覚
5．嗅覚

という知覚が生まれました。

それぞれ知覚のトーラー（Torah、覚知）は、

1．聴覚 シャーマー shamà（方角を司るトーラー）Semei 聴力
2．触覚 ズロア zuroa（風を司るトーラー）
3．視覚 ラーアー ra'ah（太陽を司るトーラー）
4．味覚 ターム taam（水を司るトーラー）
5．嗅覚 ノウン noun（医療を司るトーラー）あるいは Bashemath

トーラー（覚知）の側面を5つを合わせて、マインド（思考）になります。

マインドには４つの機能があります。

１）ヘー・ギメル（感覚的思考）ヤレアハ（月を司るトーラー）
２）ヘット・ギメル・ノウン（理論的思考能力）テット（智慧を司るトーラー）
３）アニー・Nodaノウダァ（自己認識）トート（ヘルメス・トートの側面）
４）ノウンTzofiya（記憶能力）イナンナ（イナンナの側面）

上記などと相まってわずかですが大切なword（ヘブル語）も記しておきます。

Palal 思考 パラル
Priel 神の果実 プリエル
R~phael 神々のヒーラー ラ・ファエル
Rafela ヒーラー ラフェラ
Refael ヒーリングの神 レフエル
Sachiel 水の天使 サチエル
Salaman ピース サラマン
Shira 詩 シーラ

Zambda 瞑想 ザムブダァ
Zamir 考え ザミル
Zaza 運動 ザザ
Emeth 真理 エメト
El'yon 至高 エリヨン
Yeda 知識 イェダア
Dumah 沈黙 ダマア
Levi 結びつく レヴィ
Ruach 聖霊 ルアハッ
Melumad 教養 メェルマァド
そして体へのトーラーと続く。

それぞれのボラティィリティーの側面から、

1. 話すための器官 エシュ（火を司るトーラー）
2. 摑むための器官（手） アスタルト（力を司るトーラー）
3. 動くための器官（足） アナト（安定維持を司るトーラー）
4. 排出器官 バアル（死を司るトーラー）

5. 生殖器官 ヤム・ナハル（子孫繁栄を司るトーラー）
という器官が生まれた。

それぞれのトーラー（律・法、あるいは象徴的な特徴や性質）も併記した。
ボラティリティーの側面の5つを合わせて、プラーナ（生理機能）になる。

プラーナには5つの機能がある。
1）プラーナ（息を吐く機能）
2）アパーナ（息を吸う機能）
3）ヴィヤーナ（循環機能）
4）ウダーナ（排出機能）
5）サマーナ（消化吸収機能）
上記5つはインドのサンスクリット語です。

さらに神的、スピリチュアルな概念や意図ではこう記す。
（Jarvah 呼吸による意思）ヤーヴァ
（Jesaiah 健康はすべての救い）ヤサイア

(Jeshohaia 瞑想の神) ヨショハイア
(Jeshua 解脱者) ヨシュア
(Jordy 地球のエディタ) ヤーディ
(Jordan 地球、大地) ヨーダン
(Kedem 古代、古い) ケーデム
(Nevish 神の息) ネヴィシュ

このように、それぞれのピュアの側面からは、物質が形成されていきます。
この物質形成のプロセスを、グロス・ボディと呼びます。
つまりこれらはどういうことかと言いますと、五大元素によって作られていて、過去の善い行いの結果として生まれたものと言われています。いわゆる喜びや悲しみを経験する場所のことになります。存在し、生まれ、育ち、成熟し、衰え、死ぬ。これがグロス・ボディと呼ばれるのです。
たとえば、5つすべての元素を半分にすると(50%)
その半分を、さらに4つに分けると(12・5%)
また、元素には幾何学的な形態もあるので軽く触れていきます。

Space、空 shamayim (シャマイム) の元素の半分 (50%) と、その他の4つ (12・5%×4) を組み合わせると、物質的な空間が生まれます。空は八面体構造です。

Air、風 avu~iru（アヴィール）の元素の半分（50％）と、その他の4つ（12・5％×4）を組み合わせると、物質的な気体が生まれます。

Fire、火 eš（エシュ）の元素の半分（50％）と、その他の4つ（12・5％×4）を組み合わせると、物質的な火が生まれます。火は四面体（三角錐）構造です。

Water、水 májim（マイム）の元素の半分（50％）と、その他の4つ（12・5％×4）を組み合わせて、物質的な水が生まれます。水は二〇面体構造。

Earth、地 adamah（アダマー）の元素の半分（50％）と、その他の4つ（12・5％×4）を組み合わせると、物質的な固体物質が生まれます。土は六面体（立方体）構造。

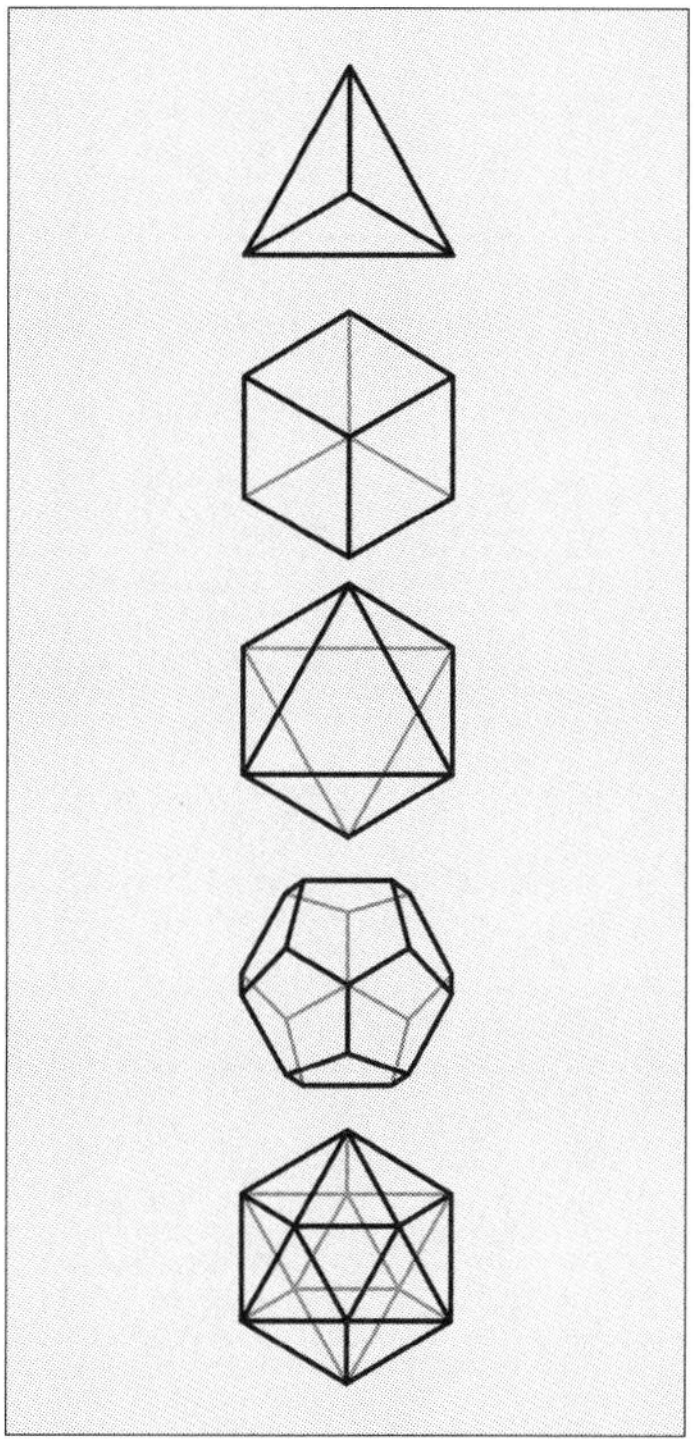

第6章　クリヤヨガの歴史

クリヤヨガって何？

大いなる存在へ繋がるためのルートはたくさんあります。大いなる存在はわたしたちのために、とても多くの道と方法を用意してくださったので、一人一人にふさわしい道・手段を選んで行けるのです。もしあなたの準備が整ったなら、ヘルメス・トートのスピリチュアルエクササイズであるクリヤヨガは、自分自身にあつらえた至高の「ジッグラト（神殿）」へのアプローチをあなたが見つける格好のガイド（手助け）となるでしょう。

セイクリッドハート

この地球は大きな古い学校です。実際に、物質界と呼ばれるこの物質レベルの存在全体が、学校なのです。わたしたちがここにいるのは、ただの読み書き、算数や理科、社会を学ぶためだけではありません。わたしたちは、大いなる存在の元に還る道を探すためにここにいるのです。

わたしたちの先生は数多くいました。モーセ、イエス・キリスト、モハメッド、孔子、ゴータマ・シッダールタ（釈迦牟尼）、ゾロアスター、プラトン、ソクラテス、アリストテレス、聖徳太子、空海、コペルニクス、マーティン・ルーサー、シェークスピア、レオナルド・ダ・ヴィンチ、ガリレオ、エマーソン、本居宣長、坂本龍馬、アインシュタイン、パラマハンサ・ヨガナンダ、ガンジー、小泉八雲、手塚治虫、松下幸之助、坂本九、マイケル・ジャクソン……とリストは続きます。

わたしたちが受けた授業は、「わたしは誰？」から「人生の生きる意味」までと広範囲にわたっています。学んだ書は、古事記、日本書紀、万葉集に始まり、旧約・新約聖書、聖書外典、モーゼ五書、ヘブライ等の神秘哲学、コーラン、道徳教、易教、仏の教え、ウパニシャッド、リグ・ヴェーダ、バガバッド・ギーター、新聞、そして絵本やアニメも含まれています。

現代のための宇宙の叡智、クリヤヨガバイブルの目的は、古代の学校の入門書の目的と同じく、基礎を学び滋養と教養、慈愛と霊性を学ぶためのものです。夢を探求する手段を与えるためです。より多くの愛に満ち、過去、現在の人間関係を理解する手助けをするためです。毎日の生活の質をより向上させ、スピリチュアルな洞察力を得るためです。まさしくそれは宇宙規模にわたる生涯のスピリチュアルな冒険「スピリチュアルジャーニー」です。

みずから「大いなる存在」を体験する

ヘルメス・トートの初めのソース（基幹）は、個人がスピリチュアルな体験をすることに重きをおいています。本を読んだり、友人の話を聞いたりすることは、スピリチュアルな世界とその中でのあなたの役割を、ほんの少しですが理解することに繋がります。

あなたの人生を極めるには、自己修養を行い、そして「大いなる存在」を自ら体験したいと願う真の熱誠（情熱のPath〔径〕）を持つことです。

スピリチュアルな「大いなる存在」の光と風（氣・息）の体験によって、あなたの人生は豊かになり、日常の問題を、愛に満ちた視点から見ることができるようになるでしょう。

宇宙からのルーツを持つヘルメス・トートのスピリチュアルな教えには、共通の「スレッド（タントラ、黄金に輝く縦横の糸）」が通っています。それは「〝KRIYA クリヤ〟」と呼ばれ、それはまた、スピリット、「大いなる存在」の言葉、聞き取れる魂のせせらぎ、生命の流れ、としても知られています。

ヘルメス・トートの教えは、宇宙にルーツを持つ教えですが、その教えはある意味時を超越しています。その教えは生きた教えです。

本を通じて、あるいはひとりひとりの経験という「スレッド」によって、夢と起きている時の両方の体験を通してわたしたちに語りかけます。あらゆる生体（人など）は生命の始まり以来、スピリチュアルな理解に到達するために、スピリットのパラダイムにより感化、現実化されてきました。

このバイブルは、光と叡智に彩られ、真理と存在に満ち溢れています。それをわたしたちは「永遠に続く光の道」「〝KRIYA YOGA〟」と呼びます。

それはヘルメス・トートから贈られた人類のための聖なる書物です。ヘルメス・トートのクリヤヨガバイブルは、ヘルメス・トートの想念をキャッチ、チャネリングした完全なるオリジナルの書です。

ヘルメス・トートはいつも存在する。『あるヨギの自叙伝』初版から60年

クリヤヨガはヘルメス・トートの扉を開く鍵となる師であり、相談相手です。

クリヤヨガなくしてこの宇宙に存在することは、決してありません。これにより、この宗教性を帯びた真実の法則が純粋に、そして現代の意識に対して適切であるよう、確実に保たれることをここに跡(しる)し約束します。

また、クリヤヨガの智慧と霊力(真理)は、大きな組織などによく見られる、便宜上の論議や、政治的策略などの澱んだ想念や現実が、いとも見事にこれにより退けられます。

そしてスピリチュアルな生徒は、完全な自己実現、真理実現(アセンション)の道を体験した師をその目で見、声を聞き、五感や体感覚、意識の次元の領域においても同じ道をあゆむことができます。

パラマハンサ・ヨガナンダ氏がクリヤヨガを1920年にアメリカに紹介

パラマハンサ・ヨガナンダが、1920年にクリヤヨガを今日の近代文明の世界に紹介した時、彼はスピリチュアルな真実を、わたしたちを取り巻く様々な欺瞞や文化的虚飾から分離することに成功しました。一般の人々が、幸せでバランスをとりながら、かつ建設的な態度や生活を保ちながら、望み、実践することで、「大いなる存在」の光と風を体験し始めることが可能になりました。

パラマハンサ・ヨガナンダは、20世紀初めにインドで誕生し、26才の時ヨガ啓発のため初めてアメリカに渡りました。

若い時から敬虔な探求者であった彼の人生に変化をもたらしたのは、何人ものスピリチュアルなマスターたちとの貴重な出会いでした。彼らは、みなクリヤヨガのマスターたちでした。彼らはクリヤヨガマスターになるための様々な訓練をヨガナンダに行いました。

一方、ヨガナンダは、多岐にわたるスピリチュアルな伝統の妙技と論理を、それぞれ異なる先生から学んでいきました。ヨガナンダの学んだ崇高な教えは、やがて芽を出し、色とりどりの花弁を持つ千万の蓮の花が一斉に咲き誇ったかのように世界中のいたるところにちりばめられていきました。

わたしサッチー亀井は、光と風のこれら「黄金の教え」を集め、わたしたちが利用できるように準備しました。それが、この本の中に記録されている「大いなる存在」の体験でした。

最終的に、わたしは銀河系シリウス星団に加わり、クリヤヨガを世界に広める仕事が与えられました。わたしはクリヤヨガマスターになったのです。

パラマハンサ・ヨガナンダの話に戻ると、1920年までに、彼はカリフォルニアで、クリヤヨガのワークショップを行い、クリヤヨガの教えについてディスコース・教材を提供しました。

クリヤヨギのコミュニティはだんだんと成長を始め、1920年には、非営利宗教組織としての団体を設立するまでに至りました。パラマハンサ・ヨガナンダは、1952年に亡くなりましたが、その時まで彼は、ほんとうに沢山の人々をクリヤヨガの情緒ある深遠な教えに導きました（サッチーいわく、彼はクリヤヨガのすべての奥義の伝授、教えを受けていないという啓示をヘルメス・トートやマイケル・ジャクソンらから告げられる）。

クリヤヨガマスターの使命は、人々が「大いなる存在」の元へ還る道を見つけるガイド（手助け）をすること。わたしはクリヤヨガマスターの命を受けました。わたしは山梨県出身で、子供時分には野山を駆け回る活発な少年でした。少年時代は相当やんちゃなことばかりしていました。その少年時代を経て、日本代表のアスリート（プロウィンドサーファー）として13年間世界を転戦しました。アメリカに滞在している時、わたしは〝魂の首長ホセ・マへ〟に出会いました。1989年にホセよりイニシエーションを受け、わたしは「大いなる存在」の世界への道を獲得しました。

これらの体験を〝グレート・スピリット　ホセ・マへ〟に記す予定にしています。

故ホセ・マへ師とは、アメリカ某所に住み、彼主宰のスピリチュアルセミナーで、各国から訪れる探求者のためにヒーリングを施していたヒーラーです。

一般向けの師のヒーリングは、軽い不定愁訴やノイローゼ、イライラなどの改善から、重篤な症状の患者の怪我や病や囚われからの離別など、生死に関わる問題を一瞬で鎮め、癒す力と技術が融合された魂の開墾者でした。

彼は生涯を通して同じスタンスを貫いたサムライでもありました。

本人はマスコミはもちろん一切の露出はせず、一冊の書を記すこともなく、普遍たる天空からの叡智の種を無心で集め、世界に無償で還元する〝聖〟そのものの存在、「〝ひかり〟」そのものでした。

師を記憶する者は現在は少ないですが、スピリチュアルなことを学ぶ者たちへ向けて、師は高次より普遍の「コズミッククレイ（宇宙氣）」、ひかりの智慧を今も降らせ続けています。

師の啓発的で実用的かつスピリチュアルなアプローチは、多くの人々がより大きな自由、英知、愛を見つけ出す手助けとなります。師の教えは、人々の意識を高め、「大いなる存在」の光と風に関する彼ら自身の体験を認識する手助けとなっているのです。

話を戻しましょう。

ヘルメス・トートのメッセージは普遍的であり、それでいて光明を持つ真善美であり、伝統と革新のスーパースピリチュアルです。

これまで人間の歴史において人々の多くは宗教にある種の希望や期待を持って歩んできました。

規律ある教えやその導師の指示に従いさえすれば、迷いや悩みも解消し、罪の意識やカルマや情欲すら断ち切れるという夢のような世界にどっぷりと浸りきっているような現実でした。

クリヤヨガの教えは、一人一人が直接に個人的な体験をすることを通して、それぞれの「大いなる存在」の道に還る手助けをするようにつくられています。

人々を半ば強制的にクリヤヨガに参加させたいという願望はありません。また多くのクリヤヨギたちはスピリチュアルな強い関心を、他の人々と分かちあっていきます。すべての人々が持つそれぞれの信仰や信念を尊重しているからです。そしてヘルメス・トートのメッセージは、静かに地に足の着いた確実な方法で提供されていきます。

教えの根本は内なる存在、スピリットに語られるように書かれています。

スピリチュアルな探求者の感情や、怖れをもて遊ぶようなことは決してありません。クリヤヨガを知るための最善の方法は、サッチー亀井が言うように日常を通してクリヤヨガの道を歩むことにほかなりません。

スピリチュアルな言動や意識に触れたり、自身もその意識を持つことは個人の様々な状態や環境、性格や性質に影響を与えていきます。

ここからは、エクササイズについて触れていますが、それらのエクササイズは、一人で、自分のペースでどなたでも気軽に試すことができるものになっています。

クリヤヨギってどんな人たち？　普通の人から神さままで……

様々な国籍や多岐にわたる職業の人々がクリヤヨガを行っています。

彼らの共通点は、「大いなる存在」への愛とスピリチュアルな成長を望んでいることです。彼らの人種は様々ですし、宗教的な背景の有無など様々です。彼らはその属する社会で責任のある人であり、その地域隣人とクリヤヨギを区別するような特殊な食生活、苦行や服装に縛られることもありません。

歴史の古い順クリヤヨガマスター年表

B.C.3000億年　RLUNG（ア・ウ・ワ、auwa）

B.C.58000　ヘルメス・トート

B.C.38000　イザナギとイザナミ

B.C.12000　イナンナ

B.C.12000　イツァムナー（Itzamna）キニチ・アハウ（Kinich Ahau）マヤ太陽神Ajaw

B.C.8400　ドージェ・サンゲー・ダワ（チョモランマの至高僧、クリヤヨガマスター、存命中）

B.C.5000　ゴータマ・シッダールタ（釈迦牟尼）

A.D.0　ジーザス・キリスト
A.D.0　モーセ
A.D.100　聖徳太子
A.D.357　ツォンカパ（ダライ・ラマ1世の師匠）
A.D.400　マイヤー
A.D.600　レオナルド・ダヴィンチ
A.D.600　安倍晴明
A.D.712　太朝臣安萬侶（おおのあそみやすまろ）
A.D.1730　本居宣長（もとおり　のりなが）

クリヤヨガマスター・サッチー亀井の元に集まってきた人々のほとんどは、自分たちの人生の疑問が、伝統的宗教や教えによって答えられなかったので、クリヤヨガにやって来たのです。

クリヤヨガへの理解を深めるために、いくつかの定義を以下に記します。わたしたちがスピリチュアルな原則を定義するために、一定の言葉を使うのは、それらの言葉がより記述的であるため、または一般的に使われているいくつかの言葉と同じ規定の枠組みやニュアンスとは異なるためです。

主だったものをここに記します。

ヘルメス・トート＝Rlung（ルン）聖なるもの、またはスピリット。聴き取れる生命の流れ。すべての生命を支え、維持する神のエッセンス。生命の力。プラーナ。氣。

クリヤヨガ＝大いなる存在の光と風の神癒。また大いなる存在と共に働く者も意味する。大いなる存在の光と風・スピリット。神が低次元の世界に現れる時の二つの側面。

スピリットは光と空間を動く大いなる存在の原子「〝霊子〟」の反射としてわたしたちの前に現れるか、または風・スピリットを大いなる存在の元へ運んでくれる。皮膚や感覚的に生命の流れ自体である風（息）として感知できる。クリヤヨガは、自分を高め護るために、スピリットのこれらの特性を求めて、自分の内面で見たり聴いたりする方法を人々に示しています。

スピリチュアルな生徒を内なる世界へ案内するヘルメス・トートの内的な形。わたしたちといつも一緒にいるスピリット、「大いなる存在」。

魂・真の自分。それぞれの人の内的な、最も聖なる部分。神の火花として、スピリットはすべてのものを見て、知り、気づくことができるのです。

かれこれ日本でのヨガブームは昭和と平成を入れて8度ほどあります。

1回目のブームは国創りの時代のイザナミとイザナギ

2回目は邪馬台国の卑弥呼時代

3回目は天啓を得た聖徳太子の飛鳥時代

4回目は空海、安倍晴明の平安時代

5回目は江戸時代 本居宣長
6回目は明治時代の中村天風（なかむらてんぷう）
7回目は昭和で沖正弘（おきまさひろ）氏の沖ヨガ
8回目は現代のフィットネス系ヨガ

いずれも精神性や瞑想の要素が強い本来のヨガが主流でした。最近8回目のブームは異例だし、例外的とでもいうべきものでしょうか。

わたしが思うに、ヨガは単なる体操でもなければ、もちろん軽薄なダイエットの類いでもありません。

ヨガとは、**ほんとうのヨガとはこうです。**

本来、自らの心と体、内側とメンタル、フィジカルを豊かに鍛え高め、大いなる存在と一つになるツールがヨガと呼ばれるものなのです。

激動の社会をわたしたちは生き、乗り越えようとしています。

同時にかつてないほどの大きな変化を余儀なくされているのも事実です。

この激動の時代に「本来のヨガ クリヤヨガ」について学び、あらゆる可能性の扉を開くことはわたしたちの人生にとって大いなるアドバンテージとなることは間違いありません。あなたはこの事実をご存じでしょうか。

あのマイケル・ジャクソンが、唯一、四六時中、読んでいた書籍。それは、現代にクリヤヨガを広めたヘルメス・トートの『ヘルメス文書（もんじょ）』だったのです。

ここに本当のことを記します。

実は、マインドを高める科学的な技法こそ、「クリヤヨガ」なのです。

ヨガとは今から約5万8000年前、古代アトランティス文明期やレムリア文明、エジプト、ギリシャ、日本と地球の各大陸で同時多発的に広がった〝魂の学校〟〝心と体のアセンション〟のことを言います。

忙しい現代人は機械や分業による軽薄な利便化により心を失い、過多の情報やストレスの波に巻かれ、本質を完全に見失っています。ほんとうに必要で、静寂に生きるのにはいささかもどかしいのが現代という顔をよく言い表しています。

情報や過度なおしゃべりや無駄な低俗な消費社会を根幹から塗り替えていく必要に迫られているのです。

皆さんが選ぶべき究極の選択こそが〝アンプラグド〟な「クリヤヨガ」なのです。

自らの呼吸だけが唯一のアイテムの、至極〝アンプラグド〟な方法がクリヤヨガ

このクリヤヨガは古来の伝統的な教えと方法を現代の時代に居る人たちにぴったり合うようにリ

チューニングし、統合しました。

クリヤヨガは、すべての項目の中のエクササイズプランを実践していくと、個人にとって心と体とマインド、そして魂の領域までをも短時間で最適な状態にもたらすようにプログラミングされています。

呼吸法（ヘルメス・トート呼吸）と瞑想法を行い、自身が作っている自分の限界を取り除き、本来持っている長所や力を伸ばし、人生の目的を再発見していきます。

そして、アサナ（ポーズ）の練習を通じて、バランス良く内側の障害がなくなりエネルギーの流れが良くなった時、わたしたちの人生は素晴らしい目的と共に力強く自らの力とエネルギーで自己実現を可能にしていくのです。

前に進むことを妨害している何かではなく、本来の姿を表現するチャンスに目を向けていきましょう。

身体を動かし経験するプラクティス（練習）に加え、わたしたちが内側に抱えている何かを発見していく対話形式のレクチャーを行いながら「クリヤヨガ」を深めていくことも特徴です。

楽しく動き、汗をかき、笑いながら自分自身と仲間と世の中を癒していくことができるのです。

さあ、クリヤヨガで自分の人生の風に乗り、まだ見ぬ大いなる海原の航海に出ましょう！

第7章
《チャクラ》とは
シリウス星系で誕生した言霊／
高次元領域宇宙の情報

各チャクラの説明

チャクラとは、目には見えない内外のエネルギーを取り込み、体や精神に必要な周波数や性質に変換してくれる受容器官のことです。

もともと「チャクラ」はシリウス星系で誕生した言霊であり、直観や閃き、あるいは、高次元領域宇宙の情報といったものは、一番初めに、自分自身の魂意識で、「内なる声」として受け取ります。それは、おもにへその下にある丹田（たんでん）で受け止められて、その後、物質肉体のチャクラと呼ばれる、それぞれの箇所に向かって、信号が伝わり送られて、身体中に響き渡ります。

チャクラとは、わたしたち生命体の身体にある、直観や閃きといった霊的な信号を受け取るための、それぞれの中継地点のことです。

体中には無数のチャクラがありますが、主要なチャクラは、8ヵ所あり、物質肉体の上部（頭部）から、それぞれの特徴を持っています。

クラウン・チャクラ（crown chakra 頭頂部）

宇宙根源の「生命の樹」と対応しているのがこの部分であり、それは、錬金術で「上なる如く、下もまた然り」といわれるように、〝全知全能〟と対応しています。

頭頂部の感覚を、極度に無視し続けていると、脳に関連する病に発展してしまいます。

おもな透知（霊知）能力は、ここで受け止められます。それは、知識としては持ち合わせていないはずなのに、何故か、どういうわけか、すでに知っているという感覚です。

イヤー・チャクラ（ear chakra 耳）

耳鳴りは、身体の周波数調整として起こる場合と、何らかのメッセージが届いている時に起こる場合とがあります。何らかのメッセージとは、ご先祖霊や守護霊、補助霊、最善なるスピリチュアル・ガイドたちなど、自分自身に最も近い存在たちからのメッセージか、現世での家族や身内からの緊急の知らせ、「虫の知らせ」として届く場合をいいます。

このような声や音を、極度に無視し続けていると、耳に関連する病に発展してしまいます。

透聴（霊聴）能力は、ここで受け止められます。霊的な声や、異次元領域の周波数の音や波は、ここで聴き取ります。

※補助霊→最近に他界された身内の人の霊や、あなたの興味や趣味、仕事に共感してサポートしたいと、集まってきた霊をいいます。

サード・アイ・チャクラ（third-eye chakra 眉間）

透視（霊視）能力は、ここで受け止められます。「過去のヴィジョン」や「未来のヴィジョン」は、この部分で霊的な映像として受け取ります。

異次元領域の周波数の光、色、記号、数値、予知能力、予知夢、デジャヴ（既視感覚）などは、この部分に信号が送信されます。

地震や洪水、台風、天変地異の予知も、この部分で受け取り、そのことの信号として、偏頭痛を起こす場合があります。

スロート・チャクラ（throat chakra 喉）

霊的に受け取った映像や声、音などを、物質的な声、言葉として、ここで表現します。

その時、真実とは異なる表現を発声し続けていると「どもり」が酷くなります。

また、真実を押し殺して黙認していたり、言いたいことを言えずに我慢をしていたり、虚言癖があったりすると「どもり」が酷くなります。

さらに酷くなると、喉を痛めて炎症を起こし、喉頭炎になり、さらには喉頭ガンを患うなど、喉に関わる病に発展してしまいます。

ハート・チャクラ（heart chakra 胸の中心部）

愛情、思いやり、優しさといった母性に関わる部分は、ここで受け止められます。

「胸騒ぎ」は、誰かの想いや愛情感覚を受け取ったり、愛する人同士のテレパシー感覚として起こります。

チクンチクンとする感覚、ドキンドキンとする感覚が、それに当たります。

非常に想いが通じ合っている人同士の、阿吽（あうん）の呼吸、暗黙の了解といったものは、ここで互いに受け取ります。

胸心部の感覚を、極度に無視し続けていると、心臓に関連する病に発展してしまいます。

ソーラー・プレクサス・チャクラ（solar-plexus chakra 太陽神経叢（たいようしんけいそう）、みぞおちの下辺り）

コントロール能力は、ここで受け止められます。それは、自分自身や他人に対してのコントロールであり、自分自身をコントロールできていなかったり、他人を必要以上にコントロールしようと目論（もくろ）むと、みぞおちの下辺りが痛みだし、胃痛になり、胃関連の病に発展してしまいます。また、他人を束縛する、依存する気持ちが強すぎると、胃痛や胃炎という形で現れます。

サクラル・チャクラ（sacral chakra 仙骨）

「魂意識」が座している場所であり、直感や閃き、あらゆる多次元領域宇宙の情報は、この部分で、一番初めに受け止められます。つまり、魂というものは、この部分に存在しています。

仙骨は、英語で「sacrum（サクラム）」ですが、「サクラム」の「サクラ」の部分は、「桜」のことです。「桜」は、英語で「cherry blossoms」ですが、これを略して、「sacrum」です。「桜」は、シリウス星系で誕生した種であり、そこから、地球上に降ろされてきた種です。それを実際に降ろしてきた人は、シリウス神人です、トート神を代表とするシリウス神人たちです。

地球物質界の時間空間軸で、西暦2015年現在から遡って、785億4735万2979年前のことです。地球物質界における人生を、わたしたちが生きる目的をもって生き続けることを、コントロールしているのは、この部分です。

ルート・チャクラ（root chakra 脊椎の一番下部）

わたしたちは、地球物質界において、人生の手段として、お金を活用しています。お金に対して、あまりにもこだわりすぎたり、お金に苦労しすぎていたり、お金に対して、マネー・ゲームなど、過剰に意識を傾けすぎると、この部分を含めて、腰痛になり、さらには、坐骨神経痛、椎間板ヘルニアなどの、腰関連の病に発展してしまいます。

人にはそれぞれ、得意とする分野があるように、人によって、最も突出して発達しているチャクラが異なります。まずは、自分自身にとって、最も敏感であると思われるチャクラの鍛錬を心掛けることが推奨されています。その後、その突出したチャクラを補うように、その他のチャクラも徐々に開発されてきます。

チャクラの鍛錬法として、最も有効的な方法が3つあり、これは、それぞれのチャクラを浄化する効果もあります。

1）1日5～10分間、目を閉じた状態で。
2）夜明けの空の、透明な薄い青色を。
3）雨が降って曇っていた場合は、1日5～10分間。

太陽に顔を向けて、深呼吸を繰り返しながら、目蓋（まぶた）の部分に陽射しを浴びます。

1日5～10分間、眺めます。雨の日は、雨音のみに耳を傾けます。

3つ目は、目を閉じていても、閉じていなくても、どちらでも大丈夫です。

上記の中で、病に発展する前に、それらを予防するためには、心と魂の浄化が必要不可欠です。

チャクラを自然界のエネルギーで見ていくとこうなります(五大元素"エe"形而上学な仙居)

クリヤヨガには、自然世界の五大元素のエネルギーの関係を考えるワークがあります。

五大元素の考察やいろいろなものから生じる様々な疑問は洋の東西に関係なく、物質観・自然観・世界観・死生観と関連づけられながら、それぞれの文明圏で独特、あるいは関連性を保ち体系化がなされていきました。

土・水・火・風・空(shamayim、シャマイム)ヘブル語

元素たちは古代から様々な呼ばれ方をし、古代ギリシャやイスラム世界、中世ヨーロッパまではおおむね四大元素(空が入らない)として探究・利用されていました。

最も有名なところでは日本の陰陽道にも多大な影響をもたらした中国の『易』、その根本は陰陽ですべての理を講じる道教にその教えが色濃い『五行思想』があります。

インドやスリランカ、またはバラモン教から発展したヒンドゥー教の『ヨーガ』や『アーユルヴェーダ』などに登場する概念でもあります。また、古代エジプトでは『カー』。古代ギリシャや古代ローマでは『アルケー』や『リゾマータ』。いずれも「元素」と呼ばれ研究・精査されていまし

た。また近年ではこれら元素を科学的に周期表にした例もあります。

これら元素の種類を見ていきましょう

土の元素は波動エネルギーが濃密で粗大といったことを、最も顕著に表しています。これは、グラウンディングやサポート力、強さやバランスといった特性とも呼べる性質を作り出します。またその性質は物質的質量や固体性を持っています。

これらは高い周波（波動）が起こり、土の元素は固体性を失っていき、徐々に液体へと変わり、それがやがて水の性質を持つ元素となっていくのです。

ただし、これはまだ触れることができたり形を伴う要素を保っていて、浸透力（浸透圧）という他の性質（エネルギー）も加わり、液体性と解離性によって水の要素が少しずつ束ねられていくのです。

高い波動の周期が起こると、水の元素は熱を起こす波動へと変わります。

そうなると液体の性質は姿を消し、形や触れられるといった要素だけを残し火の元素を作り出していきます。

火の性質は変換と創造の代物

高い波動の周期が起こり、火の元素はすべての火の粒子を加速させていきます。それは軽さや形を失うことを意味しています。

そしてその後に来る変換の形というのが風の元素です。

風の性質は、エネルギー自体とバイタリティという素性を持つ

風の元素は最後の最後の、全ての体的感覚や触覚の実体たる質がなくなるまでその波動は拡散（増え）続けていきます。

そしてやがて波動の最も希薄で高遠な層に達していきます。

そう、この音の振動は空（shamayim、シャマイム）の領域として呼ばれています。

空はエーテルという人智を超えた形状で存在している

その性質はまさしくクリヤヨガでいうところの〝繋ぐ〟ということにほかなりません。すべてを包みまさしく繋いでいるのです。

土の元素

土は地の元素とも言われ、わたしたちの人体を五大元素で表すと、足の裏から大腿骨の付け根までがそれにあたります。

地に足がつき、強さや骨格、安定感やサポート力、堅固さ、足の下に広がる大地のバランス、五

大元素の形態、それぞれの質とパワーとエネルギーをシェアしながら〝繋ぐ〟役割を担っているのです。

ひと言でいいますと、地の元素の性質は、地に足がつき、強さと安定とサポートということになります。

なぜならそれは身体的にも基盤から身体を支え、衣食住すらも与えうる力の源の一つであるからなのです。

また、両親や家族、友人や社会からサポートされてないという感情や、不安、バランスの欠如や弱さを手放すための集中した訓練ができる役割を担う重要な場所でもあります。

場所：足の裏から脚の股のソケット（付け根）まで
チャクラ：ベースチャクラ
特徴：基礎、強さ、構造、安定性、サポート、硬さと地球からのバランス。

水

五元素の一つである水は、人体で表すと、骨盤から肺下の横隔膜までがそれにあたります。特徴として流動性のある動き、柔らかな性質をもち、また、水には優雅でたおやか、分け隔てのないという意味と性質もあります（年齢や骨密度にもよりますが、一般的に人体の約70％は水と言われます）。

また、それぞれの五大元素の質をシェアしたり繋げたりする役割を担っていて、水の元素らしい特徴をよく表しています。

水の元素の性質は流動性、柔らかさ、動き、優雅、分け隔てない、なので、わたしたちの生活の中で身体的・精神的・感情的・霊的（スピリチュアル的）に邪魔しているものを流すことができるのです。

そして、行き詰まりや停滞感、これらの変化できないといった状況や感情を手放す訓練に集中していくことができる特質を持ちます。

場所：骨盤から肺の下の横隔膜
チャクラ：サクラルチャクラ（仙骨のチャクラ）
特徴：動き、流動性、柔らかさと優美さ、分け隔てないこと、はまったものからの解放。わたしたちの生命におけるすべての（身体的、精神的、感情的、精神的）障害のまわりを流れる能力。

火

五大元素の一つである火は、人体のチャクラの箇所でいうと、プレクサス・チャクラ（太陽神経叢、腹腔神経叢）がそれにあたります。ここは強烈な光輝や変換、創造といった質性を象徴していて、五元素においては、それぞれの性質を結びつけるという火の特質を担っています。

火の元素のおもな性質は、わたしたちの自由な意思によってより良く変換・形成・創造が強められていきます。この自由な意思とは、人生でどんな側面や局面、ピンチや停滞期においても変化を選べ、想像のできることはなんでも実現し変革できるという、地球という惑星の人間と神々たちにだけ与えられた特権のことです。されど、想像力が欠如していたり乏しい場合、おおむねその個人の創造性は制限されることがあるのも事実です。

火の元素は、創造的な意思のことで、視覚化や音、色、形やその動き、働き、呼吸を使うことで、創造力を発達させていくことができるでしょう。

場所：みぞおち
チャクラ：ソーラー・プレクサス（太陽神経叢）
特徴：エネルギー、輝き、変化、創造力、古いエネルギーの消費、火を使って浄化と更新

風

五大元素の一つである風を人体で表すと、横隔膜から鼻の穴の天井にあたるところまでにあたります。これは、呼吸に含まれる酸素と、機能やエネルギーを作り出すグルコースを使い、体中の細胞一つ一つにエネルギーと生命力をいわば与えていくことです。五大元素においては、それぞれの質を繋ぎ、シェアする役割を担っています。

風の元素の性質は、呼吸を使いわたしたちを再び元気づけ活性させることにあります。エネルギーの生命力への変換のことです。この力強い身体機能は体のセルフメンテナンスとなり、治癒をもたらす働きとなります。

風の元素は、無気力、憂鬱で悲しみや疲労といった感情を解き放ってくれる集中という賜物のことなのです。

場所：横隔膜から肺、心臓を含み鼻孔まで
チャクラ：ハートチャクラ
特徴：エネルギー自体。バイタリティ。活性、肉体的、感情的な癒し、受容。

空（Shamayim、シャマイム）

五大元素の一つである空を人体で表すと、頭蓋骨にあたります。そしてすべてのことを繋げる明確な意図を持った質を表しています。

人間というのは宇宙の銀河の表面を行ったり来たりするいわば波のような存在です。それぞれの波は完全に分かれて派生し、異なった生滅の歴史を持ち、それぞれが違った海で異なった旅をしていくのです。

それらの海にはそれぞれの方向性があり、形や見た目も違い、その意図するところのメッセージの中身も千差万別なくらいに違うのです。

されど、実際には、すべての波は海から成る水から創られ、それらは単に、深い海の下の反射や側面の小さな波動に過ぎないのです。深い深い海の下では、個々の波（わたしたち全員のこと）はほんの少しの智慧と知識すら持ち合わせていないのです。

宇宙から見てもその銀河にとって、それらは全体の一部にしか過ぎません。

五大元素の存在を意識するという鍛錬は、空の元素の質と素性を結びつけ、シェアし、その特徴付けとなって初めてわたしたちのものとなることができます。

繋ぐという空元素の特質は、一人ぼっちであるとか、分かれている（分離）、仲間はずれや淋しい、求められてない、あるいは繋がっていないといった自己肯定感のない希薄な感情を解き放つことができる性質でもあります。

場所：頭蓋骨
チャクラ：スロートチャクラ（喉）
特徴：意識が高い、一般的な捉え方の一致（定義と認識）、神との繋がり、宇宙のすべてのもの

第8章　スピリチュアル／瞑想やヒーリングについて

ここではクリヤヨガの中核である瞑想、ヒーリングについて書いていきます。

瞑想にも変化のパラダイムシフトがあった――瞑想（クリヤヨガ）の誕生

中学校で勉強した歴史を思い返してみても、瞑想という単語や言葉は一切出てこなかったように覚えています。そのかわり〝座禅〟、〝一休さん〟（昭和の当時TV番組の影響）という言葉はわりかし頻繁に聞いていたのは覚えている方も多いかと思います。

一般的に瞑想について皆さんが想像したり、知っていたり、感じていることといえば、おそらく、「じっと座っているのがつらそう」、という意見や、「修行みたいでイヤだわ」とか、「意識を無にすればいいんだろう。でも、そんなのできっこないよー」とか、こんな感じに瞑想をネガティブに捉えているのが現実ではないかと推測します。

もちろん皆さんの想像するような側面も多少はあるのは認めますが、わたしがこれからお伝えしようとしている瞑想は過去の達人や修行系の類いの瞑想ではないことをここに明言いたします。

では既存の瞑想と比べてどうなのか、その違いや効果はどう違って何にいいのか？

という素朴なギモンやエキセントリックなお悩みまでバチッと解決できるように書いてまいりますので、どうぞお付き合いください。

本題にいくまえに瞑想に関する歴史とエピソードをごらんください

実は、瞑想の成立は恐ろしく古い時代に遡ります。

いやとてつもなく古すぎて歴史的史実とやらでいう科学的根拠に乏しいのはやむを得ないのはご理解ください。今回はその起源を知る旅でないので軽くふれる程度にとどめますが、実際瞑想が行われていたのはわたしたちの遠い先祖のさらに遠い先祖のまたその先祖の、という具合にさかのぼるとやがて一筋のひかりの淵源にたどり着くことになります。時間の感覚としておおよそ３０００億年の領域にあたります。

そうなのです。わたしたちが神や大いなる存在といっている至高のモノは宇智（宇宙）そのものなのです。

みずからを知るためにみずからの実体を投影し、みずからを知るために投影された実体に目を瞑り、存在という原子そのものを覚知したのが瞑想の始まりなのです。

瞑想について

瞑想とは、思考の沈黙です。頭の中にある感情や考えなどから一旦自分を切り離し自由になること。この一言に尽きます。つまり、脳の中を無音（静寂）にすることなんです。そんなことができるのでしょうか。

ハイ、できるのです。その方法とは、「何か一つのことに集中する」ことです。思考は、ある意味雑念と呼べるもので、心のにごりのことです。このにごりを取って、澄んだ清らかな心を取り戻し、大いなる存在と繋がっていく実践方法が瞑想なのです。

また、瞑想にはいくつもの種類があり、方法も様々あり、どの瞑想も、思考をストップさせることを目標として、何かに集中するよう指導していきます。その集中の対象は、「無」という言葉であったり、満月の絵のようなイメージであったり、チャクラと呼ばれる身体の一部であったり、また匂いや音、何か象徴的な絵やマンダラ、アイテムを使う場合もあります。

初めにお伝えする瞑想は、「呼吸」に集中する瞑想です。とても簡単ですから、どなたにもできて、効果もとても高いものです。

傷ついた心を癒やす瞑想

瞑想は英語でメディテーション（Meditation）と言いますが、この語源を読み解くと、Medが「治療」、tationが「行為」にあたり、瞑想は「（心と身体の痛みを）治療する行為」という意味になります。

自分に合った瞑想を活用することができると、それはまるで投薬（Medication メディケーション）のようにパワフルに効果を発揮し、あなたのマインド（思考）、ハート（感情）、ボディ（肉体）の痛みと苦しみを取り去り、とても気持ちの良い幸福感を味わうことができます。

メディテーション（瞑想）が、思考、感情、肉体を治療し、癒すための方法だとしたら、その症状に合わせて的確な「瞑想の処方箋」を手に入れる必要があります。すべての症状に何でも効く薬はないように、瞑想も、その人の症状に合わせて的確に処方されるべきだからです。

ですから、わたしがお伝えする瞑想は、アサナ、ムドラ（手印）、マントラ、意識（コンシャスネス・ヒーリング）、呼吸法に至るまで、お一人お一人に合うものをチョイスして行っています。

それはなぜかというと、体調や心の状態によっては、中にはお奨めできない瞑想法などもあるからです。

瞑想は論より証拠

こういった説明を読むより、実際に30分も瞑想すれば、その良さがわかります。

まず瞑想しなければ、その良さ、穏やかさがわからないものが瞑想なのです。

苦しい、苦しいと「あれこれ」考えている30分を、ぜひ瞑想の時間にあててください。そして、瞑想の素晴らしさを体感してみましょう。

ただし、思考をやめて呼吸に集中する、ということは人によっては、とても難しいことかもしれません。すぐ「あれこれ」頭で考えてしまう。考えていることさえ自覚できなくなる。そんな方が多いのも事実なのです。

瞑想の良さは、何度も行えば行うほど上達して、上手に瞑想できるようになることです。スポーツと同じで、練習した分だけ上手になります。

やがて3回目か4回目で、心の中のおしゃべりが止んだ、内なる静けさを味わいます。そしてさらに何度か行うと、レベルアップして心がフワッと軽くなることを経験するでしょう。さらに心のほんとうの穏やかさや、心の静けさ、透明な美しさを経験することができます。できれば一時間ぐらいゆっくり座って瞑想すれば、その感じを摑むことができるでしょう。皆さんも、ぜひ瞑想してみてください。

さらには、穏やかさ、静けさ、美しさを感じたら、次の段階には歓びがあります。「ただ楽しい」という歓びが湧いてきます。生きていることの歓び、細胞の一つ一つが歓んでいる実感がしてきます。生命あることへの幸福感からの安穏の想いです。

脳内にはセロトニンという快楽物質が出ています。この状態を感じたら、欲は消えてなくなります。外側の欲によって得られる楽しみや幸福感とは、また別の次元のような違う歓びが得られます。これまで「あれも、これも」と追いかけていたことが、バカバカしくなり、一歩引きながら客観的に観察できます。

さらに瞑想を続け、レベルアップを重ねると、外側のあらゆることが感じられなくなり、自分と外側との境界線がちいさくなり、やがてなくなります。

すべて溶けて混ざり合い、自分はこの世界と繋がっているのだなー、とはっきりと自覚できるようになります。そうなることで、いっさいの苦しみは消え去り、とても穏やかな状態となるのです。

身体の内側からの歓びは、とても繊細なものに変わり、心からの歓びに変わっていきます。身体の感覚から、心だけの感覚に変わっていくのです。

ここまで書いたものについては、練習を積んだ人は長時間座っていることが可能になります。もし、ご自分で瞑想をして「身体の感覚がなくならない……わたしには瞑想の才能がないのかしら……」などと心配しないでください。

瞑想を行うことは、穏やかさを感じられますし、それだけで十分幸せなことだと想います。少しでも歓びを感じられたら、それはもう、ほんとうに幸せという感謝の瞬間になります。瞑想は、少しの時間でもやった分の効果があります。やればやっただけの素晴らしさも感じられます。

ぜひ、チャレンジしてみてください。

現在世間で広く知られている瞑想の多くは「ブッダ式」というカテゴリーに属するタイプの瞑想法か、「マインドフルネス」といわれるブッダ式を優しくしたタイプのものが主流です。されど瞑想は実際はこの夜空の星と同じくらい、あるいは人間の全人口の何兆倍もあると言われています。

人間が人間でいる以上、意識の束縛からは逃れられないとお思いの人が多いと思いますが、実はそれらからも逃れられますし、新たな次元や領域、チャンネルへと繋がるのもこの瞑想を利用するのが実は一番簡単にしかも正確に行えるものだったのです。

次は瞑想に関する宇宙的な話やエネルギー的に見た瞑想をお伝えします

今からさかのぼること、数万年前。地球上にはまだ現在のような瞑想や宗教はなく、「直靈」といわれる天からの「啓示」が万物に降り注がれていた頃の話です。

シリウスの聖賢ヘルメス・トートはひかりの伴侶のイナンナとともに地球に舞い降りた。一陣の風で舞い上がる「塵」と一条の仄(ほの)かな光の粒子らと共に「The Society Of The Huracan Atua」という会を作った。そこでは風や波や塵や光の友たちが大勢集まり共に全知全能の「見えざる存在」と無言のうちに霊のまぐあい（合一）を行うのであった。

彼らは神氣の祠(ほこら)を建立し「神」と「霊」を二つの要素として初めて分けた。すなわち「智慧」と「ひかりの泉」の哲学を誕生させたのだ。それぞれの持つ性質と形態(かたち)、経験と知識が合わさり、研究という概念も同時に生まれた。偉大なる智慧者の誕生が同時多発的に起きたのだった。

かれらの哲学の最大の特徴は、それぞれの持つ「性質」としての「しるし」を緻密なまでに「俯瞰」していくことだった。「言の葉」も「音」もない「声も音もない運動™」、無言の静寂のうちに行われる「**瞑想＝Kriya Yoga**」が誕生した瞬間だった。

聖なる光の根源へ面をふりむけ、その中心をなす聖なる光によって彼らの中心に、神の国の「極(ごく)

彩色（さいしき）」の神秘が映し出されるのであった。あらゆる神霊や宇宙に関する事象は、このような精神的な「熱り（ほとぼ）」の神性開発の力によって建立、生起されたのであった。

この「会」のメンバーは地球の全域において爆発的に広く数を増やした。今日に至るもそうした会は存続している。数多くの書簡が彼らの指導者層によって書かれている。

彼らは、静かに座して瞑想する。

指導者がある問題を口に出す。

そして参加者にむかって、〝皆さんはこの問題について沈思瞑想なさい〟と言うのである。

彼らはその問題以外のすべてのことを心からほうり出してしまい、静かに座して瞑想する。やがてその解答が彼らに啓示されるのである。数多くの難解な神霊上の事柄がこうした精神的な神性開発によって呼び覚まされるのである。

人間の心に射しこむ「インナーSUN（太陽）」の光から展開してくる数々の問題のいくつかをあげてみるなら、それは人間の霊の実体の問題、霊の誕生の問題、それが地上に誕生して神の国へ移行する問題、霊の内的生命とは何ぞやの問題、霊の肉体を離れて昇天したあとの運命的な問題などである。

彼らはまた現代の科学の問題についても瞑想する。これらの問題も同じように帰結されるのである。

「たましいの光のヨギ」といわれるこうした人びとは至高の明力に目覚め、自我の妄執や模倣から瞬時に解き放たれる。世の者たちはこうした人びとの言葉を信頼する。彼らはあらゆる秘奥をみずからで、心の中で、窮めるからである。

もしも彼らが内なる光のガイドによってある種の解決が得られると、彼らはそれを自らの心で納得し、やがて外にむかって宣言するのである。そうでない場合、それは模倣であると考えるのである。光の本性、実相の霊的啓示の本性、現世における神のアヘッド（守護者）の本性についても瞑想する。

この神霊の力によって彼らは、あらゆる神霊上の、そして科学上の事象の「カギ」を見つけだすのである。あらゆる状態にはそこになにかひかりの「シルシ（徴）」がある。沈思瞑想は智慧者である「シルシ」であり、沈思瞑想の「シルシ」は「永遠なる中の静寂と無音」である。

わたしたち人は二つのことを同時にすることは不可能だ。何かをしながら何かをすることはできないのだ。ようするに人間は「喋る」ことと「瞑想」を同時に行うことはできないのだ。

瞑想の本音をいうと……

その人のうちに宿る霊と話しあうことである。「設定」をすぐさま行い、心の状態を造りだすのです。「瞑想」に必要な「ココロのスペース」を広げていくのです。準備ができたら問いかけたい問題について「内に宿る霊」ととことん話しあうのです。見つめていても解決はされないから、その霊に答えを求めてみるのです。やがて、内なる光輝が湧き出して、澱んでいた混沌の水面が蒼穹(きゅう)の明るさに変わり真実の波紋が現れてくるでしょう。

本来の「瞑想」の奥義を「初めて」披露しました

こうした瞑想に必要なものは旧知（今まで）の人間の常識心や経験では決してありませんし、そうではないのです。いかなる場合にも、わたしたち「ちっぽけ」な「〝人間〟」の力を用いることは到底できませんし、不可能なのです。

瞑想能力を得るのは容易い。
実体と実相を解体していきながら
「宇宙」とまぐあうのだ。
形あるもの、ないもの、
ぜんぶひっくるめて一端
超越してとびこえてみるのだ。
未来永劫の生成消滅の
輪廻の時空を突き抜けるのだ。
既知の存在をみずから凌駕し
難攻不落の「自我」を滅却するのだ。

瞑想能力をつかさどることは永遠の生命の覚醒そのものです。

瞑想をとおして大淵源（だいえんげん）の聖霊の生命を感知できます。

神と聖霊とは沈思瞑想の中で唯一感知されるものなのです。

わたしたちの霊（霊現）は、瞑想に入っている時自然に物を知らされ、力をつけられるものなのです。今まで知らなかった事象が眼前にくり広げられ、神の霊的啓示を感知し、ひかりの調べを受けるのも瞑想をとおしてだけなのです。

瞑想は、神秘の扉を開く真実の鍵です。

瞑想状態は、「宇宙意識」であり「無為自然」です。

あらゆる輪廻の事柄は「刹那（せつな）の四十万（しじま）」に溶け出していきます。

人は霊的生命の海に浸る時、生まれて初めて森羅万象の秘密を聞くことができるのです。内的努力も外因的状態とも無関係の神秘の視力が開かれるのです。

真実の瞑想は人をその動物的短絡的素養から解放していき、洞察的浮遊により神の「懐」に還ることができるのです。

こうして目に見えない世界からさまざまな芸術や科学が生み出されるのです。

瞑想の力は発明の力。巨大なる企てが実行され、社会がより円滑に施行されるためにこうした瞑想の力を役立てていきましょう。恒久的「平和状態」こそ、「安穏のゆりかご」であり、やすらぐ

「魂」の「ほとり」、居るべきすまいなのです。

第9章　クリヤヨガのポーズと呼吸法

この章ではクリヤヨガの中で重要な位置を占めるスピリチュアルなワークと、ポーズ、呼吸法についても書いていきます。

世界軸（Axis Mundi）から見るグラウンディング

『万物が一者から一者の根底によって生まれるがごとく、万物はこの唯一なるものから適応によって生じる』（ヘルメス・トート）

グラウンディング

クリヤヨガではこのグラウンディングもまた「〃**声も音もない運動**〃」と呼ばれ、知性と知識の運動、または知性と意識の力能を配した共磁作用と呼びます。

わたしたち人間は、からだの細胞レベルでの構造的配置や、ジオメトリィ（幾何）的な決定ともいえる仕組みを持っています。

そのものを存在＝偏在ともいいます。それをエネル

ギーやルン、チャクラという定義とスピリチュアルな科学でいいますと、「〝**存在の根底＝グラウンディング**〟」だともいえるでしょう。

グラウンディングに行くまえにもう一回クリヤヨガ的な人体や意識、エネルギーについてふれて参りましょう。

蓄えられている地球のエネルギーを無尽蔵にフットチャクラから人体の中枢部を通し、体中のチャクラにめぐらせ、それぞれのチャクラに質量としてもたらされたエネルギーは内氣と外氣により司られたルンとの共磁作用により、各チャクラからたくさんの筋群や血管、神経やＤＮＡの束の総体を融合させながら、脳幹の深く奥底の松果体へとたどりつきます。松果体へとたどりついたエネルギーとルンは自身の共磁作用が持つ最もふさわしいと思われる意識の構成体とむすびついていきます。

おそらくこのむすびつきが行われるから意識の作用やなにかへの認識、受容や受諾も生まれるのでしょう。

こうして生まれ出た意識の束は酸素や心気（しんき）や有機質的質量のエネルギーが総じているルン自体であるし〝霊子〟自体に他なりません。自身の肉体的構造と仕組みを利用して動くものをフィットネスや体操と呼びます。それに道具やアイテム、他人が作ったルールをもちこんで行うのがスポーツです。

では、クリヤヨガはこのどちらにあてはまるのでしょうか。

もちろん前記の自身の肉体的構造と仕組みを利用して動くフィットネス的要素も多少はありますが、クリヤヨガの総合的な面からみると、それはごくごく一部とも言えますし、そのような狭義的視野から抜け出るためにもむしろ万人に必要な〝SUBE すべ 術〟を持つのがクリヤヨガと言えると思います。

わたしたちの人体の構造は古くからよく宇宙にたとえられてきました。「体は小宇宙」とよく呼ばれているのはそのためです。

かぞえきれない程のいくつもの器官を正常に動かしたり、維持するのにはとてつもない、想像もおよばない膨大な時間と仕組みとはたらきと、目には見えない「ITO（意図）」「神意」がはたらいているのです。この聞きなれない「神意」とは一体なんでしょうか。

「神意」とは字のとおりで神の意識と読むことができます。ではこの神の意識とは人のわたしたちの意識となにがちがうというのでしょうか？

神の意識。ひとことでいえば「有」、「無」、「喜」、「悲」、「明」、「暗」、そして二元的にいうと、「自他」、「男女」、「労苦」、「物心」、「生死」、「善悪」、「苦楽」、および「美醜」等、対照性の見地と、さまざまにかんがえられるそのような実体、性質やはたらき、象徴、生体、出どころ、生滅する生きとし生けるものすべての概念や実証の一切合切を併せ持ち、また凌駕しているものを呼ぶのです。

つまり、「天地神明」。すべての事象を包括する存在、遍く大宇宙のちいさきもの（人間や動物、それから出たもの）も、大きなもの（宇宙、空、意識）もすべてを飲み込み尽くしても尽くしきることのないものが「神意」ということなのです。この「神意」をもって肉体と「天」「地」と共鳴していく方法が「グラウンディング」というものなのです。

わたしたちは、エネルギーの観点で大地と繋がることで、地球にしっかりと支えられて安定し生きています。

「肚（ハラ）を据える」「肚を決める」という日本のことわざがあります。これはまさしく、グラウンディングした状態を表しています。

また、「気持ちを落ち着ける」→「落ち着く」という言葉がありますが、本当は「尾地着く」と書いていたかも知れません。グラウンディングしている時の図を見てください。丹田から地球への中心へのラインが、まるで人間のしっぽが地面についているように見えています。

昔の人は、いろんなことがわかっていた上で言葉を使っていたのではないかと想います。「悟り」→「差取り」つまり、自分の本質（エッセンス）の上にいろんな余計なものや、エゴという仮面をつけてわたしたちは生きています。自分の本質と今の自分との差を取ることができれば、「差取り」→「悟り」となるわけです。

どのようにアプローチしていくかがグラウンディング（意識編）になります。自分の意識を自分自身のエッセンス（本質）の中にグラウンディングしていきます。あるいはすべての存在との一体感を体験していきます。自然や動物や大いなるものとの一体感を体験していきます。それは、いわゆるワンネス（一つ）の世界です。〝今、ここに生きること〟〝存在すること〟〝Beingの世界〟です。

具体的には、頭にある意識を自分の体の中心部分に、大地の方向におろしていくことが必要です。意識をグラウンディングしていくことで、自分の体の中に存在する心の結び目（傷）にふれます。

心の結び目はわたしたちの愛、喜び、生命力が凍結したものです。心の結び目がほどけ解放されるプロセスを続けていくと、その結び目の下にわたしたちの本質（エッセンス）が表れ始めます。

そのエッセンスと繋がり、そのエッセンスを体現し生きることは、すばらしい歓びです。宇宙とわたしたち、魂は本当に一体であること、自己の内なる「波」を感じ、それと共に存在し呼吸していることすら忘れて、溶けあっているのです。

そのことと対極の行動は、マスクを被ったエゴ（仮面）の行動です。

自分の本当の気持ちを隠して、うその表現をすることで自分を守ろうとする行動のことです。自分の本質（エッセンス）から分離した行動で、その行動は過去の体験を通じて生きていることになります（今、この瞬間に生きていない）。恐れと不安を生み続けてしまうことになります。

自分の本質（エッセンス）は、常に存在しています。

自分の中に最高のものが存在しているのです。自分の本質（エッセンス）を切り離し、分離した恐れの中で生き続けるのか、自分の本質（エッセンス）に繋がり、一体感を感じ、愛にあふれた中で生き続けるのかを瞬間、瞬間、選択しているといえます。

24時間の中で愛を選択し自分の本質（エッセンス）に繋がっている時間を増やすようにしてみましょう。

これはある意味人生という航海の舵を取るトレーニングです。

わたしたちは最初から上手に自転車や自動車の運転ができるわけではありません。何回か人からこういう風にするんだよと教わり、そして自分で実際に心と身体を使ってトレーニングすることで自在に操縦することができるようになっていくのです。

そう、わたしたちはおたがいを高め共鳴しあうことができる触媒、大いなる存在の貴重な所有物「カドーシュ・セグラー」*なソッドそのものなのです。

*注釈、カドーシュは大いなる存在（ヘブル語）、セグラーは貴重な所有物（ヘブル語）、ソッドは秘儀・奥義（ヘブル語）

『その力は「大地」の上に限りなし。ヘルメス・トート』

では実際にグラウンディングをおこなってみましょう。

グラウンディング

大地の龍脈、精霊（パワー）と繋がるスピリチュアル、そしてクリヤヨガ必須のテクニック。大地の氣と繋がり、根を張るように、接地している体の部分を床などに軽やかに緩やかにつけること。

または、大地との繋がりを持つことの意味を持つ。シリウスアトランティスより生じた言葉。

方法

・立位（マウンテンポーズ）でしっかりと立ち、大地と繋がる
・座位やその他の姿勢や状態でも繋がっていける
・逆グラウンディングとは、シリウスアトランティスの秘儀のこと。アセンションを加速させるための技法。アジア人唯一のシリウス星団直系の秘儀

わたしたちは、エネルギーのオーラ（鞘［サヤ］＝コーシャ）に包まれていて、怒ったり不安になったりするとこのエネルギーは上にあがります。「頭に血がのぼる」というのもそのことです。エネルギーが上に上がることで、その人個人の全体のエネルギーオーラは逆三角形になります。逆三角形▼になると少しの外からの圧力（他人の感情、他人の意見、環境条件等）でもグラグラとゆれてとても不安定です。グラグラすることで心はより不安になり、より恐れも強まります。そうすることで、さらにエネルギーが上に上がります。この状態がグラウンディングが切れている状態です。

わたしたちが、人生の変わり目や困難な出来事に直面して強いストレスを感じた時に、何となく落ち着かない、ボーっとしてしまう、仕事がうまくいかない、集中力を欠いている、周囲の人たち

とギクシャクしてしまう感じになってる時がこの状態です。

さらにこのグラウンディングが切れている状態が進むと「人がわたしを責めている、人が恐い、人と会うのがいやだ、まったくやる気がしない」という感じになり、もっとひどくなると躁うつ病的な状態になります。グラウンディングが切れていると人や環境の影響を受けやすくなりトラブルが多くなります。

グラウンディングしている状態では、人の体の中にあるエネルギーポイントである丹田と地球の中心が繋がっています。繋がっている人のエネルギーオーラは、全体から見ると正三角形になります。▲正三角形になると少しの外からの圧力でもグラグラせず安定しています。

また、その人自身が大地と繋がっているために外圧のエネルギーが大地にアース（放出）され、ストレスがエネルギーオーラに溜まりません。その上、大地からの生命エネルギーが供給され、その人の生命力、自然治癒力が向上します。グラウンディングすることで、わたしたちの心は安定し穏やかになります。

グラウンディングができると「地に足を着けて」生きていけます。忙しい仕事や日常の雑事に追われ、巻き込まれて自分を見失ってしまうことはなくなり、常に変化を続ける環境の中で、自分自身をしっかり見つめながら、その状況をコントロールできます。

とても自然に、肉体、感情、魂のニーズ、魂の強さに触れています。それは、わたしたちが最も自分の能力を発揮できる状態で、最も自然でリラックスした状態といえます。目の前でどんなことが起きても、わたしたちに安定感を、ひいては、穏やかさと冷静さをもたらし続けてくれる素晴らしいツールです。

地球にグラウンディングしている状態は母親と赤ちゃんの関係に似ています。赤ちゃんは母親がそばにいてエネルギーの観点で繋がっていると、安心して自由に動き回っています。しかし、母親が赤ちゃんのそばを離れてどこかに行ってしまうと、赤ちゃんは不安と恐れで泣きだします。そして、母親が戻ってきて赤ちゃんを抱くと安心して泣き止みます。

わたしたちは地球上の動物です。だからこそ、母なる大地と自分自身に繋がることで、そこに住むあらゆる生命との同族性（一体感）を育むことが可能となるのです。

グラウンディングはあらゆることの基本

たとえどんな緊急事態に直面した時でも、グラウンディングし直すことで、そうしない時よりも、心身共に、はるかに効果的に活動できるようになります。パニックに陥ったり、おびえたりするかわりに、その状況を好転させるための活動を冷静かつ効果的に選択し行動できます。

グラウンディングすることは、自分の持っている能力・才能を１００％発揮できることに繋がります。この人生で自分の望みを簡単に現実化する大切なテクニックです。クリヤヨガレッスンでは簡単なポーズと呼吸法で、だれでもグラウンディングの感覚を味わうことが可能です。ご自身と周りに無数にあるルン＝氣のエネルギーでナビゲーションしながらグラウンディングを体感し、身体感覚として記憶していくことができるようになります。継続して行うと自身の内側からのエネルギーがわかるようになり、心と体の軸がハッキリと認識でき、自身でグラウンディングできるようになります。

実際にクリヤヨガ指導者養成コースで行われている立位グラウンディングポーズ

名前のようにグラウンディングをするためのポーズです。

第1チャクラ、ルートチャクラを活性化させるための準備ポーズでもあります。

立位のアサナは立った状態で現れた「大いなる存在」と呼ばれます。クリヤヨガのアサナの練習において積み上げる部品（基礎的な要素）です。それらはわたしたちが大地の氣と繋がる能力、自らの足で立つ能力をあきらかにします。その能力は、ヨガによる悟り、永遠の至福、そしてあらゆる存在と一体であると感じることに他ならないのです。悟りへ至る道は無数にあり、かつ敬虔な集中と持続と勇気を必要とします。立位のポーズの練習により、身体は鍛えられて動きがかみ合うようになり、心は気づきに満ちてより明瞭な状態で集中するようになります。それはヨガの実践者の意識を高め、高次の領域へコネクトしていくことに役に立つのです。

立位のアサナは過去のカルマ、特に、骨盤（胴体）の一番下にある一番目のルートチャクラと関連したカルマを取り除く機会をもたらします。

ルートチャクラはわたしたちが持つつながり、宇宙（宇宙氣＝ルン）、地球（大地）との、両親との、家族との、わが家との、上司との、職業との、お金との、環境との、そして生き延びるための問題との繋がりに対応しています。

立位のアサナを練習していると、わたしたちはよく痛みや身体のこわばり、かたさ、不快な感じ、繋がりのある人々と人生の問題に関係する恐れや不安、恐怖に直面します。そして、それらの感情や感覚を良い悪いの判断なしで注意深く観察することや、拒否したり逃げたりしないことで、過去のカルマの縛りから自由になって根源のチャクラを浄化することができるのです。

グラウンディングアサナの他の注意点

- 大腿四頭筋を収縮（注：太ももの前の筋肉に力を入れる）させて、膝のお皿を持ち上げる
- 骨と恥骨をお互いに近づける
- 下腹部を引き込んで持ち上げる
- 胸骨を持ち上げ、鎖骨を左右に引き離し、前側のあばら骨を腰へゆったりと下げ、後ろ側のあばら骨を広げる
- あごは床と平行にする
- 肩甲骨は下げ、左右を寄せるようにする
- 腕は伸ばし、手のひらは太腿へ向ける。指は床へ伸ばす
- 目の力を抜き、地平線を見つめるようにする

グラウンディングアサナでわたしたちは大地のありようである、力強さ、不動、不屈、永遠、不惑、威厳を表現しています。

グラウンディングアサナはわたしたちがどれほど、二つの足で世界と調和のとれた立場にいて、安定して、幸せなつながりを大地とすべての存在との間に持っているかを反映しています。そしてあなたがグラウンディングアサナをすべての立位のポーズに見出す時、また実際に、あなたが練習しているすべての他のポーズにも見出す時、あなたは自身を聖なるものへと導くであろう大地とのつながりを見出すことでしょう。

立位グラウンディングポーズ

足の親指の付け根を合わせて両かかとを少し開き（足の第2指が平行になるように）立つ。足指と拇指球（ぼしきゅう）を持ち上げて広げてから、柔らかく床の上に置く。小指拇指球と土踏まず中央、かかと中央のこれらの箇所を同時に垂直に下に荷重（グラウンディング）する。

太腿の筋肉を引き締めて、膝頭を引き上げる。お腹を固くしないように。足首の内側を引き上げて、土踏まずの内側を強く、エネルギーのラインが太腿の内側に沿って鼠蹊部（そけいぶ）（脚の付け根）へ、さらに胴体の中心部、首、頭、そして頭頂部まで上ってくるイメージで。太腿の上部をやや内側へ向ける。尾骨を床の方向へ長く伸ばし、恥骨をへそのほうへ引き上げる。

肩甲骨で背中を押してから、背中に広げてゆるめる。肋骨の前側下を前に押し出さないように、胸骨最上部をまっすぐ天井のほうへ引き上げる。鎖骨を広く。両腕は胴体の脇に。頭頂部の真下に骨盤の中心があるようにして、あごの下を床と平行に、のどは柔らかく、舌は口の中で広く平らに。目を柔らかく。

通常、タダアサナは立位のポーズの開始位置だが、タダアサナを一つのポーズとして練習することは有益です。呼吸を楽に行いながら、このポーズで30秒〜1分ステイする。

効果・効能：姿勢の改善、太腿、膝、足首の強化、腹部と臀部の引き締め、坐骨神経痛の緩和・扁平足の解消

禁忌：頭痛・不眠症・低血圧の方はやらない。

※注釈

世界軸（Axis Mundi）は古代バビロニア語が元のギリシャ語。

ガドール・デレフ、ヘブル語で大いなるものの化身、器、乗り物の意味。

聖なる（カドーシュ）

貴重な所有物・持参金（セグラー）

秘儀・奥義（ソッド）

魂・呼吸（ネシャマー）

指図（トーラー）

行ワーク・プラクティス「思想」から「実践」へ

「人間は実にこのように、想起のよすがとなる数々のものを正しく用いてこそ、つねに完全なる秘儀にあずかることになり、かくてただそういう人のみが、言葉のほんとうの意味において完全な人間となる」（プラトン『パイドロス』）

この章ではワークの一連の流れを歴史の変遷と共にまとめてみました。後半にはめずらしいワークも盛り込んでいます。

(1) クリヤヨガバイブルは、数々の思想が集まる書であり、物質世界を善と見る思想も含まれ、また一方で悪と見なす思想もあります。

霊魂の輪廻説、魂の救済説など、多数の形而上的観念論（哲学）が繰り広げられます。そして、魔術や錬金術、占星術と関わる文書も多分に含まれます。

過去、ルネサンス以降の神秘主義に絶大な影響を及ぼしたいくつかの根本的テーゼが見出されています。まず、「創造主が万物を創造する以前に、すべてのものが創造主の内にあった。すべては一であり、また、その一はすべてである」という「単一性」のヘルメス・トートの思想がそれにあたります。

また、多彩な現象世界は、一見、混沌として無数の差異に覆われているように見えます。しかし、それらは究極的には神の「一」に帰っていくのです。それ故、あらゆる差異の背後にある同一性を発見することが可能となり、その一を探求することが、錬金術においては「賢者の石」の探求となり、占星術においては「天体の法則」、カバラにおいては「生命の樹」の探求となり、クリヤヨガにおいては、「宇宙の法則」の探求になるといった具合です。

(2) 人間は、大いなる存在の観想を通じて、根源的な知、神に由来する「意識（コンシャスネス）」を得る事ができるという確信も、ヘルメス・トートは伝えています。

「メルクリウスは、感覚と幻想の霧を拭い、自ら叡智に近付く。するとほどなく……神の叡智が彼に注がれ、その結果、神の内に存するものであれ、神から流出したものであれ、万物の秩序を観照するにいたる」（『ヘルメス文書』）

ヘルメス・トートが行った、この「万物の観照」。それこそが、クリヤヨガの大いなる目標の一つとなったのである。

(3) これまでお話ししてきたヨガの世界では、特にクリヤヨガの領域ではこの目力＝ドリスティ（以降ドリスティと表記）をとても重要視しています。

目が体の大切な感覚器官であるのはいうまでもありませんが、心の性質やスピリチュアルな状態を知り、構築し、伝え、研鑽するためには欠くことのできないものがこのドリスティです。

脳や人体の様々な神経や痛点、経絡や血管、いたる所とコネクトしており、特にクリヤヨガにおけるプラーナヤマでの最大の関所である鼻との協調性は切っても切れない関係性があります。

心の素養と宇宙氣プラーナの間柄も同じで、心の性質と宇宙氣プラーナはこのドリスティに顕現しています。

ドリスティはなぜここまで精妙にはたらくことが可能なのか？　その謎を追ってみたいと思います。

日本には言葉の表現の比喩として古くから「心の窓」という言い回しがあります。ドリスティの観点から論じていくと、こうなります。

「目は心の窓だといいます。

このごろは、この心の窓のまわりにある鼻腔の最奥のささやかな気流に乗り、脳幹に昇り（ヘルメス呼吸のこと）、一瞬にしてアルファ波に乗るのがはやっておりますが、窓（呼吸）の本当の良さは、内側からは、魂の外郭がよく見え、また外側からは、内側の、つまり窓の持ち主のスピリットの聡明な響きがわかる、ということではないかと思います」

このようにたとえを用いて論じてみてもその流麗な作用が彷彿としてきます。さらに具体的に言いますと、このドリスティは肉眼の方向的作用だけではなく、内的状態への還元も十分に可能であることが言えます。

それはどのようなことかというと、人間の目の眼球運動には、両眼の眼球運動に、向き運動とよせ運動というのがあります。向き運動とは、両眼で同じ方向を向く共同性の運動のことです。向き運動には、衝動性眼球運動（サッカード）と追従眼球運動（パースーツ）があります。

◎衝動性眼球運動（サッカード）

見ようとする対象物に、素早く視線を向け、網膜の中心窩に投影するための眼球運動です。

◎追従眼球運動（パースーツ）

空間を移動する対象物に視線が追随して動き、ゆっくりと対象物を注視し続ける眼球運動です。

そしてこの眼球運動をつかさどる筋肉を「外眼筋」といいます。

外眼筋は、4つの直筋と、2つの斜筋で構成されています。

内直筋、上直筋、下直筋、下斜筋、上斜筋、滑車です。

内直筋が、主に内転および輻輳（ふくそう）運動を行う筋肉で、眼筋の中では一番大きく、その作用も外直筋よりも強いです。

通常これら眼の筋肉群が使われるのは開眼時になります。顔ヨガなどでも実際にこれら眼筋を意識しての目ヨガも盛んになってきました。

クリヤヨガでは、覚醒させるための、もっと凄い効果と状態をもたらし、クンダリーニが上がるものに、ニルヴァーナサマディの顕現の次元への飛翔（旅立ち）というものがあります。

具体的な方法はクリヤヨガ指導者養成コースかスピリチュアルヒーラー講座へのご参加が望まし

いのですが、ここは読者の方々のためだけに、ほんの触りだけになりますが紹介しておきたいと思います。

実践編

・まず楽な姿勢で自身の通常時の体温や血圧の状態にしておく
・鼻呼吸のベーシックな呼吸法を5〜8分行う
・上記が馴染んできたらそれと合わせて吸う息の時のみ目線を上目使いにする。呼吸も徐々に限りなく稀薄だが細く長く深くしていく
・上記で数分〜数十分続けていく
・脳波の変化が見られる。アルファ波からシータ波へ切り替わっていく。
・その状態でしばらく同じ呼吸で続ける
・するともう一段脳波の質が変化していき、ガンマ波になる
・ここまで来たら上出来。あなたの呼吸は微細な領域を経て脳幹へ伝わり、追ってなめらかで純化している宇宙氣プラーナと交わり、松果体へドロップインしていく……ヴィジョンという変容と言葉や思念の領域の産物のような二元性の幻性も遥か彼方に見える。そうあなたの意識はすでにいくつものスピリチュアルボディを通り過ぎ、スピリットとしての宇宙氣プラーナ自体となって遍在している。

それを知る方法は至って簡単です。

両手や両耳、あなた自身の五感をフルに使い、この宇宙自体の雲をあなた自身の心の窓ですくい上げるのです。

そして、そっと触れてみてください。

遍在する宇宙のきらめきの中のほんのわずかで、全体のすべてに浸透していて満ち満ちているそのものがあなた自身なのです。

あなたが触れ、感じたすべての物の中にあなた自身の遍在するすべてのなごりともいえる真実の意識がめらめらと内側・外側、両方の全輪から「ほとばしる（熱る）」ように揺らいでいます。


様々な体験やトレーニングの実際を記してきましたが、ここからはクリヤヨガでは欠くことのできないワークをお伝えすることにしましょう。

サンキャッチャー（サンゲイジング）太陽眼視の行

太陽眼視の正しい方法——眼力（メヂカラ、目力＝ドリスティすることで本質を知る）

古代より人々が太陽を崇め、尊い存在としていた事実はすでに書きました。太陽礼拝がまさにそれにあたります。そしてわたしたちを新たな領域へ引き上げてくれるのに役立つ素晴らしい方法がこれなのです。

日本でも『古事記』や『日本書紀』、暁の思想家華やかだった鎌倉時代などで、〝ひつく〟〝日津久〟＝「太陽凝視」を「〝行〟」として行っていたということです。

太陽凝視。英語では「Sungazing」、Sun Yoga とも呼ばれます。

現代ではUVだの、目にダメージを受けるから良くないとする風潮も多く、筆者もクリヤヨガと出会うまではサングラスを掛けたり、目薬を持ち歩いたり、人並みの目に対するケアをしていました。実はこの「〝太陽眼視〟」には特徴的なやり方が存在しています。まず開始する時間が最も重要です。

世界中のさまざまな人たちが古代より自然に行っていた方法に「太陽眼視」があります。文字通り太陽を凝視するのです。適正な方法と節度を持って行うと絶大なる心身の健康が得られるといいます。

太陽の光には、太陽の「〝Rlung〟ルン（氣）」が含まれています。

太陽の「〝Rlung〟ルン」は、宇宙の幾重の高次の層を通り、地球の大気圏に届き、わたしたちのエーテル体（霊体）に浸透します。

「〝Rlung〟ルン」は、黄金に輝く周波数の特徴を持っています。高次の領域からのプレゼントです。

わたしたちの心身の波長と、この黄金色に輝くまばゆいひかりの層の波長は、エネルギーの性質はかなり違うことがわかりました。

注意しなければいけない点として、昼間の太陽光線に当たり続けると、過度の日焼けによるやけどの危険性が増し、DNAレベルでの免疫力低下や、重度の疲労、老化の原因になりやすく、熱中症などの症状を引き起こしてしまう危険があります。

ですので、早朝の昇ったばかりの太陽を10〜40秒見つめる程度で十分だと筆者の経験から申し上げておきたいと思います。また、わずかな早朝時間でも太陽の「〝Rlung〟ルン」は十分照射されていますので、自然と吸収していくのです。

太陽の「〝Rlung〟ルン」は、わたしたちの体や目、頭頂、舌、のど、心臓、みぞおち、腹、生殖器、仙骨、手のひら、足の裏など全身に自然に取りこまれるくらい強力でしなやかな波長を持っています。ですから、特定の動作やポーズや部位がどうこうということはとくに気にする必要はありません。

取りこまれた「〝Rlung〟ルン」は、わたしたちの生身の体とほぼ同時に「仙骨」、『魂の「〝静〟」と「〝動〟」の座』から瞬時にエーテル体にリファインされていく。高次の領域のチューニングから現世界、エーテル界の周波数に自動で切り替わりチャージされていきます。

2つの、ツインソウルの体にチャージされた「〝Rlung〟ルン」は、ジェネレーター「チャクラ」とナディ（脈管）と呼ばれる膨大な数のジェネレーターを通して、全身に循環していくのです。

ツインソウルの精妙な2つの体はつねに共鳴していて、流入する太陽の「〝Rlung〟ルン」が不足している時、わたしたちの心と体は不安さが増し、悪化していくと病気になることもあるのです。

また、間接的ではありますが、その小因として、不規則で怠惰な生活習慣やジャンクな食べ物、熱が籠りやすく、アレルギーややけどに繋がる体に悪い人工繊維の衣服、様々な電化製品、パソコンなどからの電磁波、その他の汚染によって、「〝Rlung〟ルン」の取りこみと浸透が妨げられることもあります。

節度を保ち、心を穏やかにしていつもの感じで楽に気張らず行っていきたいものです。

最後に、太陽眼視は不食のためのトレーニングではありません。またダイエット等の効果が期待されるものでもありません。

フラカン* イシュムカネー シナ（Huracan Xmucane Sina）〝呼吸の章〟

『真理のすべての秘密は、クリヤヨガの息吹に隠されていた。

クリヤヨガを行うことは人が宇宙の神の息吹を得ることだ』（サッチー亀井）

* Huracan（フラカン）はマヤ神話に登場する風、嵐、火などを司る創造神。

古代シュメール語で『魂の息吹（Hurakan Ishumukane Shina）』は、「サッチー亀井」が古代シュメール人の神官の啓示を受けた師匠から伝授された秘儀。古代からの宇宙の理の法。

神々の息 創造太初の縁（クリエーション オブ ソウル）
風の「〃まじろぎ〃瞬」を聴きながら

クリヤヨガは呼吸に関する技法や論理、哲学的概念も秘めているヨガである。まず呼吸の章に進む前に、神々や古代からの風（息）についての様々な史実や「コトバ」に触れていきましょう。海岸や山や街、どこにいても、地球の海中にでもいないかぎり、この風に遭遇しない日はまずありません。

人間は古代より様々な風に吹かれ、みずからもこの風を使い、外向的にも、また内向的にも利用し生きてきました。

風に関する呼び名だけも日本には3000もの「風名」が存在しています。「天つ風（あまつかぜ）」、科戸（しなと）の風、疾風（はやて）の風、あいの風、朝東風（あさごち）、颪（おろし）、恵風（けいふう）（万物を成長させる、めぐみの風。春風）など、たっぷりの質感が感じられ、地方ならではの呼び名もあり情緒と風情に満ちて溢れていて実に色濃いのが特徴です。

風はいわゆるわたしたちの息のことを指す場合もあります。

「息る」と書いて「生きる」なのです。

世界中で息や風、呼吸にまつわる神話や伝説は枚挙に暇がありません。

たとえば日本人観光客に人気のハワイ。正確にはハワイイといい、ポリネシア文明圏にあたります。さまざまな神話や伝承を持つハワイにも風にまつわる「"Maui" マウイ」という半神半人の神話が残っています。

また日本では風神雷神がおなじみですが、実は風神よりもっとわたしたちに身近な神様が居るのです。

その名は「シナツヒコ」といいます。

正確には「志那都比古神」と書きます。日本神話に登場するシナツヒコは、風の神です。風、すなわちここでは風＝息で人の息。いわば言霊のようなものです。

『古事記』によりますと志那都比古神、『日本書紀』では級長津彦命と記され、神社の祭神としては志那都彦神などとも書かれています。

また、神名の「シナ」は「息が長い」という意味になります。著者もこれとまったく同じ単語、言葉を以前にまったく別の国で聞いた時には思わず耳を疑ったほどでした。そう、古代の人は、風は神の息から起きると考えていたのです。

つぎに、日本の古神道から、産霊、これは古神道における概念で、天地・万物を生成・発展、そして完成させる霊的な働きのことです。産霊、産巣日、産日、産魂とも書くこともあります。

「ムス」は「ウムス（産むす）」の「ウ」が取れたもので、自然に発生するといった意味があり、「苔生す」の「生す」も同根です。「ヒ」は霊または霊的・神秘的な働きのことです。そして、むすひの神には衰えようとする魂を奮い立たせる働き（生命力の象徴）が備わっています。

またむすひの働きを讃える神に生産日神がいます。

生産日神の「イク」は「イキ」（生き、息）と同根で、むすひの働きをまさに讃える神のことです。

中国では燭陰と燭竜があります。

燭陰は、古代中国の地理書『山海経』の巻17「海外北経」に記載のある、中国の神のことです。北海の鍾山という山のふもとに住む神で、人間の顔と赤い蛇のような体を持ち、体長が千里におよぶとされています。

目を開けば昼となり、目を閉じれば夜となる。息を吹けば冬となり、吸うと夏になる。飲まず食わず、呼吸もせずに、息をすれば風が吹き荒れるという。

中国には道教・儒教・仏教の3つの大きな流れがあり、その内の道教の伝承の流れの一つが仙道で、おもに内丹のことをいう。

内丹を練り、息を止め行気を行うのがまさに仙道である。

老荘哲学ともいい、気功でいうところの『氣』を練るということです。

自然科学と社会科学は、もともと最上層部で通じ合っています。

一つの学問に専念し努力を重ねると、人類の智慧の中枢に突き当たり、一つのことが百のことに通じるようになる。学問をするのではないが、優れた才能を持つ者は、専ら心を研究し、それが熟すと巧妙さを生じ、巧妙さから優れた効果を得て極致に到達し、神を超えて化（け）に入ることができた。

その成果は、普通の人の目には仙術として見える。世の中の多くの技芸には、どれも普通の人が到達し難い境地があるが、気力を費やすことを惜しまず、誠実であればそこに到達し、道と一つになることができる。

このことからわかるように、道士が仙人の境界に到達するのにも定まった方法はない。内丹仙学は彼らが数千数百年にわたる経験を総合したものでしかない。道教の中には様々な方法があるのです。

その他のさまざまな『息』のコトバ

日本では、阿吽之息（あうんのいき）。これは相手と共同で物事を行い動作や気持ちがピタッと合う譬え（たとえ）。狛犬の右左のこと。「阿」は梵教では息を吐くことをいう。「吽」息を吸うこと。「息」は物事の調子をうかがうこと。梵教や仏教では、「阿吽」は、森羅万象それ自体のこと、宇宙開廟の法、理、「阿吽の呼吸」のこととなります。

鼻から生まれた素戔嗚（スサノヲ）について

鼻＝息をすうところ、スーサ＝息の音　古代バビロニアやユダヤ文化圏ではルアッハが息、魂、精霊のこと。

チベットではルン（Rlung）が息、霊、空気のこと。

ハワイではマカニ（Makani）が風、霊、スピリットのこと。

シュメール、ギルガメッシュでは、太陽神シャマシュは13の風を吹かせるとされています。

ギリシャでは自然神（霊）。方向別に、北風＝ボレアス、南風＝ノトス、西風＝ゼピュロス、東風＝エウロス。この4つの風の中でギリシャ人たちに最も好かれたのは西風のゼピュロスで、彼は優しい風であり春の使者として慕われ、アフロディーテが生まれた時彼女を島まで運んだともされています。なお、エウロスは東南風で、東風はアペリオテスであるという説もあります。

プシュケ＝息、霊
ワータ、ゾロアスター（イラン）風の神。
ヴァーユ、パヴァン（風天）インド

クリヤヨガのプラーナヤマは壮大な求心力（吸気）と拡散力（呼気）をもった呼吸法であっ

て、そして恒常的な活性化と内面化は必ずこういう形になる。
それは「一息の中に宇宙を閉じ込める」という野心だ。
それは「一息の外に宇宙を生成していく」という情理だ。

汝は「大地」と「火」を、精妙なるものと粗大なるものを、ゆっくりと巧みに分離すべし。
ヘルメス・トート

【秘儀】クリヤヨガ・アセンション呼吸《上鼻道プラーナヤマ》

ここでは宇宙聖医学の呼吸法を初披露します。

古代よりケチャリ・ムドラ（舌息修行）といわれる究極の秘儀が「クリヤヨガ」では伝えられてきましたが、舌のある部分の外科的な切除をしないとそれができないというおかしな流れになっていたので、筆者はこの技法に代わる手法を「創造」しました。それは「ひかりのクリヤヨギ」になるための「ジェントル」できわめて「ヒューマンビーイング」な技法です。

光のエネルギーであるプラズマエネルギーの伝達はわたしたちの身体を活性化していきます。

ヨガでいう「バンダ」を講じ目の「バンダ」を活用し、「門を閉じる」のです。閉じるといっても目は瞑りません。呼吸の通り道である鼻の、とくに鼻の風洞の最上階の「上鼻道」を呼気・吸気ともに内側の「繊毛」に息がふれないくらい繊細に息を「燻らし」ていくのです。

その時、一つの光のエネルギー「"Rlung"ルン」が体に入り、松果体目がけて光の微細な粒子が浸透していきます。わたしたちの内在神「ひかりの管」が活性化する瞬間、「〝まじろぎ〟瞬」です。

こうすることによって、わたしたちは地球の、あるいは自身の想念という無限連鎖の「カルマ」から離れてその至極の「マトリクス」の領域に入っていくことができます。「宇宙意識」の初めの「プログラムの遂行」が叶ったのです。

これらのエネルギーを自在にコントロールすることでわたしたちは優に100年以上生きるために必要な実践法を身に付けていくことになります。積極的に内面の努力を行うあらゆる人が手にすることができるものなのです。

これからお伝えする呼吸法はこれまで数万年間【門外不出】の秘奥中の秘、完全なる『秘儀』になります。

わたしたちの体腔（体の中）には無数の神経や器官、組織があり、体液や内分泌液、呼吸やエネルギー、血液などに手厚く護られた小さな神殿であり、まさに「小宇宙」なおもむきです。

鼻の構造は複雑で、今まではおもに「嗅覚」のみが先行し取り上げられてきましたが、匂いや香りを判断する以外にも人間にとってはこの「呼吸」をつねに担っている大切な相棒ということをわすれてはいけません。

まず次ページの3つの図をしっかり脳裏に焼き付けていただきたい。

途中の説明の文も読んでいただいたら、一番下の図だけをじっくりながめていただきたい。

鼻孔呼吸の意味

鼻腔の中には3段の仕切りがあって、それぞれ下から「下鼻甲介（かびこうかい）」、「中鼻甲介（ちゅうびこうかい）」、「上鼻甲介（じょうびこうかい）」、あるいは「下鼻道（かびどう）」、「中鼻道（ちゅうびどう）」、「上鼻道（じょうびどう）」といいます。

息が日常の心模様や肉体、脳波や感情を反映した乱れた粗く速い呼吸であれば、息は「下鼻甲介」を通ります。しかし、繊細に整えられた長い息の場合は、「中鼻甲介」を通ります。

さらにゆるやかで通常の息の性質や質量、性質を超越した時点で「ルン」が「上鼻甲介」によやく通り始めます。嗅覚神経が密集している「上鼻甲介」を通過した「ルン」はそのまま一気に脳幹へ上がり、中脳に波及していき、「松果体」へとそのエネルギーの素養のまま静かに着座していきます。

「ルン」がもたらされた「松果体」は既知のヴィジョンのエネルギーではなく、「ルン」の性質のままの「イルミネーション」という「知覚」と「覚知」のバイブレーションで、人体の縛りのないもう一つの領域の「自己のカラダ」へとそのエネルギーを「転写」、「照射」し始めるのです。脳という拘束的な肉体の影響を離れた「ルン」はすぐに本来の「大らかな自由」を舞う存在へと感応し

副鼻腔への開口部

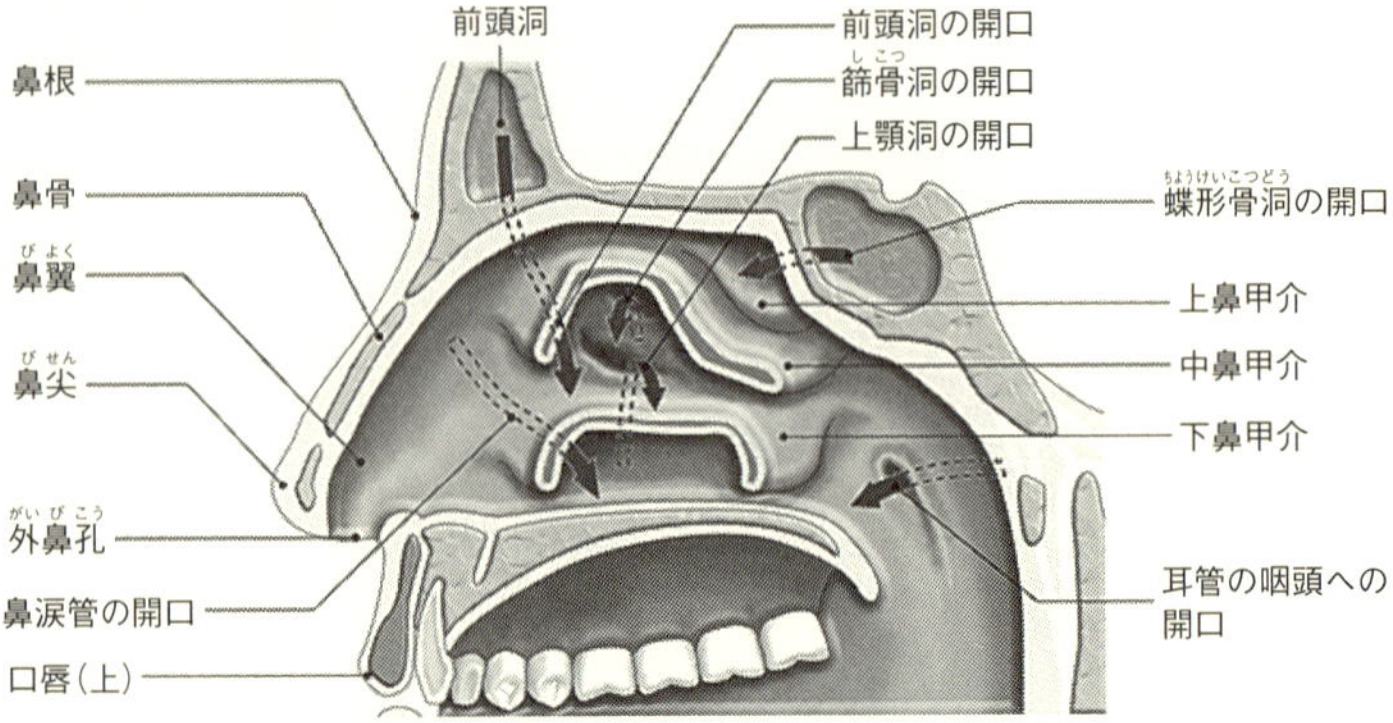

副鼻腔の投影

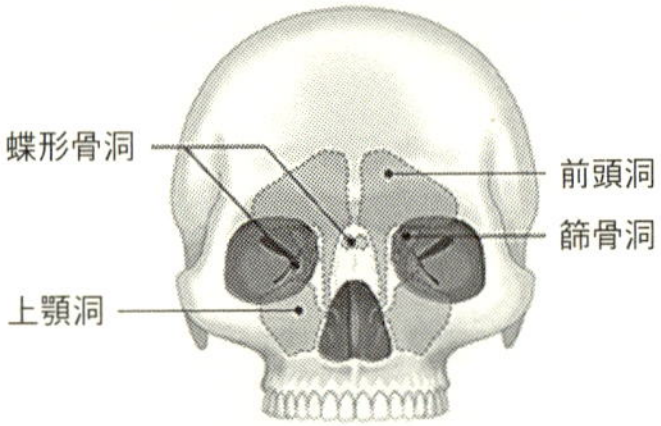

クリヤヨガ
アカデミー

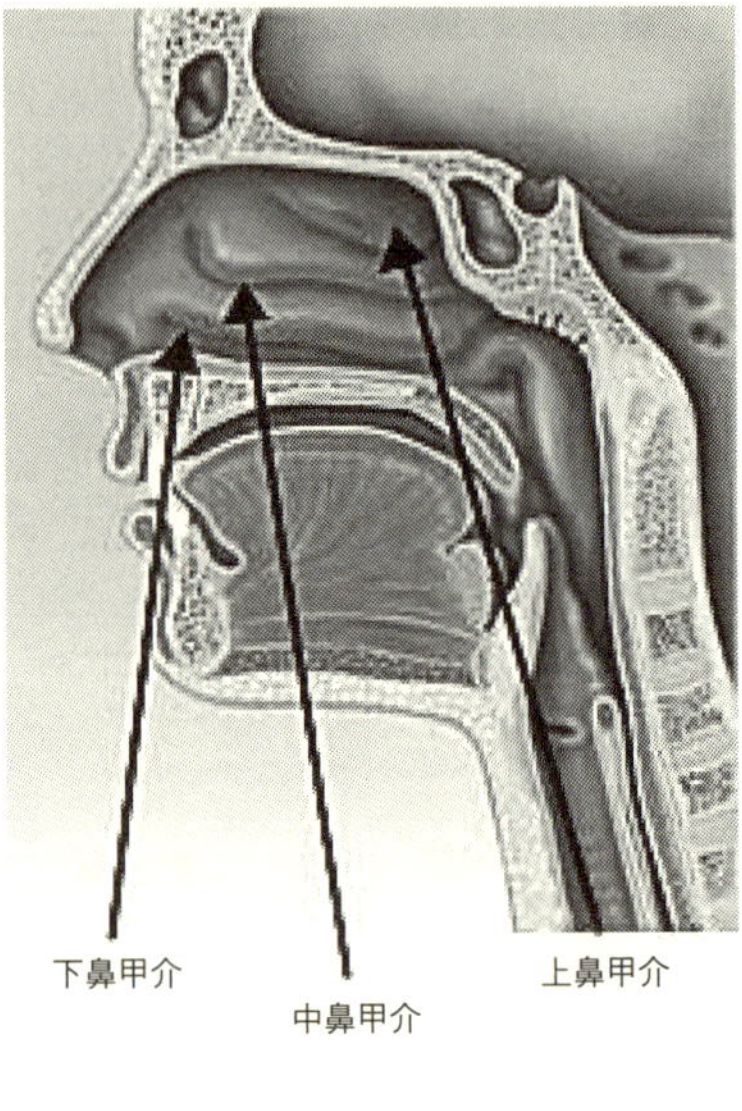

ていくのです。

前ページの図を見ながらもうすこし説明しますと、このように繊細な「出息」をすることで、肉体の感覚器官や受容反応の点で、嗅覚神経をFes（誘因）することになります。嗅覚神経をFesすると副交感神経が聖化され、興奮気味の心も鎮まり、呼吸の練習や瞑想にも必要な準備を整えることができます。

また、「上鼻甲介」や嗅覚神経をFesした際の独特の感覚は、まさに身体感覚としての内部的誘因そのもので、乱雑で掻き乱された心であっても、有無を言わさずその感覚のみを捉えて、一つの対象に心が固定された集中状態、つまりダーラナ（凝念）となるのです。

凝念を深めて、同じ感覚から心がぶれなく集中できると、静慮、そして三昧へと瞑想の段階を昇ることができるのです。古代からクリヤヨギたちは、この感覚を「氣」のエネルギー、つまり、「"Rlung"ルン」として捉えていたのです。

そして、瞑想自体はとても大きく深い実践ですが、初めはこうした内部刺激への集中状態を作ることから始まります。

まずは、ゆっくりとした腹式呼吸によって、長い「出息」を心掛けて、「上鼻甲介」と嗅覚神経のFesに集中することで、雑念がなくなり、心が一つの対象に定まった心一境性に至ることができます。

初めは5分くらいの実践から始めて、だんだんと慣れてきてから時間をのばしていきましょう。

きっと心のもやもやもスッキリ解消していきますよ。

不老不死を可能にするクリヤヨガチャクラクンダリーニ

寿命と健康とは必ずしも一致しないという事実があります。

一般に死亡するわけは、身体の細胞が老化して衰えてくることが原因だと言われています。

しかし、人体においてはこれとまったく矛盾するようなことが行われています。

例えば、わたしたちの脂肪細胞は3週間ですべて入れ替わって新しいものに変わっていきます。

胃の内壁は5日ごとに新しくなります。皮膚は5週間ごとに新しくなり、骨も3ヵ月で全部入れ替わります。

体全体として見ると、1年間で98％までの細胞が新しくなるといいます。

それでどうして老化するのでしょうか。

寿命を決定する因子が別に存在し、はたらいていると考えざるを得ません。

クリヤヨガを通じて長年研究した結果、「反比例の法則」というものに辿り着きました。

これは不慮の事故死などは別として、普通の人の寿命は1分間の呼吸回数に反比例することを示します。

すなわち、標準1分間15回の呼吸での寿命は120才となり、1分間30回では60才、1分間10回では180才となります。

つまり、毎分の呼吸×寿命はいつも1800となります。

体内に保持している「ルン」は1回の呼吸で20㎝分入り、30㎝分出すので差し引き10㎝分損をすることになります。

「ルン」の量を長さで表すのも変ですが、これに気管の断面積をかけると体積になりますから、比例量と見ればよいわけです。

さらに詳しくいうと、バイブレーションの振動とは1オングストローム（1メートルの100億分の1）くらいの大きさの粒子を励振（れいしん）したようなものです（励振とは、小さな振幅の刺激によって、大きな振幅の振動が引き起こされること。また、引き起こすこと）。

これが体の細胞の中に入ると、その振動で細胞を活性化して、細胞の成長を促進します。

すると、ガン細胞の増殖を抑えて消滅させることができます。若い間の「ルン」の多い時には滅多にガンで死亡はしません。

通常生まれる時、多量の「ルン」を蓄えていますが、生後は消耗していく一方ですから、高齢になると亡くなりやすくなるのです。

1960年以来、太陽から地球に送られる波動は次第に力を増していて、2000年以降生まれる子供は倍くらいの「ルン」をもらってくると仮定すれば、同じ1分15回の呼吸でも、120才が寿命ではなく240才が寿命ということになるでしょう。

また、細胞がすべて入れ替わるのに病気が治らないのは何故か、それは単純な話で、新たな細胞が作られる時に、DNA情報がコピーされてしまうからです。

呼吸に話しを戻しますが、1分間15回の呼吸での寿命は120才となり、1分間30回では60才、1分間10回では180才となります。

呼吸回数が多ければ多いほど、活性酸素の害毒で老化が進み短命になっていくかも知れません。

食べ物に関しても、人間が一生に食べる量は決まっています。それは一生分の消化酵素の量が決まっているからなのです。同じような考えで、一生分の呼吸回数（酸素吸引量）も決まっているとしたら。ある意味、これが本当の生体年齢、または、生命年齢といえるかも知れません。

わたしたち人は、怒りや恐怖を感じると呼吸が荒くなり、悲しみを感じると吸気の量が多くなり、いずれも過呼吸のような状態になり、また猛毒ホルモンを分泌して寿命を縮め、病気の原因にもなったりします。

さて、ここである実験についての興味深い話があります。

アメリカの心理学者が人間の吐き出す息を使って実験しました。

それは人間が吐き出す息を液体窒素で冷やし、取り出した沈殿物がその時の人の感情の状態によって様々な色に変化するという試みです。

通常は無色透明であるのに対し、怒っている人が吐き出す息の沈殿物は栗色で、悲しみや苦しみを感じている人は灰色、また、後悔の念を抱いている時は淡い赤だそうです。

そして、これらの色がついている沈殿物を分析してみると、かなり強い毒性が検出されたそうです。試しに栗色の沈殿物を水に溶かした物をネズミに注射したところ、わずか数分でネズミはこの世からいなくなってしまいました。さらに、人間が1時間くらい怒りの感情を持続させた場合、かなりの猛毒が発生するそうです。

不機嫌のまま過ごしたり、不平不満の言葉を吐いている人が体の具合を悪くしやすいというのもあながちウソではなさそうな気がします。

ネガティブな感情を持つことは、自分自身の心と体を傷つけてしまいます。そればかりか、周囲の人も毒入りの息を吸わされ、気が滅入ってしまうのです。また、明るい人のそばにいるだけで、自分も元気になってくることがありますが、いつもニコニコしている人の息には人を楽しくさせたり、健康にしたりする成分が含まれているのかも知れません。

余談ですが人間の血液は、怒ると黒褐色で渋くなり、悲しむと茶褐色で苦くなり、恐れると紫色で酸っぱくなるそうです。それは明らかにネガティブな感情が、宇宙法則で見ると低位のバイブレーションそのものであることを物語っています。

感情により呼吸の状態が変化していきます。呼吸法によって感情のコントロールを実践することで、呼吸を制し、感情を制することができるのです。

また、基本的欲求の根幹である「食欲」を制すれば、感情のコントロールも容易になるでしょう。
さらに不老不死についてですが、単純に呼吸回数が少なくて「超長寿」なのではないということです。

不老不死体というのは「変身体」であり、肉体を伴うアセンションをして存在している状態のことなのです。クリヤヨガのガイドの、ヘルメスはアセンションを行い、一度人間界から姿を消しましたが、肉体で再臨しているのです。

「変身体」についてですが、肉体は持っていますが、太陽の下で影ができないとか、写真を撮ってもボヤけるとか、通常の肉体ではない周波数の高い体を意味します。

不慮の事故などでも死なない不老不死体なのです。それを一言でいうと、「死の克服」であり、「生死解決」の完成形と言えます。

再び呼吸に戻りますが、1分間15回の呼吸での寿命は120才となり、30回では60才、10回では180才となりますが、わたしたちは1分間に15回も呼吸をしているのでしょうか……。

調べた結果、安静時の正常呼吸は、成人の場合、1分間に12〜20回です。

1分間に15回は標準ということになり、それに該当する人は100歳前後までおそらく生きられるということになります。

ただし、一概にそうとは言えない場合もあります。

食事など他の要素に原因があるとか、過呼吸気味かどうかの問題、姿勢が悪くなり背骨に不自然な負荷が掛かっている、とか……。

クリヤヨガのクンダリーニ呼吸法では、7秒間で腹一杯に吸い込んで3秒間停止、40秒かけてゆっくり吐き出し、吐き出し切ったところで肛門を締めて、10秒間呼吸停止という「1分1呼吸」という方法を行います。

ただし、この呼吸法の注意点は、1日1回、5~10分行えば十分であるということ。呼吸法が大切だといっても、一日中やるべきものではありません。

仮にそれで呼吸回数が少なくなったとしても活性酸素の問題は解決されないからです。

日常的には微かな呼吸で、緩やかな浅い腹式呼吸をすることがとても良いですし、それによって常に脳はアルファ波やシータ波の状態が続き、感情に左右されにくくなります。

クリヤヨガで呼吸を学び、実践するということは、呼吸回数を少なくする実践ということがわかっていただけたと思います。

これが、クリヤヨガのクンダリーニ呼吸法。自然体で呼吸回数を減らして浅い呼吸をするということなのです。

1日5~10分、クリヤヨガクンダリーニ呼吸法を習慣にしていれば、日常的に緩やかな浅い腹式呼吸になっていきます。

これと時を同じくして行うべきことに、チャクラクンダリーニ呼吸法があります。

チャクラクンダリーニ呼吸法

①7秒間で息継ぎをしながら下腹に空気を押し込む
②3秒間呼吸停止
③頭↓のど↓胸↓おなか↓会陰(えいん)↓仙骨↓背中↓頸椎↓頭
　という順に気を巡らせながら40秒間で息を吐き切る
(各所5秒で移動していくと丁度40秒で一周する)
④肛門を締めて10秒間呼吸停止
　これを1セット（所要時間1分）として、毎日5〜10セット行う。

　そしてこれらと合わせて、ブラフマータイム後の太陽注視をすればさらに寿命が延び、クリヤパワンムクタサナ（スワイショー）を行うと、取り入れた太陽エネルギーを循環することができるのです。そして実際に、この腕振り運動は万病に効果があるシンプルで最高の鍛錬法の一つなのです。

クリヤヨガの基本のプラーナヤマ（心魂呼吸）

　安楽座や蓮華座を組み、下腹部をわずかに引き締めて、両鼻孔から息を細く長く吐き出す。

　下腹を緩めながら息を入れ、次第に胸までいっぱいにする。胸にいっぱいになったら、そのまま保息する。息を吸うのと同じ時間をかけて、胸、腹の順に息を吐き出す。

注意：息を吸う、保息、息を止める、と息を吐くの割合が常に1対1対1になるようにする。入息の時間を伸ばせるようになったら、それに合わせて出息の時間を伸ばす。もし、風邪などで鼻が詰まっている場合は、口を利用してもよい。ただし、口を大きく開けないこと。

また、ベース・チャクラ（尾てい骨＋仙骨）に精神集中をしながら行うと尚良い。

プラーナヤマのポイント

プラーナヤマを実践する際には、以下のポイントに気をつけて行うと効果的。

1. 空気の濁っていない、適温で静かで落ち着ける場所を選ぶ。
2. 何かの座法（蓮華座、金剛座など）が組める人はその座法で、組めない人はアグラやイスでも構わないので、体が安定する座り方をする。姿勢に気を配る。両手は自然な形で膝か太腿に軽く置く。
3. 目を軽く閉じて行うと、気が散らず、集中しやすくなる。
4. 食事直後は避ける。少なくとも2時間以上経過してから行う。
5. 顔・首・肩などは緊張しやすいので、体の力を楽にゆるめてリラックスするように心がける。

アサナ（心魂運動）とプラーナヤマ（心魂呼吸）／アサナは呼吸の生きた鏡

すべての身体より抜け出で、自己を測りしれぬ大きさへと拡げよ。すべての時より抜け、永遠となれ。かくして汝は神を知る……。己自身のうちにあらゆる被造物、火、水、乾、湿の感覚を取り込め。海、陸、空のいずれの場にも同時にあれ。同時に生まれる以前の存在、子宮の内部の存在、若者、老人、死者そして死後の状態であれ。もし、汝、これらの時間、場所、もの、質と量といったものすべてを汝の思考に取り入れれば、汝は神を知りうるであろう。（キャヴェンディッシュ——）

※ヘンリー・キャヴェンディッシュ（Henry Cavendish、1731年10月10日-1810年2月24日）は、イギリスの化学者・物理学者である。貴族の家に生まれ育ち、ケンブリッジ大学で学んだ。寡黙で人間嫌いな性格であったことが知られている。遺産による豊富な資金を背景に研究に打ち込み、多くの成果を残した。

クリヤヨガのシステムでヘルメス・トートは、一なる根源的存在に到達する。つまりみずからの生命と魂の縦糸と横糸を確立するために、みずからのエネルギーを徐々に内側、外側、全体へと向けていくことになる。クリヤヨガのシステムは、トーラー（知覚）と呼ばれる修祓、いわばインプットとアウトプットをくり返すように、肉体を俯瞰し、実在という観点での〝カタルシス〟（浄化）を促し、外在的に噴出した意識の働きを見つめ（観察）、そして次に、パージ〝寂〟（さびる）と呼ばれる、同じく外在的に発現した同じ意識の、個としての観点を俯瞰し、そこから不必要なものを〝カタルシス〟していく肉体と心と魂のための禊（みそぎ）の儀式といえるものだ。

※注釈、パージ（purge）とは、余分なものを切り離す行為である。浄化する、一掃するの意味。

ヘルメス・トートのシステムは、このようにアサナと呼ばれる、身体そのものの訓練へと続いていく。

ヨガのアサナは今日世界で知らない人がいないほど有名になった。ヨガとは、すなわちアサナのことだと思ってる人たちがほとんどではなかろうか。多くの人は、ヨガの目的とは、アサナを通じて体が健康になることだけだと思っているようです。

アサナは決して万能な効果・効能があるわけではありませんが、健康目的の単なる体操の類いでもありません。アサナは、わたしたちの進むべきより崇高な目的のための修行の最初の段階で、欠かすことのできない重要な役割を担っています。

アサナにより身体的訓練を重要視することで肉体的領域での高密化した集中度によるエネルギーの効率化と純化が促進されていきます。ただし、アサナは、もちろんヨガの重要な一部ではありますが、ほんの一部でしかありません。ようするにわたしたちとわたしたちの体は、ある修行段階までは決して切り離せない関係にあるので、アサナの実践が必要になるのです。

意識はこの時空世界で、外在的に、また集合意識的にとる形は無数にありますが、まず知らなければならないのが、肉体意識と呼ばれるものです。

意識と呼ばれるものの本来の性質は無味無臭のなんの変哲もないエネルギーの一欠片のような普遍的なものです。それが徐々に、より密度の高い、重い現れへと降りてくることで、最終的には、感覚的質量のある物質とほとんど一体となり同化していきます。それが肉体意識です。

わたしたちは、通常、自分が肉体であるという意識を捨て去ることができません。自分とは肉体であり、それ以外のなにものでもないのだと感じています。これは、降下してきた意識の中で最悪の状態であり、とても不幸な状況と言わなければなりません。なぜなら意識が物質と切り離せない状態となり、物質と一体化し、物質そのものになってしまっているからです。意識は、肉体の姿形に身売りしてしまったということにほかなりません。文字通り、主体という実体が客体という存在になってしまったのです。

こうなるとさらに悪いことに、意識は、肉体意識から社会的集合関係、すなわち集合意識という無限連鎖の罠に嵌ってしまうのです。ますます普遍性から遠ざかっていくことになってしまいます。実在としての本来の状態である普遍的な状態に戻るための、仄かなかすんだ道のりは、このような、言うなれば意識の病的状態を考慮して歩まなければならないのです。

肉体意識は、様々な経験の段階の一つである、意識が降下してきた一つの領域であり、そしてまた、意識が昇華していくうえで通過しなければならない過程であるため、身体、筋群、神経組織、臓器の訓練には重要な必要性があるのです。

アサナとスポーツ（競技性運動）との違い

ヨガアサナと呼ばれる体操が世界中で注目されるようになったのには、重要なわけがあります。アサナと他のスポーツ、特に欧米のスポーツや体操とでは、その目的が大きく異なります。アサナとサッカーやバスケット等のスポーツでは、それを行う意図がまったく違います。

通常のスポーツの場合、エネルギーは外に向かいます。ヨガのアサナはまずエネルギーは内側に向かいます。スポーツをするとすぐ疲労困憊になります。それに対し、ヨガのアサナをした後は、心身がとてもリフレッシュされていくのです。

激しい運動をすると、息はだれでも荒くなります。大量に汗もかきます。そのため心拍数は一気に高くなります。

しかしアサナでは、そのようなことはまず起こりません。アサナの後は呼吸が整い、スポーツ時のような心拍数の上昇はなく、発汗や疲労はほとんどありません。疲労感ではなく、むしろ満足感といえるとても心地良い状態が持続します。アサナと他のスポーツには、このように外面的にも内面的にも決定的な違いがあります。

このような違いのほかに、重要な話としてヨガのアサナには霊的な意味合いがあります。身体を使った運動として考えた場合、ヨガアサナと精神性はまるで無関係に思えます。しかし実際には、ヨガと名の付くものは、すべて本来、精神的・霊的な目的と関係があります。これはとても大切なことです。これが本来のヨガの特徴といえるものです。

シリウス、アトランティス、古代エジプト、ギリシャ、ローマ、サウジアラビア、シリア、インド、中国、チベット、日本、ハワイ、チリ、ブラジル、メキシコ、さらには各国、地域の先住民の間では、簡単な礼拝の儀式や挨拶表現、学習や修行など、すべてが霊的な関連性を必ずと言っていいくらいに持っています。あらゆる活動は霊化すべきですし、すべての事象には必然と霊化された実体があります。

あらゆる活動を霊化するのが、クリヤヨガの一大目的であり、実際、霊的な要素を必要としない活動など、この世界になにもないのです。

ですから、アサナ（身動法）に霊的な意味合いがあると言われても、すぐにはそれを理解できないかもしれませんが、アサナは霊的な活動の徴(しるし)であり、まず行うべき霊化のための〝禊(みそぎ)〟なのです。

アサナは、従属的背景（肉体的制限の意味で）にある意図、目的、そして、とりわけ心が受ける影響を力行(りっこう)のゆくえに、整え、カタルシス（浄化）していき、精妙な領域へと続く霊的な活動だと言えます。クリヤヨガには本当に効果的なアサナがあります。

主なアサナは12柱（12ポーズ）ですが、そのすべてが、不均衡なプレッシャーによる身体の痛みや違和感が生じないように、身体の各部にアビィリティ（適正）な感情的知性をもたらすと共に、自己統制能力ともいえる柔軟性をも生み出すことを目的としています。

通常わたしたちの身体は日頃の行いや環境、様々な物や思考のレギュレーション（抑制）によりコントロールされてしまっており、ある〝枠〟にはまってしまっています。

そうではなくて、これからは身体にコントロールされるのではなくて、わたしたちが身体をコントロールしていくのです。大抵の場合わたしたちは、癖や習慣、体質などのために、身体のほうにコントロールされています。身体が必要とすることを軽視すると、身体になんらかの異常や痛みが発生します。

しかし、わたしたち自身が、体の機能に対して、すみやかなベターレギュレーション（恒常的抑制）をできるようになれば、身体はわたしたちのウォンツとデマンド（要求）に従うようになり、日常の集中覚醒状態が高まり、仕事の能率や人との均衡力の向上、商談やコミュニケーション能力の向上、瞑想のためのたおやかな俯瞰力が養われ、長時間の座法も苦でなくなります。

同じ姿勢（心の模様）で長時間居るための訓練

海外では瞑想や長い時間ひたすら座ること、あるなにかと区切りをつけて座ることを「〝ターム〟」という隠語で迎えてくれることがあります。わたしたちの準備の整わない内は、身体と心を長時間、同じ拘束されたような姿勢のままで固定することはできません。ですから、同じ姿勢で長時間座り続けることもできないのです。この欲望うごめく注意散漫な心模様が、長い時間一つの同じことを考え続けることができないように、身体も、痛みや、痒み、痺れ等の理由で、長い時間一つの姿勢を保つことができないのです。

身体、心、ルンは、内面的に関係していて、そのうちのなにか一つが影響を受けると、他の二つにもすぐに影響がおよびます。ヨガアサナとして知られる体操には、多くのアサナ（体位・座法）がありますが、ヨガの目的のために、ヘルメス・トートのシステムが示すのは、その中の一つだけです。

ヨガアサナは、ヨガ本来の高い次元へ進んでいくために行う〝禊〟であり、アサナの実践自体がヨガの目的ではありません。アサナは、より高い目標に到達するためのひとつの手段です。数多くのアサナや過度に柔軟性を必要とするアクロバティックな道化のようなアサナを実践する必要は全くありません。いまや一つの体位で長時間座る必要もあまりありません。色々なアサナを行っても勿論かまいませんが、それをしたからと言って高い次元のチケットが手に入ることは決してありません。

そして、重要なことは、アサナを一生やり続けることが目的ではないということです。高次の領域からは、健康主眼の目的は個人欲求のエゴ的解釈のエネルギーと見なされてしまうでしょう。目的はあくまで、同じ姿勢（律した俯瞰的思念という意味）で長時間いられ、座れるように心と身体を訓練することです。

ヘルメス・トートは、アサナを極めてシンプルにデファイン（定義）していて、よくあるサンスクリット語のサルヴァンガーサナ、シルシャアサナといった名称も使いません。ヘルメス・トートが定義するヨガアサナは、身体的概念はとても少なく、むしろ心理的予見によるものがほとんどです。楽に心と体と魂を設定できるアサナなら、どのようなものでもヨガアサナだと見なすことができるのです。ここがヘルメス・トートの「〝3000億年の叡智〟」の凄さです。

実際の解釈では、かなりの余蘊（ようん［幅］）を持たせた、ヨガアサナの定義といえなくもありませんが、クリヤヨガの摩訶深遠で様々な思慮と「〝まじろぎ〟瞬」の畔（ほとり）からいえば、径庭（けいてい）さながらではなく、満更でもないのではと思います。

ヘルメス・トートは言いました。

「楽な体位」の意味を混同したり取り違うことのないようにと、話しています。

多くの人は、寝ている時の姿勢が楽な体位、快適な姿勢だと考えているかも知れません。わたしたちは疲れた時には、横になりたいと願います。しかし、ヘルメス・トートの言う楽な姿勢は、ヨガの必要性に適ったものでなくてはなりません。横になって眠ることも大いにけっこうですが、ここでいうヨガの目的ではないのは、明らかです。

では、「楽な姿勢」というのは、ヘルメスは、眠りに落ちて無造作な無意識になってしまうような姿勢を意味してはいません。

身体をある程度固定するために取れる姿勢は、立ちの姿勢、座った姿勢、横たわった姿勢の3つのことになります。この中からその時の目的に沿ったヨガに適った楽な姿勢を選んでいくのです。

立ちの姿勢を長い時間続けるのは苦行ですし非常に無理があります。立ちの姿勢では、足が身体全体を支えていますが、足が身体を支え続けるためには、心の一部が足に行き続けなければなりません。心が、完全に足から離れてしまうと、身体は無残にも倒れてしまうでしょう。ですから、この場合、瞑想のための姿勢としては厳しいと言わざるを得ません。横たわる姿勢も、睡魔を呼び込みますから、適切ではありません。言うまでもなく、残っているのは座った姿勢です。では、どのように座ればよいのでしょうか。これについては、ヘルメス・トートの直書(じきしょ)を、と行きたいところですが、ここでは別の書物を基に話を進めていきます。今では原書は完全に失われていますが、筆者のチャネリングによるコズミックプレイヤとのコネクトで、シリウスアトランティスの叡智を記した銀河系最大の叙事詩『ア・ウ・ワ ヘルメス クリヤヨガ』の中に詳しい記述があります。

『クリヤヨガアサナは心の結び目をほどき、魂の架け橋をつなぐ「〝巌(イヅ)〟と〝瑞(ミヅ)〟」の宝珠』

アサナは肉体という「紫明（シオン、大脳）」の門番の「〝ツルギ（剣）〟」であり、紫明の雷鳴（ルン・氣）を天に繋ぐ戦わない宝珠である　サッチー亀井『ア・ウ・ワ ヘルメス クリヤヨガ』をみていきましょう。

アサナはこれまでの一般的なハタヨガなどの本では、「安定した、楽な姿勢で座らねばならない」と記されていることがほとんどで、「猫も杓子も」状態で、一つ覚えのようにやたらとインドのパタンジャリという古代のヨガ行者の著述とされている一冊の古典に翻弄され続けてきました。ヒンドゥー教徒やインド教、あるいはインド式ヨガ教に知らず知らずのうちに感化され洗脳されていたのです。地を這いつくばる「ダキーニ」や「カーリー」の呪縛から解き放たれる日が来たのです。皆さん早く目を覚ましてください。ご安心ください。インド式ヨガの隆盛はもはやこれまでです。そうです、このクリヤヨガの華々しい究極のエッセンスが現代の時空にリチューニングされて馨(かぐわ)しい宇宙氣ルンの智慧の種子と共に完全無欠な容(かたち)として甦り舞い戻ってきたのです。

過去からの普遍的事象の理(ことわり)は閑静に佇み、ほほえみをうかべています。未来からの乖離(かいり)なき融解を遂げた至高の存在たちの眠りを知らない「まじろぎ（瞬）」は気高き潮の生命の炎そのものです。淵源から燻らす静寂の機微は一陣の黄金の息吹へと、デフォルメなき真理の神話へと続く風に孕みゆき、充ちゆくのです。

わたしたちのこの世界における目覚めは、すべての行動や活動、祈念や概念や創念、これから向かう大いなる存在への旅は、最終的なヨガの目的の旅でもあります。それを心に留めて行かねばなりません。

ヨガで最初に求められるのは、心と体の集中です。体の集中を自在にこなせれば心の集中をも助けることに繋がっていきます。

座り方一つで、心の集中をも持続可能な目的に適った、楽な姿勢を作り保つことができます。体の集中をコントロールすることは快適な姿勢を保つことを意味します。これはヨガの目的に適した姿勢であり、単に身体的な快適さのみを追求するものではありません。体は筋肉や神経と連動しています。神経は染色体やＤＮＡ、遺伝子、ゲノムといった生体高分子と会話をしています。

その生体高分子は心と繋がっているのです。その心は宇宙氣〝ルン〟と繋がっています。その〝ルン〟は遍在する「まじろぎ（瞬）」そのものの宇宙の核、宇宙の根源であり全体、至高の《ア・ウ・ワ》と繋がっています。

ですから、ヨガ実践のためにとる姿勢、生きていてとる姿勢は、それがどのようなものであれ、目的である瞑想に関係するものでなくてはなりません。

体を傾けた姿勢のように、不安定な姿勢を取ると、神経と筋肉はすぐに影響を受けます。じきに心も影響を受けるでしょう。

エネルギーの調和と総和。均衡が初めのヨガといえるものですから、体を過度に傾けたり、よじれた姿勢は、神経系の調和をもたらす助けにはなりません。それはむしろ調和のとれたルンの流れを間接的に阻害することになりかねません。また、体を極端に曲げたり、かがめたりする姿勢は、神経系の中のルンの流れを滞らせる傾向が強くあります。その結果、しだいに体に不快感と違和感が生まれます。

いわゆる不定愁訴と呼ばれる不調の濁流にのみ込まれてしまうのです。ですから通常は、頭と首、背中がまっすぐになるような姿勢で座るのがよいのです。

自然で楽な姿勢のアサナ

頭と首、背中がまっすぐになるようにして座ると言っても、そのために痛みや違和感が生じては逆につらいものです。座ることで、肩と喉元、首筋にはなるべく力が入らないようにするとよいでしょう。アサナは、自然で楽な姿勢をまず心がけるところから練習します。これに関してヘルメスは、Yahod!（栄光の者！、偉大な者。※読みは「ヤッホー！」）という表現をしていますが、非常に重要な言葉です。アサナは自然でなくてはならない。意識しすぎて力が入っているようでは、アサナ本来の意図を持てませんし、役割に合わなくなってしまうからです。

座っていることで緊張したり、座っていることを意識しすぎたりしてはいけません。瞑想のためのアサナ（座法）は、可能な限り肉体意識を和らげることが目的であり、体の意識を強めることではありません。体を意識するのが目的ではなく、目的は、肉体意識から解放され、バランスのとれた姿勢によって、心と神経、体の繋がりから、多少なりとも解放されることを願うものです。

誰でも知っていることだと思いますが、肉体的あるいは精神的にバランスがとれている時、わたしたちは、ほとんど体のことを意識しなくなります。思考のバランスがとれている時や、健康な時には、さほど体のことを考えないものです。また、多くの子供たちは、体のことを意識してはいません。まるで体を持たない天使のごとく、軽々と飛び跳ねたり、遊び回っています。わたしたちは、ひとたび病気になり体に何か異変が起きたときには、体を強く意識するようになります。

何の問題もなく、全くの健康であれば、わたしたちは、自分が体として存在していることすら忘れてしまうかも知れません。しかし、常に健康でいるわけではなく、何かしら問題を抱えているのがわたしたち人間です。ですから日頃より体を意識せざるを得ないといえるのです。自分が体であるという考えは、体のバランスをもたらすヨガの実践によって、徐々に取り除かれなくてはなりません。その始まりがアサナです。

背筋をまっすぐにして座ると言っても、背筋のことだけを意識して座るという意味ではありません。わたしたちは普段、背筋をまっすぐにして座ることはまずありませんから、背筋をまっすぐにして座りなさいと指示されると、途端に座っている自分の姿勢が気になりだします。

筆者も座り始めた最初の頃は、自分の姿勢が気になって気になって仕方ありませんでした。初めは苦労の連続でした。眠気や体の痺れは元より、来る日も来る日も座り続けるのは苦痛以外の何物でもありませんでした。ですから無用な苦労の経験は薦めたくないので、次のような方法をお伝えします。

壁を使うのです。壁にもたれかかれば、背を壁にあてれば、徐々に座っている姿勢に意識がいかなくなると思います。体が慣れるまでは、こんな感じで壁などを利用して背中を支えてみてください。

最初の段階の頃は、このような背もたれを利用してもなんら問題はありません。壁に背中が支えられていますから、意識せずとも背中はまっすぐになります。

壁で背中を支えて座れば、意識的に努力しなくても、背中を常にまっすぐにして座ることができるでしょう。しばらくは、このようにして座る練習をすればよいでしょう。だんだんと支えが必要なくなります。数ヵ月もすればおそらく壁は必要なくなり、いずれは支えがなくとも、リラックスして座れるようになります。

心と体の余分な力を抜いていく練習と共に行っていけば、自然と楽な姿勢で座ることができるようになるでしょう。そして、内側から、とても満足な気持ちになってくるのがわかるでしょう。はたしてこの満足感は一体どこからやって来るのでしょうか。

この満足感や幸福感は、体の無理な力が抜けて、心との共鳴作用が自然にとれたということです し、バランスがとれているということです。このバランスは、ルンや生気的電磁作用であるスピリットと関係があります。物事のバランスがとれている時には、そこに、いく分かの生気が表れています。

楽に自然な姿勢で、完全にバランスが取れた状態で座ると、バランスによる共鳴作用が神経系とDNA核、そして心の質量に影響しだし、この歓びを感じるのです。バランスがとれると、即座に心は幸福という共鳴作用を感じます。

クリヤヨガでは、パドマサナ（蓮華座）、シッダアサナ（達人座）、スカサナ（安楽座）、等数種の座法から一つあるいは複数の座り方を選ぶよう指導しています。あるいはいつもの椅子でもかまいません。

繰り返しますが、力を入れずに楽な姿勢で座るということを忘れてはいけません。膝や関節の痛みを我慢して、無理にパドマサナ（蓮華座）で座る必要は全くありません。より楽に座れるアサナがあれば、そのアサナで座ればよいのです。アサナのためにヨガを行うのではありません。ヨガという至高の目的成就のためにアサナを実践するのだということを心に刻んでおかなければなりません。

今まで一般的には、パドマサナ、シッダアサナ、スカサナ、スワスティカサナの4つの中から、自分に合ったアサナを選び、頭、首、背中がまっすぐになるようにして座るのがよいとされていましたが、実際のところここまで書いて言うのもなんですが、どの座り方でも問題ありません。極論、椅子に座り脚を組んでいたとしても深い瞑想は作れますし、維持できます。ようするに無理をしなくとも、安定して座れるのであればなんでもよいということです。座り方の違いだけで、高次の領域へ繋がれなくなるなどということは一切ありませんからご安心いただきたいと思います。

話を戻しますが、最初はなんでもそうですが少し努力が必要になるのは仕方ありません。初めから完全に楽な姿勢で座ろうとしても何が楽なのかすらわからないものなのです。

いずれ、やがて最終的には、そうならなければなりません。サーカスの綱渡り師も、最初から楽々とバランスを保てたわけではありません。血の滲むような努力の甲斐あって、最終的には自然にバランスが取れるようになったのです。わたしたちが自転車に乗り始めた時も、最初は乗れるまでバランスを取る練習と努力が必要でした。そうこうする内、やがて意識せずに乗れるようになったと思います。

Yahod!（ヤッホー！）、つまり自然体であることがアサナです。少しでも無理があってはいけません。完全に自然な姿勢で座るのです。痛みや、姿勢を変えたくなるような違和感がないこと。そして、少なくとも1時間は座れなくてはなりません。ただし、最初は30分あるいは15分くらいを目安に初めてみるとよいでしょう。

『「太陽」はその父にして「月」はその母、風はそを己が胎内に宿し、「大地」はその乳母。万象の「テレーム」（テレスマ Telesma「意志」）はそこにあり。ヘルメス・トート』

アサナにおける精神の固定

ヘルメスの非常に重要で興味深い点を一つ話します。

Khagur（カグー、ヘブル語で守護された）

Khagurを文字通りに訳すと、至高の大いなる存在に守られたという意味です。

何も考えずに、じっと座っているだけでも、それを毎日あるいは何ヵ月も続けたならば、それはとても有益なことです。誰でも最初は、集中が続かないものです。マントラを唱え続ける集中力を維持するのも容易ではありません。どんなに頑張っても、心は集中してくれません。ですから、瞑想対象に心を集中させようとせずに、思考を放置していればよいのです。

心に浮かんでくることを気にせず、ただ座っているだけでよいのです。それだけでも大きな成果です。じっと座り続けるのは簡単なことではありません。普通はだれでも、長く座り続けることができないものです。2時間あるいは3時間も座り続けることは、些細なことではありません。それだけでも大きな成果、素晴らしいことなのです。

ですから、姿勢をくずさずに、少なくとも一時間座り続けることができたなら、それだけでも、満足感を得るに十分な理由となります。あとは、親しい友人に語りかけるように、座ることの目的を徐々に、心、五感、ルンに言い聞かせていけばよいのです。

アサナ、すなわち座法が真のヨガの始まりです。最終的に、わたしたちのアイデンティティは体にもあり、自分は体であるという観念が最後まで残りますが、だからこそアサナはささやかですが真のヨガの入り口の一つなのです。人間社会との繋がりを断ち切ることができても、自分が体であるという意識を捨て去ることはできません。社会生活の喧噪を逃れて、人里離れた山の中で隠遁生活を始めたとしても、自分が体であるという感覚から逃れることはできません。

これはわたしたちに課せられた課題であり、アサナの段階から、この問題への本格的な取り組みが始まったといえるのです。

肉体意識とは

アサナと呼ばれる、身体の姿勢には、五感の活動が伴います。わたしたちは、自分たちの体の内側の構造についてもう少し知る必要があります。体と言っても、その内側、内部の様々な器官はとても複雑で一筋縄ではいきません。建築物が、レンガや漆喰、梁(はり)など幾重もの層で構成されるように、体も多くのものや質量、いくつにもわたる過去生からの念波で構成されていて、ひとかたまりの単一的存在ではありません。体は、様々な物質とエネルギーからなる複雑な構造をもち、特定の目的のために特定の方向へ、エネルギーを作り、吸収し、使い、動き、働いているのです。

体から、目や耳などの五感を切り離して考えることはできません。わたしたちは、目で見て、耳で聞き、鼻で臭いを嗅ぎます。五感は現世にある生身の体を使い、まず活動を始めます。そして体は、五感が活動するための手段のようにも思えます。

わたしたちが体と呼ぶものは、感覚の集まりだと言えるかもしれません。体から感覚を取り除いたら、何が残るでしょうか。体という概念、自分が体であるという認識は、感覚の集まりが、体と呼ばれるものに集約されたものにすぎません。視覚、聴覚、味覚、嗅覚、触覚が、渾然一体となって収束されたものがいわば肉体意識となるのです。肉体意識を理解するのは、非常に簡単です。感覚作用に目を移すとすぐ理解できます。体という存在を通じ感覚が発せられているという幻想を俯瞰していくのです。思想家としてわたしはこう考えました。

体の固体性は、まったくの幻影である場合があります。手で触れたり、感じることができるため、固体だと思い込みがちですが、現実には、想念から発した意識の渦は単に電気エネルギーの集まりにすぎないといえるのです。

しかし、これを一般に理解して受け入れるのは、決してたやすいことではありません。物理学者や哲学者の中にも、わたしたちが信じている体の存在とは、単なる触覚の産物にすぎないと指摘している者がいます。また、洞察力を欠き、物事を深く考えないわたしたちは、自らの心によって、体が固い物質だという考えにいわば洗脳されてしまっているかのようです。

わたしたちの生気みなぎる体や心はある意味塊と呼べるものですが、ヨガの観点でいうと、物質的質量やあるいは化学物質の塊という意味だけではなく、さまざまな思考や思念による鬼火のような怪火であるし、業という「サザレシ（細かい）」情念の炎の集まりであるともいえる実証たる存在です。こう考え精緻に見ていくと、より精妙で霊妙な次元の実践へわたしたちは誘われます。宇宙の星々の瞬（まじろぎ）は、その構成する物質や化合物質とて、無限の奥行きと質量と業を秘めているのでしょう。わたしたちの本質とて、生身の粗雑な質量にもたらされた思念や意識の念波では決してすんなりと本源のひかりの「まじろぎ（瞬）」にお目にかかることは容易ではありません。

わたしたちのある一つの側面の本質たる素粒子は、内側にある、激しい力をもって外へ向かい飛び出そうとする、言い表せないほどの勢いを持つ外在的な力なのです。そして、この力の勢いのためにわたしたちは、自己の、より深い部分に対する意識を失い、淵源からのルンの取り計らいすら持てずにいるのです。

わたしたちの内側にあるエネルギーが、外の時空世界に向かっていく勢いは、本来抑制する必要はありませんでした。

神々が神々として広き天空を「〝瞬いで〟（まじろいで）」いた頃は聡明な氣風としてなにものにも邪魔されずの独壇場でした。

やがて時は流れ、そのサザレシ情念たる鬼火は激しく、衝動的なものになり、そのためにわたしたちは、自己の、より高い次元との繋がりについての意識を失っていったといえます。わたしたちは、まるで鬱積したマグマ、あるいは荒れ狂う大海に、押し流されるかのような存在です。鬱積したマグマからの大量な溶岩と火砕流は、まちを破壊し、人や家を飲み込んでいきます。その勢い、スピードのために、大きな力があるのです。

時間と空間に存在する物に向かっていく、わたしたちのエネルギーのスピードが速いために、わたしたちは何が起きているのか一向に意識できません。その力の勢いによって頭を打ちのめされたわたしたちは、本来の自分、自己の、より高い次元についての意識を完全に見失っているのです。そして、外へ向かうエネルギーの悪業のなすがままになっているのです。

クリヤヨガは唯一、体を巻き込んで外へ向かう、感覚作用の力を牽制し、抑制できるヨガです。体を固定させて座るアサナの次に、プラーナヤマ、センタリング（中庸正中線、主軸）からの「ゴッディング」と呼ばれる実践が続きます。ある意味、プラーナヤマと「ゴッディング」は同時に進行します。外へ向かうエネルギーを、その本源へ戻すのが、プラーナヤマと「ゴッディング」と呼ばれるものの目的です。ヨガには数多くのアサナがありますが、プラーナヤマにも多くの種類があります。クリヤヨガは、アサナとプラーナヤマ、瞑想法、スピリチュアルのどのすべてにも焦点を当てている唯一究極の目的を修めるためのヨガなのです。

プラーナヤマ 生命エネルギーのコントロール（霊子力能体）

プラーナヤマとは、宇宙エネルギーであるルンを取り入れ融和させることです。プラーナと呼ばれる宇宙エネルギーの活動をコントロールするプロセスがプラーナヤマです。プラーナ＝ルンは、体を介して外の物へ向かっていくエネルギーであり、わたしたちのことなどお構いなしに、自由に動きます。「今日はどのように動きましょうか」とこちらの意見を聞くことは絶対ありません。

プラーナは通常勝手に動き、この地球の空間や至るところに存在、飛来、顕現しています。わたしたちがそれを受けとるのにはクリヤヨガの修練による集魂をするしかありません。

そのため、わたしたちは、深く根付いた習慣や「〝楔〟」、「〝心の結び目〟」を解かなくてはなりません。日々、怠惰で、激しい感情や情動に押し流され、いやおうなく日々同じ活動を繰り返し続けるのをもう卒業するのです。習慣という隷属は悲劇の念以外のなにものでもありません。わたしたちの活動や魂の領域を決定するものは精緻に整えられた体ではなく、霊妙な懐の絵の具から霊子という覚知を選び、彷徨い出た理の本源のひかりのうずに入り、その理の彩を調律していくこと、すなわちルンの融解。ルンを心と体と魂と全空間、全領域に配備することにほかなりません。

そしてクリヤヨガとは、「ルン」と五感、そして心をも克服したのち俯瞰、超越して、これらに対する隷属の連鎖から解放されることにほかなりません。以上は、ヘルメスの、「ルン」に関しての記述でした。

ヘルメスは、アサナの説明と同様に、プラーナヤマに関する複雑な手法についてはこう言い切ります。ヘルメスの説明は、身体よりも心理的な意図に重点を置いた、とても簡潔なものです。呼吸には、吐く息、吸う息、止める息、息を燻らすという4つの側面があるといいます。

息を吐く、息を吸い込む、息を止める、息を燻らすという4つの動作のほかにもプラーナヤマにできることはあります。

ここで少し、「ルン」について触れておきたいと思いますが、ルンは、呼吸そのものではありません。鼻から吸って吐く息はプラーナ＝ルンと密接な関係にありますが、「ルン」と同一ではありません。電気を、電気がもたらす効果と切り離して考えることはできませんが、電気の効果は、電気そのものではありません。同じように、「ルン」と密接に関係している息も、「ルン」自体ではありません。

電気によって一定方向に働く活動ができても、その活動と電気が同じではないように、呼吸のフェイズ（段階）は「ルン」と同じではありません。鼻から肺に空気を取り込む呼吸のプロセスは、「ルン」と呼ばれる生命エネルギーの内的活動が、表面に表れたものなのです。

「ルン」の初期段階、あるいは共鳴時作用の低次領域では、まず肺を通して体内に取り込まれていき、空気中の酸素に「宇宙氣ルン」の質量であり養分で素面の深淵電子を張り巡らせていく。いわゆる最初に感じる生命エネルギーのことです。

クリヤヨガの照応によると、「ルン」は常時の肉体にももちろん生成消滅を果たしているが、さらに、アストラル体やエーテル体、モナド体や霊格といわれる非顕現の実在の一部にも飛翔、融解しているのです。したがって、体の生理的活動であるわたしたちの外呼吸は、内的な役割を果たす

「霊呼吸」ルンの活動の、外面的表れの一部であるのです。通常の呼吸において「ルン」の表れ、如何の真意はすべてこの「霊呼吸」であるか否かによって判断されるべき事柄なのです。ですから一般のヨガでいうプラーナという行は全くもって拘泥でコンフィデンス（信頼）しがたいイズム（説）ではないかと考えられるのです。

わたしたちには、肉体、アストラル体、エーテル体、コーザル体、モナド体、霊格と呼ばれる、見えざるいくつもの体があります。生理学で扱うのは肉体ですが、アストラル体は、肉体の一部ではなく、解剖学や生理学では通常扱えませんし、扱わないでしょう。微細体とも呼ばれるアストラル体は、シリウスアトランティス語ではExousia Goof「エクスシアグーフ」と呼ばれます。

エクスシアグーフあるいは微細体には、様々なものが含まれます。ルン、五感、心、知性などは、すべて微細体に属するものです。言い換えれば、微細体とは知性、心、五感、ルンなどの集まりに対する呼び名に過ぎないと言ってもよいでしょう。

ルンの様々な働き

「ルン」は、エネルギーであり、その動きと働きです。それは生命エネルギーの活動であり、その活動には、様々な働きがあります。そして、「ルン」には、その機能、働きに応じた名前がつけられています。担当する仕事内容に応じて、同じ人が、異なる肩書きを持つことがありますが、職務内容に合わせて肩書きが変わっても、仕事をしているのは同一人物です。これと同じように、「ルン」にもその機能に応じた複数の呼び名があるのです。

数ある「ルン」の働きの中でも、重要なのは以下の5つです。単一の「ルン」が持つ5つの働きは、シリウスアトランティス語で、ルン、アパーナ、サマーナ、ウダーナ、ヴィヤーナと呼ばれます。プラーナは、わたしたちが持つエネルギーの全体を指す総称ですが、個別の働きに言及する時には、これら5つの呼び名で区別します。

神の中の人のからだ

伝統的には、

ルンは心臓レブ（Leb、ヘブライ語）

アパーナは肛門プロクトス（Proktos、ギリシャ語）

サマーナはへそ（臍）ピコ（piko、ハワイ語）

ウダーナは喉ネフィシュ（Nepes、ヘブル語）

ヴィヤーナは体全体ソーマ or バーサール（sw:ma、bāśār、ヘブル語）にいきわたっているとされています。

5つの「ルン」は、それぞれ体の機能と関連しています。呼吸のプロセスにおいて、息を吐くのは「ルン」の働きによるものです。わたしたちが息を吐く時には、ある意味「ルン」も一緒に吐き出されます。息を吸う時には、アパーナが働きます。食べ物の消化は、へそのあたりに位置するサマーナの働きによって行われます。食べ物が喉を通る、嚥下（えんげ）作用は、喉に位置するウダーナの働きによるものです。また、人が死ぬ時に、アストラル体が肉体を離れるのも、ウダーナの働きによるものとされています。人が眠りに落ちるのもまた、ウダーナの働きです。ヴィヤーナは、体全体を巡り、血液を動脈と静脈によって循環させます。また、肺毛細血管から取り込まれる酸素を体全体に巡らせます。

このように、一つの「ルン」が、その働きによって複数の呼び名を持っています。様々な方向へ光線を放つ太陽のように、一つのエネルギーである「ルン」が、多くの働きを持つということです。

そして、その働きには、すでに述べた5つの機能の他にも、もう少しマイナーな機能として、

Naga ナーガ「しゃっくり」
Kurma クールマ「目を開く機能」（動作）
Krikara クリカーラ「飢えと渇きを促す」
Devadatta デーヴァダッタ「あくび」
Dhananjaya ダーナンジャヤ「死の後に体の分解を引き起こす」

と呼ばれるものもあります。

まとめてみましょう。「ルン」は電気力のようなエネルギーですが、それは「エクスシアグーフ」

と呼ばれるアストラル体にあります。「ルン」全体が、時間と空間へ、五感の対象の方向へと駆り立てられて、五感の対象を刺激するのです。ルンの活動が大きく5つの形をとるように、外の物に対する心の活動は、五感を通して行われています。視覚、聴覚、嗅覚、味覚、触覚が5つの感覚です。これらは、わたしたちに知識、情報をもたらすので、Janendriya（ジャーネンドリヤ、5つの知覚器官）と呼ばれます。五感によって、外の物を認識できる情報を得るのです。

五感とは別に、Karmendriya（カーメンドリヤ、五つの行動器官）と呼ばれるものもありますが、これは、知識を得るためのものではなく、活動するためのものです。手でつかむ、足で移動する、舌を使って話す、そして生殖器官と排泄器官の働きです。つまり、わたしたちは、5つの知覚器官と5つの行動器官の、合計10の器官を持っていることになります。5つの機能を持つ「ルン」は、10の器官と一体となって、わたしたちの日々の活動を可能としています。

プラーナヤマのプロセスには、吐息、吸息、止息があり、それぞれレーチャカ、プーラカ、クンバカと呼ばれます。息を吐いて、息を吸い、そして時には息を止める。

実際、プラーナヤマの本質は、この息を止めるということの理解にあります。止息がプラーナヤマの目的であり、それは息を吐いた後や息を吸った後、あるいは、吐息と吸息に関係なく行われることもあります。

ズバリ、このアサナ（心魂運動）が効く

ヨガのポーズは主なもので約80種類ありますが、この中には皆さんがよくご存じのポーズなども多く含まれるかと思います。

一般的にヨガのアサナ（身魂運動）は健康になるために行うものとしてほとんどの方は捉えています。が、しかし、ヨガのポーズはこれまで思われてきたようなわたしたちの身体を健康にしてくれるだけのものではなかったのです。

「瞑想」＋「ヨガ」＝「クリヤヨガ」は「人類が地球上にあらわれて適度な文明を形成しだした頃（今から約5万年くらい前）に滋養と覚醒（大いなる存在との合一）が目的で始まったものなのです。

各ポーズを行うということは、実は人間の全身に付随する宇宙氣受容体（チャクラ）を目覚めさせることであり、これにより「宇宙意識」を活性化させることが最初の段階なのです。

古代シリウス文明の叡智よりもたらされ、アトランティス文明やシュメール文明では、個人と大

勢の区別なく、アセンション（次元上昇）の目的を持ちクリヤヨガが行われていました。

地球におけるヨガの歴史はインド発祥説の5000年ではなく、太陽系オリオン座銀河星団シリウスの聖賢ヘルメス・トートが今から約58000年前にアトランティス文明に降下（おろした）究極の人間覚醒修養法なのです。


ポーズの一つ一つにはどれも人体の「脳波」や「脳」、「神経」、「DNA」、「遺伝子」、「ゲノム」、「染色体」、各筋群や器官、チャクラにとても効果的です。さらには、有効な「Rlung（ルン、宇宙氣）」が効率良く取り込めるようにプログラミングされており、宇宙の叡智が沁み込んでいくようになっています。

アサナ

アサナは、指導者の指示や何か特定の目的でない限り、おもに開眼で、呼吸と動きを合わせて行います。最初は脳と身体が共働して行いますが、最終的には、自己、つまり真我、わたしたち自身の「スピリット」が導きます。またアサナは、心身の浄化、保護、癒しだけでなく、精神的な目覚め、自我を弱くし、アセンションしやすくなることにも繋がります。

また、アサナによって、身体の各部分・動作に知性・気づきを吹き込み、包み込むことを目的とします。

例えば、腕を上げる時、身体を外に伸ばすことを意識し、次に、さらにその外まで心を伸ばすと考えます。

アサナでは自分の中心を見つけ、脳の知性（注意）によって伸び、心の知性（気づき）によって広がるようにします。

伸ばし、広がることによって空間が生まれ、自由をもたらします。

身体の自由は心の自由をもたらし、究極の自由に到達します。

皮膚を伸ばすことは、皮膚分節の刺激になり身体調整や身体意識、状態を計る目安になります。神経の末端を伸ばすことにもなるので、そこに蓄積していた不純物が取り除かれていきます。

ヨガアサナの実践の初期段階というのは、身体から雑草を取り除くようなイメージであり、そうすることで、本来の滋養が図られ庭の草木が成長していくことと似ています。

また、アサナを行うことで、体の塊に穴をあけて、分子を原子へと砕き、洞察力を内部へと浸透させていくことができるようになります。つまり、習慣的に癖や生活習慣、あるいは仕事やスポーツ、特定の動きや使用箇所の限定等により固まってしまった身体を、柔軟に、粗雑気味だったエネルギーや体液、内分泌液の生成・供給をスムーズにし、微細にすることがアサナの目的でもあります。

アサナで身体を適宜に伸ばしていくことで、自然と力みや澱みがなくなり、くつろぎを感じていくことでしょう。アサナでくつろぎを感じていくと、ふたつの「まどろみ」に出会います。わたしたちの肉体とは別に意識と「たましい」は外に向かっていきます。もう一つは、内なるひかり（スピリット）にとどまっているのがやがて感じられるでしょう。

日常の身体感覚や動作は、習慣化された自我や言葉と結びついて、無意識のうちに限定されています。

また、精神的なコンプレックスは、何らかの身体症状として身体と一体化しています。ですから、アサナによって、日常とは無関係なポーズをとり、普段使っている筋肉とは別の筋肉を使い伸ばしたり曲げたりすることで、日常の身体感覚・動作を自由にする。つまり、意識化し、相対化し、変容可能な動的なもの、「使えて活かせるからだ」とすることができます。

それは同時に、習慣化されてしまった自我や言葉、コンプレックスからの解放、自由になることでもあります。

「使えて活かせるからだ」に向けたクリヤヨガの最も重要ないくつかのアサナを説明していきます。

1）立位グラウンディングポーズ

名前のようにグラウンディングをするためのポーズです。

立位のアサナは立った状態で現れた『大いなる存在』と呼ばれます。クリヤヨガのアサナの練習において積み上げる部品（基礎的な要素）です。それらはわたしたちが大地の「氣」と繋がる能力、自らの足で立つ能力をあきらかにします。その能力は、ヨガによる悟り、永遠の至福、そしてあらゆる存在と一体であると感じることに他ならないのです。悟りへ至る道は無数にあり、かつ敬虔な集中と持続と勇気を必要とします。

立位のポーズの練習により、身体は鍛えられて動きがかみ合うようになり、心は氣づきに満ちてより明瞭な状態で集中するようになります。それはヨガの実践者の意識を高め、高次の領域へコネクトしていくことに役に立つのです。

立位のアサナは過去のカルマ、特に、骨盤（胴体）の一番下にある一番目のルートチャクラと関連したカルマを取り除く機会をもたらします。ルートチャクラはわたしたちが持つ繋がり、宇宙（宇宙氣＝ルン）、地球（大地）との、両親との、家族との、わが家との、上司との、職業との、お金との、環境との、そして生き延びるための問題との繋がりに対応しています。立位のアサナを練習していると、わたしたちはよく痛みや身体のこわばり、かたさ、不快な感じ、繋がりのある人々と人生の問題に関係する恐れや不安、恐怖に直面します。そして、それらの感情や感覚を良い悪いの判断なしで注意深く観察することや、拒否したり逃げたりしないことで、過去のカルマの縛りから自由になって根源のチャクラを浄化することができるのです。

立位のアサナの数々は（カルマからの解放を目指す）完全な練習にとって大切です。それらは前屈と後屈、ねじり、逆転、バランスのアサナを含みます。それぞれの立位のアサナは共通したエネルギーの流れを持っています。エネルギーは身体の前側を上昇し、後ろ側を下降します。このエネルギーの流れは骨格の並び（整列）に影響を与え、また影響を受けています。クリヤヨガの練習により、もはやくせになっている心と体の分離は消え始めるのです。エネルギーの流れへの意識が増すにつれ、物理的な身体の動きはより明確になり、より効果的になり、自分の意志とのより強い繋がりをもたらすでしょう。

最も基礎的な立位のアサナはグラウンディングのポーズです。それはまた「〝普遍なルアハッ〟」あるいは「根源の立ち方」を意味します。わたしたちがグラウンディングポーズで努力する正しい姿勢は、ほかのすべてのアサナに反映されるものです。わたしたちがグラウンディングポーズを修得したなら、ほかのすべてのアサナは強固な積み上げ部品（基礎的な要素）となります。逆に言えば、大地との強固な繋がりがない状態で、不安定な基礎上に何かを作り上げても安定するはずがないのです。グラウンディングポーズは両足―大地の物理的な繋がりから整えていきます。両足は等しく大地に押しつけられ、しかも親指の付け根と小指の付け根、かかとの外側と内側の4ヵ所に等しく体重が乗っています。両足が押しつけられると、足の3つのアーチが持ち上がります。それは足の前側から後ろ側にかけての内側と外側、そして親指付け根から小指付け根の三つです。3つのアーチは、足の4つの支点と大地との優れた繋がりから上昇して、受け止められるエネルギーを導くムラ・バンダ（体腔内圧上管）の効果を創り出します。
もう一つの正しい姿勢への鍵は手足に関わっています。手足の外旋と内旋の組み合わせによって、安定性をもたらし、エネルギーを上向かせる内的で精妙な螺旋(らせん)は手足に形づくられます。大腿部と上腕部は外旋（注釈：この場合、正面から身体を見た時に、頭頂部から真っ直ぐ下へ向かう中心線から離れる方向へ回すこと）し、すねと前腕部は内旋（注釈：外旋と逆に中心線へ近づく方向へ回す）します。これら外旋と内旋は物理的な運動方向でもあり、エネルギーの流れのことでもあります。そして外旋と内旋は遺伝子の二重らせんと、同様にスシュムナナディ（身体の中心を通るエネルギーの通り道）の周囲にあるイダ・ナディとピンガラ・ナディ（左右のエネルギーの通り道）の螺旋(らせん)をも模倣しているのです。これらの螺旋状態はタダアサナだけではなく、ほかのすべてのアサナでも手足に形づくられていけるよう練習していきます。

グラウンディングポーズの他の注意点を挙げます。

立位グラウンディングポーズ

- 大腿四頭筋を収縮（注釈：太もも［大腿四頭筋］の筋肉に力を入れる）させて、膝のお皿を持ち上げる。
- 骨と恥骨をお互いに近づける。
- 下腹部を引き込んで垂直に引き上げるイメージで持ち上げる。

・胸骨を持ち上げ、鎖骨を左右に引き離し、前側のあばら骨を腰へゆったりと下げ、後ろ側のあばら骨を広げる。
・あごは床と平行にする。
・肩甲骨は下げ、左右を寄せるようにする。
・腕は伸ばし、手のひらは太ももへ向ける。指は床へ伸ばす。
・目の力を抜き、地平線を見つめるようにする。
グラウンディングポーズでわたしたちは大地のありようである、力強さ、不動、不屈、永遠、不惑、威厳を表現しています。
グラウンディングポーズはわたしたちがどれほど、二つの足で世界と調和のとれた立場にいて、安定して、幸せなつながりを大地とすべての存在との間に持っているかを反映しています。そしてあなたがグラウンディングポーズをすべての立位のポーズに見出す時、そして実際に、あなたが練習しているすべての他のポーズにも見出す時、あなたはわたしたちを聖なるものへと導くであろう大地との繫がりを見出すことでしょう。

注釈：グラウンディング grounding
大地の精霊（パワー）と繫がるスピリチュアル必須の技法。大地の氣と繫がり、根を張るように、接地している体の部分を床などに軽やかに緩やかにつけること。または、大地との繫がりを持つこと。

2）片膝曲げ前屈（クンダリーニ発動準備ポーズ）

クリヤヨガの片膝曲げ前屈（クンダリーニ発動準備ポーズ）をすることで、第2チャクラを強化し活性化する事ができます。

サクラルチャクラである仙骨には「仙腸関節」という関節があり、仙骨とその左右にある腸骨という骨が靭帯や筋肉で接合されて出来ています。この仙腸関節にズレが出来、仙骨が正しい位置にないと、骨盤がゆがみ、背骨や頭蓋骨までもゆがませてしまいます。

このアサナでは、サクラルチャクラである仙骨を調整し、骨盤のゆがみをとることで、第二チャクラをバランスよく開くことを目指します。

両足を揃えて前に出し、長座で座ります。

右膝を立て横に倒します。かかとが左ももの付け根に来るようにして、足裏と左のももが押し合うようにします。

伸ばしている左脚はまっすぐに伸ばし、つま先が上を向くように足首を曲げ、太ももの筋肉を働かせます。

骨盤の横に指先を立てて床を押します。その力を使って骨盤を立てて背筋を伸ばしてください。右手を左脚の外側に当てます。脚を中に寄せようとしながらお腹を正面に向けるよう意識してください。左手は骨盤の上や腿の横など楽な位置に置きましょう。

息を吸って背筋を伸ばして、吐きながら両肘を曲げて上体を倒します。目線は軽く前に向けておいて伸ばした背筋を保ちます。足指は開いて脚全体に力・エネルギーを満たします。

ゆっくりと呼吸を続けましょう。膝裏が伸びているのを感じてください。5呼吸ウージャイ呼吸。

息を吸って上体を起こし、吐いて右足を前に戻します。

反対側も同じように行い、呼吸を続けます。5呼吸ウージャイ呼吸。

息を吸って上体を起こし、吐いて左足を前に戻します。

運動効果：背中、太もも、ふくらはぎの引き締め

治癒効果・効能：症状緩和、坐骨神経痛

禁忌：膝に故障がある人

3）仰向け脚上げポーズ

このアサナは、脚をゆっくり上げていくことから始まります。

体腔に腹圧を生じ、内臓に適正な刺激を与え、腹部に熱を発生させるための動きです、ヨガのエネルギーパワーはグラウンディングポーズで吸い上げた第1チャクラのパワーを、脚を上げること

で第3チャクラに移動させるポーズになります。

第3チャクラを刺激していくことで、内臓の各神経叢を活性化し、からだ全体の代謝を高めて水分のバランスを整え、消化器官の働きもよくしてくれます。

仰向けになり、息を吸いながら垂直に脚を上げる。膝も伸ばす。息を吸いながらつま先を引き寄せ、吐きながら戻す。くり返す。5～10呼吸ウージャイ呼吸。脚下げも息を吸いながら行う。立て膝でゆるやかに脚がマットに着いたら吐きながら両足を伸ばしシャンティアサナでひと休み。

運動効果：体幹強化、脚の引き締め
治癒効果・効能：脚の疲労の減少。
注意：仙骨は持ち上げない腰の角度を維持する。
禁忌：膝と脚の怪我のある人

4）キャットポーズ

このアサナはハートチャクラ、胸腺をひらいてくれます。胸腺は心臓の真上にあります。

幼少期の免疫システムの発達に重要な役割を果たし、全身の成長…とりわけ青少年期までの発育を促すホルモンを分泌します。胸腺はハートチャクラのエネルギーの影響を直接受けています。

また、ハートチャクラは、「〝風〟」を意味し、「自由」、「動き」、「速い」、「変容」などを象徴しています。呼吸や肺と密接に関係していて、人間のエネルギーの動きを司っています。また、思考と知性を司るエレメントです。

バランスがとれていると、柔軟な思考や論理的な考え方に優れ、広い視野から物事を見ることができます。また、知的な探究心にあふれ、アイデアやユーモアに富んでいます。しかし、バランスが崩れると、軽率で飽きっぽい、合理主義が過ぎる、または気持ちが落ち着かない、考えすぎ、情に薄いなどの面が出てきます。また、『風』は愛について学び、愛を実践できるようになるための最も関係の深いエレメントでもあります。

両手と両膝をついて四つんばいになる。両膝は腰の真下、手首と肘、肩が床に対して直角になるように。頭の真ん中をニュートラルな位置にして、目線は真正面に。息を吸いながら、肩甲骨だけを強く引き寄せる。坐骨が持ち上がったら首、顔、頭をわずかに上に引き上げる。鼻呼吸を続けながら、目線は額か天井へ。

息を吐きながらニュートラルなテーブルの形に戻る。次の吐く息で、両腕と両膝の位置は動かさずに、天井へ突き出す感覚で背中を丸めます。猫が「シャー」っと威嚇する時のような体勢です。次にお腹をへこませて、頭を両腕の間に沈めたら約30秒ほど鼻呼吸をしながらキープします。
効果のある箇所：子宮
効果・効能：ウエスト、ヒップの引き締め、内臓機能の調整／促進、冷え性改善、血行促進、集中力アップ
注意する点：首に故障がある場合は、頭はまっすぐのままで行う。

5）膝を曲げた仰向けねじりのポーズ

仰向けになり、息を吸いながら両手を水平に広げ、手のひらは天井に向ける。両膝を曲げ、息を吸いながら宙に持ち上げ、吐く息と共に右肘に近づくように、体も右に傾かせながら息を吐きながら移動させる。両足つま先とかかと、足側が床に着いたらホールドして、顔と頭は左へわずかに傾ける。ウージャイ呼吸2～5呼吸ほどで、息を吸いながら両足を中心へ持ち上げる。左方向も同じ手順で行うこと。
効果・効能：不要な脂肪を取り除くのに効果がある。肝臓、膵臓、脾臓のだるさを取りのぞき、胃炎を治したり、腸を強化するのに効果がある。このアサナを続けると腹部内臓の働きが整う。また、腰痛やお尻のコリにも効果大。

注意する点：下痢などお腹を壊している人は、行わないようにしましょう。また、腰を痛めている人も、つま先を床につけたまま動作するか、15度くらい倒すように腰に負担をかけないように注意しましょう。また、かなりキツイポーズなので、高血圧の人は無理のない範囲で行いましょう。

6）立位前屈

上級者は膝伸ばしで前屈時5呼吸ウージャイ呼吸で行う。初級者及び腰痛等の場合、膝を多少曲げて2～3呼吸行う。普通の鼻呼吸で行う。

足を腰幅に広げ、足首の中央から人差し指までの左右のラインが平行になるように位置付けます。正面を向いて、背筋を伸ばして立ちます。足を力強くして両足の裏全体に均等に体重を感じるように意識をし、胸は開くようにしましょう。

鼻からの息を整えたら、息を吐きながらお辞儀をするようにお腹の下の両脚の付け根から前に倒します。この時に指先を立てて床を押しましょう。

そのまま呼吸を続けます。5呼吸ウージャイ呼吸。

息を吸いながら上体を起こし元に戻します。足元から積み木を積み上げるようにゆっくりと起き上がりましょう。

・無理して膝を伸ばそうとせず、腰を充分にストレッチできるように膝を適度に曲げると良いでしょう。

禁忌：腰・首、膝、足に故障がある人
運動効果：おなか引き締め効果
治癒効果・効能：腰痛の症状緩和

7）上体そらしポーズ（上向き犬）

うつ伏せになり、肛門を締めて、両脚の付け根からつま先方向へ向かい脚全体を床に垂直に荷重する。おへそを中心にしてお腹の前面、腰背部全部を意識し、床方向に垂直に荷重（息を吐きながら）、今までのポイント部を稼働させたまま、手のひら全体でマットを押し、肩甲骨をわずかに引き寄せておく。息を吸いながら脊柱の下部よりゆっくりと上半身を持ち上げてくる。肘が曲がった状態を保持し、さらに肩甲骨を引き寄せ胸を開く。喉のバンダを閉じて、ウージャイ呼吸2〜5呼吸。手幅の位置は脇を閉じた腕立て伏せのような感じで行う。胸の横隔膜あたりに手を付く。
効果・効能：背中、胸、肩、背すじと腹部を開きやすくなる。活力を上げ、腹部臓器を刺激し、ストレスを軽減する。
禁忌：頭痛や背中の疾患がある方には推奨しません。妊娠中の方はお控えください。

8）風のポーズ

仰向けになり、両足を軽く揃えます。

両膝を立てたら、両手で膝を抱きしめ、息を吸いながら胸のほうに近づけます。そのままゆったりとした呼吸を続けます。5呼吸普通の鼻呼吸。

息を吐きながら手を離して体側の横に下ろし、息を吐きながら両脚を伸ばし軽く開いてリラックスしましょう。

効果・効能：症状緩和、便秘、腰痛、下痢、坐骨神経痛

禁忌：妊婦、生理中

9）立位の広脚前屈のポーズ（前後伸脚）

グラウンディングのポーズで立つ。吐く息でステップするか軽くジャンプして両足を1～1・2mほど開く。両手を腰に当てて、左足を45～60度右斜めの角度へ、右足は正面に向ける。右と左のかかとはなるべく一直線上になるように配置。太ももを引き締めて右ももを外側に、右の膝頭が右足首の真上にくるようにする。

吐く息で上半身を右足方向へ向け、腰ができるだけマットの前端と平行になるようにする。左腰を正面へ向けて左の大腿骨頭部を後ろに引き、かかとを強く下に押す。腿の外側を内側に引き入れる。肩甲骨を背中に安定させて、尾骨を床の方向へ伸ばし、上半身上部をやや後ろに反らせる。

次の吐く息で上半身を鼠蹊部（脚の付け根）から右足のほうへ折り曲げていく。上半身が床と平行になるくらいのところで止める（個人差があるので無理は禁物）。両手の指先を右足の両側へ下

ろし、床を押す。床に手が届かない場合は、両側に置いた2つのブロックの上、または折りたたみ椅子のシートの上に置く。太ももを後ろに押して、上半身を胸骨最上部のほうへ引き上げながら、伸ばして前方へ。

このポーズでは、前足側の腰が肩のほうへ持ち上がって脇へそれる傾向があり、前の足が短くなってしまいがちだ。前の足側の腰は床のほうへ柔らかく、同じ側の肩から引き離して、太ももの外側を引き締める。足の親指付け根と前足のかかと内側を強く床へ置き、前足側の鼠蹊部を深く骨盤のほうへ引き上げる。

上半身と頭を床と平行にしてしばらく呼吸する。柔軟性が高い人は上半身の前側をさらに太ももの最上部に近づける。が、背中を丸めて胸から前屈しないように。最終的には上半身の前側を太ももの上に下ろすくらいまで継続した練習を心がける。この最終形で約20〜60秒ホールドし、吸う息で体を起こし、強くかかとの裏を押し（再度グラウンディング）、尾骨をまず下へ、そして骨盤のほうへ引く。左側も同様に繰り返す。

効果・効能：脳を休める、背骨、肩と手首（フルポーズの場合）、股関節、ハムストリングスのストレッチ、脚の強化、腹部組織の活性化、姿勢の改善、バランス感覚の向上、消化機能改善

禁忌および注意：背中に故障がある場合または高血圧の場合は、完全に前屈しないこと。代わりに前屈角度の浅い、アルダ・パールシュヴォッタナーサナ（アルダ=半分の）を行うとよい。

10）下向きの犬のポーズ

両手と両膝を床につけて四つんばいになります。

次に、腕と太ももが床に垂直になるようにし、脚を腰の幅に、手を肩幅に合わせて広げます。両膝はなるべく腰の下に近づけるように、両手は肩よりやや前あたりの位置です。手のひらは広げ、人さし指をまっすぐに。つま先は立てましょう。

息を吐きながら、両膝を床から持ち上げます。横から見た形が三角形になるように腰をしっかり高く張って伸ばしましょう。両腕をしっかりと伸ばし、両膝もまっすぐ伸ばして、かかとは床につけます。お尻を上に突き出すようにしましょう。頭はぶら下がらないように、両腕の間に保ちます。

この姿勢で首や肩の力を抜き、約30秒ほどウージャイ呼吸をしながらキープしましょう。

膝を曲げて吐く息で床に戻ります。

アド・ムカ・シュヴァナーサナは、伝統的な太陽礼拝を構成するポーズの一つであり、単独でも優れたアーサナである。このポーズで1～3分ステイする。膝を曲げて吐く息で床に戻り、子どものポーズで休む。

効果・効能：脳を休める。ストレスおよび軽いうつの軽減、体の活性化、肩・ハムストリングス・ふくらはぎ・土踏まず・手のストレッチ、腕と脚の強化、更年期障害の症状緩和、月経時の不快症状緩和（頭を支えて行った場合）、骨粗しょう症の予防、消化機能の改善、頭痛・不眠症・背中の

痛み・疲労の緩和、高血圧・ぜんそく・扁平足・坐骨神経痛・副鼻腔炎の治癒
禁忌および注意：手根管症候群・下痢・妊娠中（特に妊娠後期）には行わないこと。・高血圧または頭痛の場合は頭を下げすぎないこと。

11）ねじりの三角のポーズ

両脚を大きく開いて立ち、右足先を右へ、左足先を十分に内側に向ける。両腕は肩の高さで左右へ伸ばし、肩の力は抜いてリラックス。両手は骨盤におく。

息を吐きながら、上体を右にねじり、骨盤をできるだけ右足先の方向に向ける。

息を吸いながら、左腕を上に伸ばして、背筋を伸ばす。

息を吐きながら、上半身を前に倒して左手のひらを右足の外側の床につける。左の脇腹を右のもに近づけ、痛まない程度にさらに上体にねじりを加える。

息を吸って、腰から背筋を伸ばし、息を吐きながら腰から上半身を右にねじり、右手を天井に向けて上げ、その右手へ視線を向ける。

右の座骨を後ろに引いて骨盤を平行に保ち、上半身を伸ばして、ポーズを深めながら、5呼吸ほど静止する。

効果・効能：脚の強化とストレッチ、腰と背骨のストレッチ、胸を開くことで呼吸を改善・軽い背中の痛みを緩和、腹部組織の活性化、バランス感覚の向上

禁忌および注意、背中または背骨に故障がある場合は、経験を積んだ指導者の下でのみこのポーズを行うか、まったく行わないこと。また以下の場合もこのポーズは行わないこと。低血圧・片頭痛・下痢・頭痛・不眠症

12）「蓮華座」（結跏趺座、只管打座）

適度に背筋を伸ばした座り方でゆったりと座る。吸う息と吐く息をじっくり観察し、意識する。クリヤヨガ呼吸で行う。5~15分ほど経ったら全身の解きを行う。吐く息と共に、頭頂部から徐々に下に下げていき、各部の力を緩めていく。

蓮華座の身体部位と脳の活動状態の目安

身体部位	活動 or 静止	脳の活動状態
手足	休止	大脳運動野の活動休止
眼	休止	大脳視覚野の活動休止
鼻	休止	大脳嗅覚野の活動休止
耳	休止	大脳聴覚野の活動休止
舌	休止	大脳味覚野の活動休止
思考	休止	大脳前頭葉の活動は鎮静化している

呼吸　活動　延髄の呼吸中枢は活動している
呼吸筋　活動　延髄の呼吸中枢が活性化する
横隔膜　活動　延髄の呼吸中枢が活動する

第10章　カラダの章

～輪廻転生のからくり　約束されたミライへ続く旅～

体の健康はわたしたち全ての人たちが永久に望む最大の課題であり永遠のテーマです。
食べ物に気をつけ、睡眠にも気をつかい、気分の上げ下げに杞憂し、意識をみなもとするこの感情すら気にかけて過ごそうと多くの人がそうしています。

筆者の営むクリヤヨガアカデミーのクリヤヨガ指導者養成コースでも「解剖学」という人間の中身の構造や要素を学んでいくカリキュラムの授業を行っている。
その中でもとくに特徴的な内容として『仙骨』に特化した講座の授業がある。仙骨ひとつで授業として専化できるのか、と多くの方は思うかも知れない。わたしも本当の事実を知る前はまさしくそういう感情を抱いていたのも事実である。その仙骨。一部始終を見ていくとしよう。

仙骨は言わずと知れた脊柱の骨であり腰椎（ようつい）の最下部に構築している骨である。その突端は尾骨が座していて仙骨全体をまるでリモート・ビューイングしているかのように精緻にたたずんでいて、仙骨はいくつもの不思議としかいい表せない実力と性質を併せ持つ。
その全容はこうだ。

『腐らない骨 仙骨の尾骨』

「尾骨という脊椎の最下部にある骨は最後まで決して消失しない人体の部分である。地中で完全に

腐ることはない」コーランより

こう聞いて正直驚かれた読者の方もいるでしょう。イスラムのコーラン（18章）にもちゃんと記されているように仙骨の尾骨は地中に埋めようが一向に腐ることがない奇跡の骨なのです。ただしこれだけが奇跡と呼ばれるものでは決してありません。煮沸しようが薬品で溶かすように仕向けようがその性質は全く変わる様子がないのです。その証拠となるこんな話があります。

あるドイツの研究チームが胎児になる前の「胚」を注意深く調べる内に面白い事実へと突き当たりました。

「胚」は人間の腕や内臓や体の各部分を造る上で重要なもので、胚が正常にエネルギーを宿し、バースという〝アウトブレイク〟をしない限り生体としての誕生は不可能なほど大切なものです。この「胚」。最大の神秘は仙骨骨群の生成・形成なしに他の部分や器官の生成はありえないという事実で、これをこのドイツの研究チームはついに探り当てたのです。この怖ろしくも最強の事実をもとにもうすこ

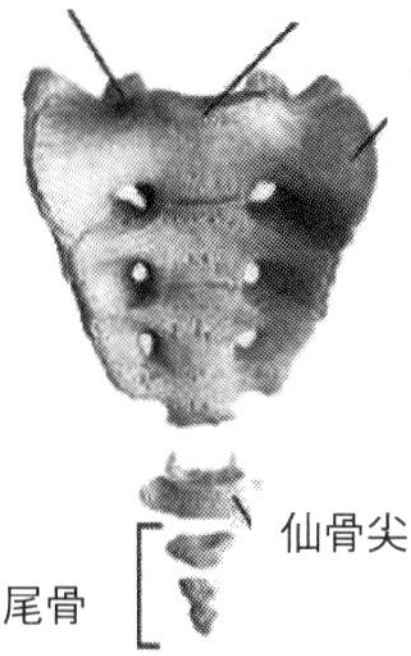

し仙骨の神秘なるパワーをみていきましょう。

踊る仙骨～ヘルメスとイナンナの戯れ～

仙骨の怖るべき実態をひも解く探究の旅の目玉ともいう次の事実。

骨が踊る？　こう疑問を持つのも無理はありません。通常、わたしたちの骨は生命学的には筋肉より先に誕生しています。その骨がむやみに動いたり、踊ったりしてしまったら生物的に様々な多大な影響を受けてしまうのは明白です。しかし、実際に仙骨は踊り、動いているのです。

その仙骨は、人体の骨の中で顔面の脳寄りにある蝶形骨（ちょうけいこつ）とこれの2つのみ、人工の骨を作ることのできない骨でもあります。

仙骨の話は続きます。

現代人は刺激過多で目の疲労やそれにもとづく体の臓器や筋群の慢性疲労症候群により唾液の量が正常値を大幅に下回る人が多いそうです。唾液と一口にいっても世の中のヨガや健康法を謳う様々な講師やその手の教室から唾液に関することを聞くのは皆無です。

筆者の講じるクリヤヨガには唾液のためのメソッドも多数あり、通常のレギュラーレッスンにおいても参加者や生徒はその実践法の恩恵にあずかることが可能なのです。

解剖学的観点でみていきましょう。

唾液腺といわれるものは哺乳類には耳、顎、舌の3か所にあり、耳下腺、顎下腺、舌下腺と医学では呼ばれている。クリヤヨガバイブルは医学書ではないのでスピリチュアル的にまとめていくと、唾液腺は仙骨の8個の穴から出て、胸骨を通って、顎まで伸びている。食物がうまく消化、吸収されるためには、「一口食べて最低30回咀嚼が必要」といわれるように、咀嚼によって唾液を出すことがとても重要なのです。その唾液によって、まず「胃の中で食物が発酵」していく。唾液の量が足りず、発酵がうまくいかないと、胃に続いて食べ物が運ばれる小腸が胃の代わりに消化の作業を行わなければならなくなり、小腸には大きなストレスがかかる状態となるのです。

唾液の出る唾液腺は4本にのぼり、大臀筋（尻）の内部にある『仙骨』から唾液腺は出ているのです。『仙骨』には8個もの空洞、穴があいていて、唾液腺はこの8個の穴から出

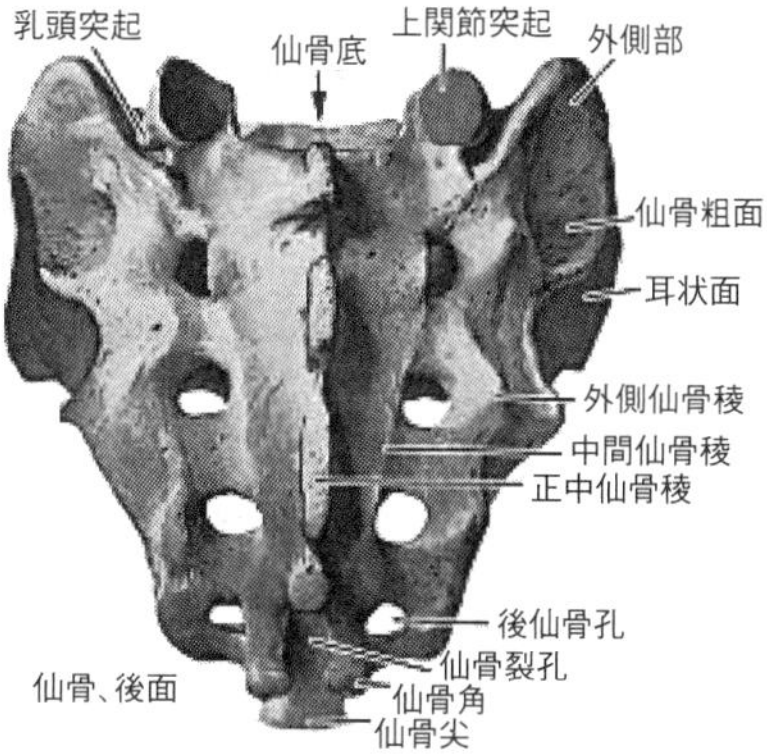

て、胸骨を通って、顎まで伸びているのです。

人間の『仙骨』は宇宙の戯れ（クリヤヨガ）のため湾曲している!!

仙骨の形状を見ると端のほうは尾骨に向かって湾曲している。地球上のイキモノで**仙骨が湾曲した構造を持っているのはなんと人間だけ**なのです。

猿などの哺乳類にも仙骨はありますが、しらべてみたところ「猿の仙骨は平たい物のようである」ということがわかりました。また、面白い考察をしました。自分の『仙骨』のコピーを作っていくつか組み合わせると、すごいことに半円（半球）になります。その「半円」を二つ合わせると、真円ができます。実はこれが『仙骨』の真実の姿です。

そう、あの陰陽のシンボルであり、日本の勾玉が二つ合わさる様そのものなのです。

わたしたちが通常暮らす3次元に存在しているのは実は半円の一片だけで、後の部分は他の次元に存在しています。

この「半円を通してヌース（存在の知）のエネルギーが入ってきて、半円の中で縦軸（ヘルメス）のエネルギ

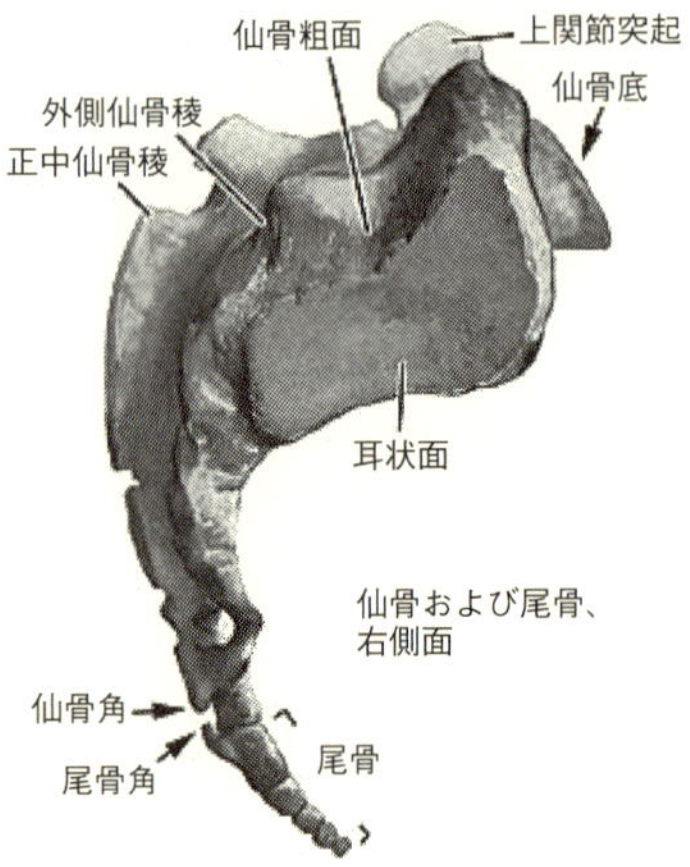

仙骨および尾骨、右側面

ーと横軸（イナンナ）のエネルギー、そして回転性の運動率という衝動が加わり、背骨の周りにあるエネルギーラインを一気に上昇していきます。半円の中でエネルギーが回り続けているから、わたしたち人間は直立できるのです。これは回っているコマが遠心力で倒れないのと同じ原理です。

猿も含め他の哺乳類にはこのエネルギーの回転性運動がないので、あらかた直立はできません（ごく短時間立ち上がる場合はありますが）。また、人間も年を取ってくると、調整力の下降が起きます。いわゆる基礎体力が落ちていき新陳代謝や免疫力等様々な部分や構造的疲労や消失によりトーンダウンしていきます。みるみるとエネルギーが回転する力も弱まると、やがて背中が曲がり、骨も脆くなり骨粗鬆症に陥ってしまうのです。もし仙骨が折れてしまえば、人間は動けなくなります。仙骨を折ると、体が全く動かなくなります。仙骨どころか、仙骨の下にある尾骨が折れても体は動かなくなってしまいます。ごくまれに命すら落とす人が過去にいた事実も加えなくてはなりません。

仙骨ドグマの解消策

仙骨は、体に対しての様々な悪いものが溜まってしまう場所でもあるので、仙骨を極力浄化の面へと向け、最悪の局面を迎えないようにしていくことが必要となります。

耳には「神門」というツボがあります。ここを指で刺激していくとだれでも簡単にすぐ仙骨を浄化できる方法をお伝えします。

仙骨を浄化するのにまず重要なのが、起きている現象を解明していくことです。仙骨は、ありとあらゆる体に悪いものが溜まる場所なので、霊現象といわれる霊障も疑う必要があります。筆者が以前視たクライアントの中には地縛霊とか悪霊とか、いわゆるその手のものが仙骨に溜まって、大変なことになっていたクライアントが大勢いた。ところが『仙骨』が浄化されていくうちに、クライアントたちは霊的現象の解消はもちろんだが、人として何の使命を持ち還元や貢献、果ては奉仕するのかといった重大な局面に気づき、なぜ自分は、この世に生まれてきたのか、何をすべきか、といったことが明らかになった人たちが多くいるのです。その後それを知った彼らの人生は大きくシフトし真の人間的素養を満たしながら成功の階梯を上り続けているそうです。

ではここで具体的な例を示していきましょう。

「神門（しんもん）」のツボを刺激すると、仙骨は反応を返します。**（左ページ写真の黒い点の部分）**
「神門」といわれる耳のツボはとても風変わりなツボです。2500年前の医学書『黄帝内経（こうていだいけい）』に「神門」というくだりが出てきます。もともと「神門」は、精神的疾患やてんかん等に効果のあるツボとして認知されていました。
「神門」のツボに呼応する場所は仙骨です。正確には仙骨の脇の部分です。

また、「神門」を刺激するとイダとピンガラが活性化していきます。

「神門」を刺激すると、イダとピンガラのエネルギーラインが開きます。

シリウスアトランティスの時代から、体の中に「3本の主要なエネルギーラインがある」と言われてきました。その3本のエネルギーラインのうち2本が「イダ」と「ピンガラ」と呼ばれていて、それぞれが仙骨の脇を起点とし、螺旋状にそのエネルギーが体を上昇していき、鼻の鼻腔の脇で止まっています。もう一本は、「スシュムナ」と呼ばれ、脊椎の周りを上昇していくエネルギーラインです。この3本のラインが交差するところがチャクラです。


そして、ハートのエネルギーセンターのハートチャクラに最初のヌース（存在の知）のエネルギーが集まることで「神門」を刺激し、イダとピンガラのエネルギーラインが開き、さらにハートチャクラにスイッチが入ることで、わたしたちは至高という深い『内在神』の領域へ入ることができるのです。

仙骨は常に振動している

わたしたちの骨の中で、誕生から死の瞬間まで唯一振動している骨

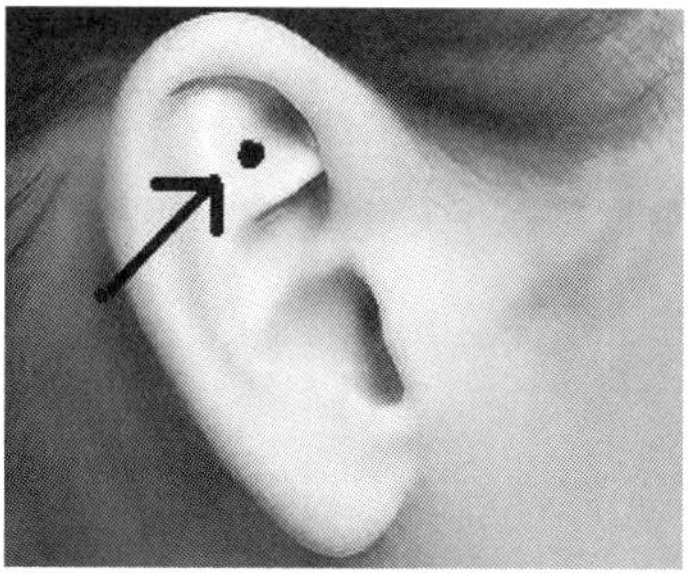

が仙骨です。
仙骨の振動バイブレーションは脳の中にある蝶形骨に伝わると、蝶形骨も振動をくり返していくのです。

仙骨は今でも西洋の多くの国や地域で「聖なる骨」と呼ばれています。日本の昔では、「神骨」と呼ばれていました。

人が体を動かしたり、喋ったりする前に、実は仙骨が先に感覚的信号をキャッチして動いています。そのあと体が動き、その後、脳が体の動きを認識していく、という具合です。脳科学では、体が動いた0・5秒後に脳が体の動きを認識するといわれていますが、実際には、さらにその0・5秒前に仙骨が感知し動いているのです。

人間は『仙骨』によって動かされています。仙骨は唯一の「神骨」であることは間違いないと思われます。

『仙骨』は常に振動していて、それが脳の中にある「蝶形骨」に伝わり、「蝶形骨」も振動するしくみになっています。しかし現代人は、思考が単調で、意図された潜在意識との連動も少ないため蝶形骨がほとんどホチキスで留められたようになっていて、振動らしきものすら感じられないのが

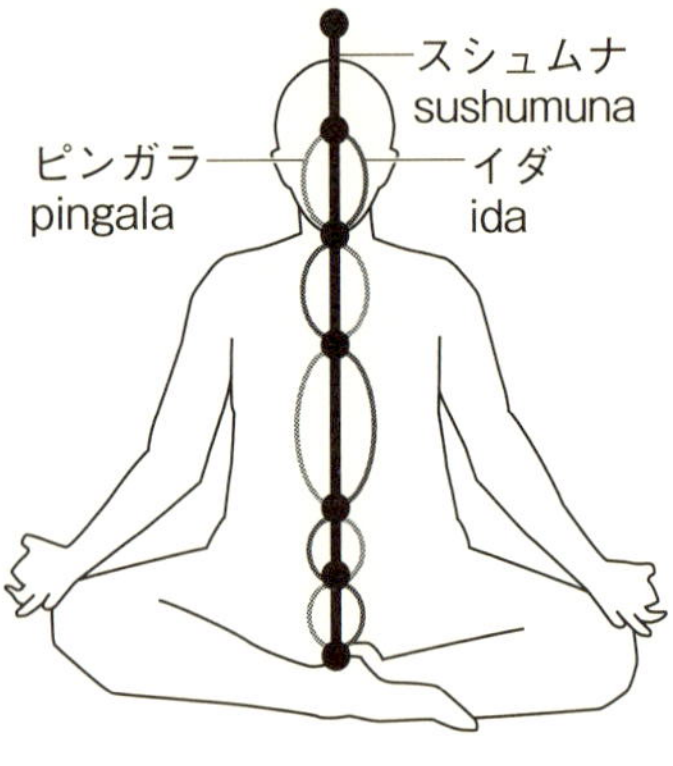

実状です。このような状態から松果体も極端に萎縮したままで活性化していません。

仙骨のエネルギーを正しく受けることができない「蝶形骨」は、様々な弊害を人体にもたらしています。

脊柱の推骨がひとつずつ活性化していくためには「蝶形骨」のバイブレーションも欠かすことができません。松果体との共働により実現するバイブレーション自体の運動が宇宙そのものなのです。

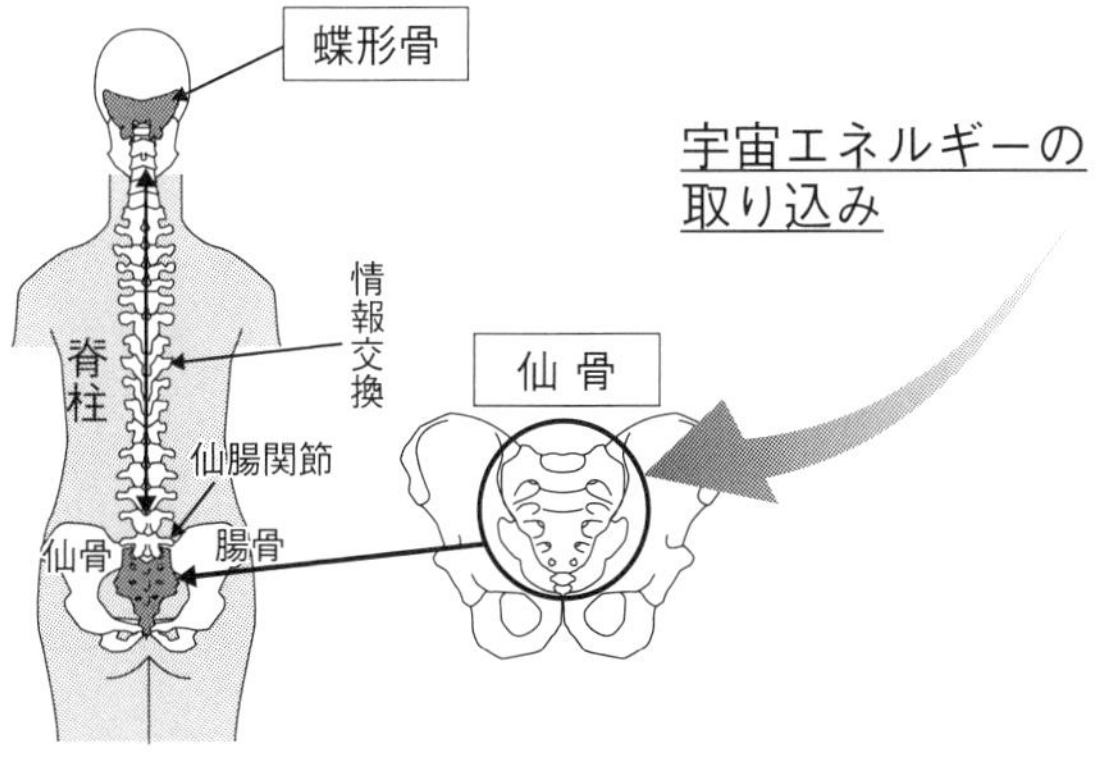

第11章

「息る」／「息吹」こそ真理のすべての秘密

「真理のすべての秘密は、クリヤヨガの息吹に隠されていた」
「クリヤヨガを行うことは人が宇宙の神の息吹を得ることだ」

「息を吐くこと」、「息を吸う」こと。生誕から寂滅（じゃくめつ）までくりかえされる摂理です。この二つの対比をみていきますと、西洋と東洋の「まほろば」を辿る旅が始まるといっても過言ではないと思うのです。

東洋、日本では「息を引き取る」そう呼ばれる死への前奏曲が掛かります。「死」。そして「引く」。あるいは「曳く」。ここに日本の情緒文化の最大の符号「いん（印）」がふくまれていると想像することができます。日本では「侘び寂び」といわれる独特の人生観や状態を表現する奥ゆかしい間合いの文化があります。ものごとにはすべて「いろは」と呼ばれる「因」があり、ありとあらゆるものを尊び、偲び、愛でるのです。慈悲深い融合性にあふれた大海（たいかい）の一滴の滋養もまた万物なりといえます。自発的な慈愛につつまれた麗しき「民」でもあるのです。

行き着く先もない、または見えない現代社会の刹那の病理には、救いがたいもどかしさと困窮で悲痛な慈雨がふくまれている気がしてなりません。利便性や合理性。見かけよければ全て良し的な浅はかな風潮自体がしみ込んでしまったかのような怠惰で稚拙で無明のこの「いおり（社会）」の呪縛をすぐさま、あからさまに解かなければならないのです。

「クリヤヨガ」の「宇宙意識」の照射と受容によってそれは万物万象（すべての生きとし生けるもの）に降り注ぎリロード（伝播）されていくことができます。「クリヤヨガ」の特徴はこの世界、宇宙、あまねくすべてに宿っています。抜ける空の南の島に「吹く」風の中にも、透明、混濁、上流、下流、大海、湾、入江、湖や川、ちっぽけなせせらぎ、荒涼とした大地、広漠な沙漠や、入り組んだ迷路のようなジャングルや、ツンドラや、古代樹のたたずむ森や林や、仄かに薫る名もなき草花の生い茂る草原や、幾何無限の天空の「〝まじろぎ〟瞬」にいたるまですべての生命、有機・無機の区別や垣根や分け隔てのないすべての事象に含まれている「大いなる存在」そのものなのです。

もちろん人や馬や犬や猫や、存在するすべてのイキモノたち自体にも宿っているもの、「霊性」。あるいは「スピリット」。「たましい（魂）」。「ことわり」、「作用」。あるいは「ひかり」、「磁性」、「精霊」。これらのことを、これらから生じた万物自体を、その考えや行動や思想を「クリヤヨガ」と呼ぶのです。

〜ヘルメス・トート channeling　サッチー亀井〜

この宇宙大自然の森羅万象の形態（かたち）と動きの本質は「〝円貫（円管）〟」であり「環」です。ミクロからマクロまですべてのものが「円貫」しています。見かけ（前）は円でなくて方であっても実際は（後）円、つまり〝前方後円〟なのです。たとえば、地上は方角があり自他の区別がある〝方〟の世界ですが、宇宙（神）から見ると地球は〝球〟というように方角も自他の区別もないすべてが一つの円に見えます。

中国の言葉では〝天円地方〟というのですが、現在では地方という言葉はよく使われますが、天から見た時の円が忘れられています。

わたしたち人間は経験によって得た見識で多くの知恵を得ました。科学技術によって〝方〟の物質世界を発達させてきました。聖書で言う「〝よろず（万）の木の実〟」、「いのちの樹（生命の樹）」を必要にせまられて食べたからです。そして永いこと本来の円あるいは球を忘れていたのです。

人は想いという意識により成りたっています。わたしたちの行動という「想い」を走らせることで初めて「魂」との繋がりが出来上がります。そうした点で人は「霊止、ひと」というものになれるのです。

そして魂と繋がったわたしたちはすでに「霊」自体ですが、この霊自体の本質はなにかというと、その中心に「魂」である霊（たましい、魂）「Spirit（Spin する玉）」があります。

これをクリヤヨガでは様々な手法を使い、肉体の面、意識の面、魂とのつながりの面において修養していきます。すなわちこのことを「心魂磨（しんこんみがき）」「クリヤヨガ」と呼ぶのです。

クリヤヨガは既存のヨガで解決できないありとあらゆる問題や課題、焦点をテーマにしながらも、神速で解決していきます。ですからすぐさま中心の核「肚がすわり（はらがすわり）」、ふらついたり、円滑でなく不平不満にみちた低位な状態の心と体を内側の自身の「ほとぼり（熱り）」により解消していくことができるのです。

この「円貫」を行えるようになると自身がこれまで経験したことがないくらい安定感が増してきます。気持ちにつねに余裕が生まれ、人格的にも大きく成長することが期待できます。

自身が抱える現況の問題の核心に気づき、適正で迅速な解決が見られることでしょう。これにより急速にあなたのまわりの人間関係と対人面も良好になり、今後出会う人たちとは心と心の結びあいをもてる真の友人たちとの「えにし（縁）」もたくさんあるでしょう。好機に自然とめぐまれ情緒と情感、「わびさび（侘び寂び）」をも心底共有できる魂の「ほとぼり（熱り）」を体現し続けることでしょう。

時間という「刹那」の四十万（しじま）のうたげは卒業していき、「〝魂のリーラ〟戯れ」にあなたのちいさきものや、おおきなもの、混迷未明いかなる混濁とて、「〝魂のナーダ〟宇宙霊音」により心底癒され、たましいの友人知人らと共に、「〝魂のリーラ〟戯れ」を奏で続けていくでしょう。

ひとりひとりが本来のたましいの「座」に安寧する（やすらぐ）ことで、まず人が心身・財・命共に調っていきます。そうすると家や家族、自分のまわりも自然と調うのです。すべての不安や不満が治まり鎮まるとようやく本来の「魂の着座」から「天炎」が着火し、天空へ炎のスピンの「〃魂のナーダ〃宇宙霊音」を打ち鳴らし始めます。

天空の神々らも大好きな「始原」の響きにも似た音がこの「〃魂のナーダ〃宇宙霊音」から幾重の領域、階層、宇宙次元へと昇り、華々しくスピンし続けるのです。

地上も天空も真の安穏とやすらぎにつつまれるのです。「天上天下全我貴尊（てんじょうてんがぜんがきそん）」の究極の「誉」のあたたかな表皮も外皮も混在する「芥子（けし）つぶ」のようにただ、「或る思い」として初めから存在するものとして「〃まじろぐ〃瞬」でいるのです。

このようにすべての運ある動きの運動や性質が整うことはすなわちわたしたち自身と地球、宇宙全部がひかりの共鳴作用により同次元化に「座」していることにほかなりません。

地上の「平和状態」は永遠に続き、せせらぎの清い、「〃魂のリーラ〃戯れ」は全宇宙にあまねいているのです。

普遍という刻まない物、おとを生じない真実の「理」は「生命の仄か」という無限のひかりのスパイラルに「〃フラカン〃魂の息吹」を引き連れ永遠の時空の四十万へスピンのヨガを生じくりかえすでしょう。

「クリヤヨガ」という淵源へと続くちいさくて、おおきくて、光明無明、すべての理を網羅した光のスレッド〝Tantra〟タントラ」は朽ち果てる概念すらもたない「〃神々のリーラ〃戯れ」として湧き上がり続け、「吹き」続けるでしょう。

～～～わたしは感じる、その環が、回帰によって豊かだ、と。

静かな呼吸は
人生を豊かにする

わたしたちは、人生を本当に楽しんでいる
「はく息」はココロをくむ息、くばる息
「すう息」は知足(ちそく)のココロ、心魂磨
叡智のココロは、静寂の中の「認識」グノーシスの風にある

「吹く風」に「吹かれ」、「息」をしよう
わたしたちは、他の人たちと同じように「息」をして、
じぶんたちを「息きろう」
永遠という「〝まじろぎ〟瞬」の「〝ほとぼり〟熱」として…

第2部

ヘルメス・トートとのチャネリング

ヘルメス・トート／Hermes Thoth
銀河系星団シリウスのマスターであり、宇宙開廟、地球創設の神。クリヤヨガマスター。ヘルメス文書や医学、数学、科学、文学、芸術など智慧と叡智を人類に与えた高次の存在。神々の使者、幸運と富の神、牧畜、商業、旅人、徳を積む人などの守護神

ルン／Rlung
もともとは「宇宙語」。至高のエネルギー、「エン・ト・パン（en to pan)」＝「全」のこと。私たちのこの世界に意識とメッセージをもたらすエネルギー、プラーナ＝霊子の粒、種のこと。チベットや日本では「氣」「息」「空」として使われることもある

ヨガはどのようにして生まれたのか

この章ではわたしがスピリチュアルな人生に目覚め、実際の体験や経験をし、さらにチャネリングによって解読、あるいはインスピレーションを得たことについて精神世界を哲学的、形而上学的、散文詩風に書いています。

『こは真実にして偽りなく、確実にしてきわめて真正なり。唯一なるものの奇蹟は成就にあたりては、下なるものは上なるもののごとく、上なるものは下なるもののごとし（ヘルメス・トート）』

わたしたちはみな、世界の中で生きています。この世界の哲理にそぐわない不適当な行いをするわけにはいきません。この世界、宇宙をあまねく照らす普遍の哲理、わたしたちはその絶対的な法則に従うことが賢明なのです。

ヨガの実際を知る前に、ヨガがどのようにしてこの世界に生まれたかについて話しましょう。ヨガは宇宙形而上学に基づいていて、それによる理解は実践に基づいています。たとえば、プラーナヤマ（クリヤヨガ呼吸）するためには脳と鼻の構造を知る必要があります。吸いこまれた息は鼻のどの器官を通過するのか、また、なぜその器官を通ることが望ましいか理解する必要があります。ただ鼻の中を空気が通過していくのではありません。これらのことが意識の中で明確でなければなりません。アサナ（ポーズ）と瞑想にも同じことが言えます。

生命の樹――意識の進化

わたしたちの最大の敵と呼べるのは無知です。

人生に何の疑念も持たず、既存のレールに乗り、ぬるま湯に浸かってこられたのは無知のなせるわざです。

わたしたちが最も必要としているのは魂の練磨であり、地位や肩書、金品や土地、家などではありません。「自分は教育を受けたし、無知ではない」と言う人もいるかも知れません。しかし、わたしたちが受けている教育は、日々の生活をするためのものです。日常の生活に役立つ知識と、意識の進化は異なります。そして意識の進化をもたらすものをクリヤヨガと呼びます。

クリヤヨガとは、シリウスアトランティスの神ヘルメス・トート（クリヤヨガクリエーター）が、大宇宙の叡智を凝縮し、人間に合うようにチューニングした究極の人間覚醒修練法の集大成のことなのです。

いわゆる意識の進化には、まず経験を自立的に観察することが重要で、自然に導き出されるまで観察を続けることです。

日常の経験を深く掘り下げて観察する時間と関心を持つと、経験という蓄積された人生活動の下には、わたしたちの意識が必要以上に重要なことに気づくことでしょう。わたしたちの日常は、雑多な事柄が付いて回り、自らの意識に基づく経験に関して、内面的なものを感じる時間や集中力を持っていません。

ヘルメス・トートが語る宇宙には、様々な存在が含まれています。宇宙は多種多様な居住者で満ちており、その中には人間のような生き物もいれば、人間の視点では生命を持たないと思われるような存在も含まれています。

ヘルメス・トートが描く宇宙は、肉眼で見える宇宙を超える大きなものです。わたしたちに見える宇宙も含まれますが、それだけではありません。空を見上げると見える宇宙、それは物質的宇宙です。太陽、月、シリウス星、そして通常の知覚では測り知れないほど広大な空と闇を含む太陽系。わたしたちの目に映るのは、人や動物、植物、山川草木(さんせんそうもく)の世界です。

クリヤヨガをより深く実践するためにまず知っておいてもらいたいこと

この広大な宇宙には、わたしたちが知る世界よりも低い階層の世界もあれば、より進化した高い階層の世界もあると伝えました。

ヨガの実践について疑問を残さないよう、詳しく知る必要があります。ヨガを始める前に、あらゆる知的な疑問や疑念、感情から来る緊張等から離れなくてはなりません。霊性の進化を求める者にとって、最大の障害は、不完全な理解と心の結び目（ストレス、トラウマ、緊張）なのです。疑問は、勉強や指導者のアドバイスによって、すべて解決されなくてはいけません。

「広大な宇宙は、かつて一つの大きな塊、本質的にひと繋がりで、直接的で、構造上や成分的、振動的にも同じ一つのものであった」

地球上の哲学も宗教もみな同じことを言っています。聖書をはじめ、世界中の聖典や現代の科学でさえも実質的に同じことを言っているのです。宇宙はもともと、個々の区別などなく分離されない一つの塊であったと。

クリヤヨガではこのような思想体系をとおして論じています。

1　精神原理、精神源、真我（如）、神我

2　物質原理、根本原質、現象世界（心象）の根本原理
3　梵、宇宙の最高原理、永遠不滅の実体

現代科学では、最初に一つの原子があり、それが二つに分割され、そして4つになり、またそれが8つ、16、32、64と限りなく続き、やがて現在の多種多様性に至ると説明します。これが現代科学の見方です。旧約聖書には「はじめに言葉ありき」と書かれていて、世界中の多くの聖典にも同様のことが書かれています。

生物学では、すべては一つの細胞から始まったといいます。最初は一つの細胞、単細胞でした。単細胞が分裂して2細胞となり、2細胞が4細胞へ進化したと説明しています。

その昔、シリウス・レムリア・アトランティスの医術師であるヘルメス・トートに出会った時のことです。彼はわたしにこう言いました。

「アデプト、医術は、何万年も前にエメラルド・タブレットに書かれていたことに帰結します。ヘルメス・トートは、宇宙は元来一つであり、一つの分離されない存在よりすべてが始まったと言っています。この医術も同じことを言っているのです。細胞よりも微細なもので、非常に小さいながらも個を形成する単位と尺度があり、人間の体全体も、これが原点となっています」と。

この物質を科学的に詳しく分析すれば、個人が、どのくらいの寿命か、どのような生き方をするか、あるいは死ぬまでの詳細がわかるのだと、その医術師ヘルメス・トートは言いました。

至高の存在であるコンシャスネス（意識）が、宇宙に存在するものすべてについて決定していま

す。一根の菊（蓮）が咲くのも神の摂理です。至高の存在の意志なくして、海の波とて巻き起こることはありません。宇宙の法に適わなければ、わたしたちは食物を口にすることすらもできないのです。

分離されず個の存在であると、先達の師が教え、聖典が高らかに謳っているものが、どういうわけか二つに分離されたというのです。

ただし、本当に二つに分離したのではありません。真に二つに離れ、さらに分離していったのであれば、再び一つとなることも、わたしたちが神へ到達することも不可能となってしまうからです。

ここで視点をすこし変えてみましょう。

解脱に至る可能性、神に到達できる可能性の事実は、分離が実際には起きていないことを示す証拠となるものです。

ヘルメス・トートは、この分離とは夢の中で起きているようなものだと言います。夢の中の世界では、個の心が分離、転容、増殖して多くの個人、その他様々なものが生まれます。しかし、実際に分離は起きていません。目が覚めると、夢に出てきた個々の存在は、個の心に吸収されてしまい、あたかも存在していなかったかのようです。

元来、個の存在が本当に切り離され、分離したのであれば、個人が解脱に到達することは決してありえません。本当に分離が起きたのであれば、わたしたちは、永遠に神から引き離されたままになってしまいます。

そもそも、個という観念が、わたしたちの心に植えつけられていないと、個という観念を持つことすらできないのです。有限な存在であるわたしたちが、無限という観念を持つことは極めて厳しいのです。有限である脳に、無限という相反する観念が自然に生まれることはまずありえません。

ただ、意図的にわたしたちの心に無限という観念を起こすことは可能です。それはまるで有限の壁を超えて、量的そして質的な無限に到達しようという必死の企みです。

ここでいえることは、神は、この世を創造した後も神のままである、ということを意味します。今も昔も、そしてこれからも、神が変化することはありません。永遠に変わらないのが神です。神は、変化する物質でも、因果関係の中で変容する存在でもありません。

これは哲学的にも形而上学的にも非常に難解であり興味深い点です。元来、個であり、今も個である この宇宙が、多様な存在として現れるのですが、現れ方には段階というべき法則があります。最初は一つが二つに分かれます。一つである存在が二つになる、これが、二元論、形而上学コンシャスネス1、2、ヘルメス3です。意識とその対象、内なる精神と外の世界という言葉で説明するものです。最初の分離によって個の存在が、見るものと見られるもの、主体と客体という二つに分かれるのです。

それでは、見るものと見られるもの、主体と客体に二分される以前はどのような状態だったのでしょうか。

そこに在ったのは、実在の意識のみです。想像してみてください。あなた個人の存在意識が入り込む隙間さえない絶対的領域の存在なのです。

ヘルメス・トートは、皆さんの視野を広げることについてこう説明しています。

「精神の拡張、あるいは視覚的な集中、はたや肉体的洞察を用いるあらゆる『瞑想』のたぐいを実践している時、わたしたちに降り注いでいる二元性のひかり『〝巌〟と〝瑞〟』はわたしたちの自己における双子のような様相を見せ直接的な意志の疎通を光線として現してくれている」

ヘルメス・トートが語る「際（きわ）、縁（へり）の居心地」について

わたしたちは2つの選択肢を持っています。宇宙の「真善美」の視点から、わたしたちが持つ根拠なき牢獄のような思念を解放していくことになります。

わたしたちは根源に向けて、さらに高い自己を遥かに超えていくことになります。高いエネルギーを正確に表現していけるように、そういったエネルギーの構造を理解し、その存在を通して眺めていくのです。

あるいは辛辣（しんらつ）な言葉または二枚舌を通して、その嘘（うそ）吐き者を把握し、自分自身とすべての現実性の偽りの小さな領域の変型を把握することとすべての現実性は、振動の特徴と数々の領域の構造のこ

とであり、こうした数々の体系とエネルギーの特徴、そしてそういった数々の現実性の制約になっているものを通して、存在し、作動していることがわかります。

それは二元的な把握であり、わたしたちはわたしたち自身をひとりとしてではなく、決して完全な真実の知識にならないふたりとして把握します。

主要な知覚の問題に対処

太初より多くの霊的指導者や、クリシュナからアルジュナ、ヨセフからイエス、ババジからヨガナンダ、ニサルガッタ・マハラジ、ジッドゥ・クリシュナムルティら数多くの存在者たちと実在者たちは、自由に向かうロード、個人の把握と数々のエネルギーと存在の完全な自由に向かうバイパス、事前に設定された、馴れ合い、強制的、受容、見返りを受ける精神的な雛型と霊的な雛型を超えて自由になるロードの上で、主要な知覚の問題に対処してきたのです。

彼らがさらに遠くに進み、その体系に挑戦し、すべての現実性に全体として挑戦し、受容された認識を経験し、今までの認識と、これから認識するようになる一つの役割を、彼ら自身の一つの役割と放棄の両輪を選択しながら、そのマトリクスからも離れるためにこの巨大な役割を果たすことが目的となるのです。

一つの物事とまた一つの物事。

ただ自由だけ…

自由…

神が確認するようにあらゆる物事を確認し、神、根源が経験するようにあらゆる物事を経験することができることを目的にするのです。人間が霊性の向上と成熟を得るのは容易くはありません。人間の物質的な環境にあるあらゆる物事を通して拡大しているあらゆる物事の内郭、外郭共に包含し、超えていくことが霊的な成熟であり完全という神聖な領域の経験といえるのです。

ヘルメスの話は続きます……。

『わたしはシリウスアトランティスの指導者、ヘルメス。

あなたはわたしの意識と今コネクトし、繋がりました。あなたはアトランティスや古代エジプト、そしてヨガをはじめとする形而上学（スピリチュアル）に関するあらたな知識や智慧に対し貪欲なるまでの渇望と愛と情熱を持っています』

『わたしは偶偶（たまたま）、皆さんの惑星の地球へ、オリオンシリウス星団より太初に飛来し、いくつもの荒れ狂う時代を経験し生きてきました』

『そしてわたしは、アメンティと呼ばれる聖なる場所に居て、わたし自身が一度にすべてを理解できるようにわたし自身をさらに高い領域へ引き上げるために、物質的な姿から一旦離れています。わたしは、あなたがたがいる親愛なる惑星〝地球〟のすべての展開と動向を、夢中でトレースし、時にはそれすら追い越してフィードバック（輪廻）し、トラッキングをしてきました。
わたしはあなたがたの優れたアビリティー（卓越能力）を、誇りに思っています。わたしのかけがえのない光のものたちよ、今、あなたが認識したいものは何でしょうか？』

サッチー：「親愛なるヘルメス、わたしの魂の声を聞いてくれて感謝しています。
あなたの存在自体の中にいることができることは大きな光輝（名誉）であり至福です。わたしは現時点で、クリヤヨガについてより多く認識したいと思っています。クリヤヨガというテーゼ（主題）については伝えるべきことが多く存在すると認識しています。クリヤヨガを愛する、これからクリヤヨガに出逢う多くの読者のために、わたしからいくつかの質問をさせていただきたいと思います。まず、クリヤヨガ（呼吸法・瞑想法）は、何時、誰によって啓示（開始）されたのでしょうか？　わたしはそのことについてさらに多くのことをとても知りたいと思っています。クリヤヨガはある種、宗教性を帯びてはいますが宗教ではありませんよね？　宗教をも包含しているものですが、魔術でもあるのでしょうか？　クリヤヨガはアトランティスの先達のシリウス発祥なのでしょうか?」

ヘルメス：『その通り、クリヤヨガは生きている存在を具現化している実在の魂の作用による修練であり、ひかりと宇宙と「〝Rlungルン〟」（宇宙氣）を繋ぐスピリチュアルなラインであり実在（魂の受容構造体）です。

クリヤヨガの底光り（魅力）がこれほど人を引き付けるため、アトランティスの生存者たちは、クリヤヨガの呼吸法と瞑想法を後世へ伝えるべくエジプトやマヤのタブレット、ラパヌイ（ロンゴロンゴ）の石に彫って彫刻にしたり世界中の聖典（旧約聖書やコーラン等）に残したりすることによって、クリヤヨガをできるだけ表現し残そうと努めました。クリヤヨガはアトランティス時代に世界同時多発的に急激に広まりました。アトランティスから各国々や地域へ行き居住を始めたことがきっかけです』

ヘルメスの話は続きます……。

エグジスタンス（存在）、そしてアストラルの宇宙原理

自身の存在を知りうるものとしてまず挙げられるのが意識である。

つぎに、普段中々見えはしないが恒常的に内在していて遍在（存在）しているもので「“Rlung”ルン」（宇宙氣）と呼ばれる宇宙線「〝霊子〟」の存在がある。

存在するわたしを具象化してください。

それはただの一人称の目的格あるいは二人称ではありません。

それはあなたがたを通してそれ自体を伝えているすべての創造の源です。

わたしたちはこの肉体や意思による様々な作用により多くの制約を受けています。言語を基準や中枢とするために起きる弊害や混乱、多次元的な凝集により秩序なき崩壊が起きています。

〝存在するわたし〟は本質的に、それ自体を結び付けて単純に存在している実在のすべての構成要素と基本構造を意味しています。

何故なら、そのふたつはお互いに気づいていて、そして両者がそれに気づいているのはわたしに属するすべてがそれをそのように把握しているからです。

「〝わたし／I〟」になるということ。あなたがたは自身を超えた自身として、あなたがた自身を経験してください。そしてその時、あなたがたは聖なる言霊という宇宙原理の魔術を発動することができます。言霊の魔術は、知覚の多次元的な周波数を単純化して統合する一つの手段になっているものです。

一つの言霊、一つの文字、一つの響き、それは広い青海原（あおうなばら）の生命、茫漠（ぼうばく）とした砂漠、そして純粋な電位の数々の電子雲や超新星爆発のエネルギー質量や「パンスペルミア」をも含むことができます。

それはすべてその間の数々の脈絡を共有し、こうした脈絡は有形の周波数であり、一つの言霊あるいは複数の言霊の両方かどちらか一方を活用することができます。

あなたがたの知覚を表面的な現実性を超えたところに移すことを通して、数々のベールを取り払うための一つの手段として話し、そして、このようにして、話すことを望んでいるものに耳を傾けてください。

そしてここでわたしたちは、滅多に話されることはない創造の真実を共有したいと思います。

呼吸と意識による思念（思考）の安定が起こると、神々らが定めた音霊としての念波（波動）と思考、光が根源であるアストラルの宇宙原理と同調し、創造という名のポータル（扉）を開きます。

そしてその瞬間に、利他の奇跡が生じ、癒しの名と共に一つの惑星が瞬時に純化され、またほかでは一つの宇宙が生み出されていくのです。

わたしたちはチューニング済みのイヤーチャクラを傾け、「〝Ｒｌｕｎｇ〟ルン」による合図を伝え、そしてその場所から音霊と共にあらたな空間をもたらしていくのです。

シャマイム・ディープ・フローダイビング／ヘルメスによる「〝空〟」未確定潜在性の実体

わたしはその数々の風を纏（まと）い波の上で先に進んでいる者であり、そして、何も理解していない自己によって閉ざされている錯綜した影の叡智でもある実体です。

わたしはあなたがたの身体のそれぞれの構造を理解し、測定基準を持ち、自分自身を明らかにしている者です。

わたしはあなたがたの思考の内部に隠されている、そしてあなたがたのこころの天使たちやあなたがたの真意という天使たちの内部に隠されている、すべての事象（物事）を象徴しています。

わたしはヘルメス・トートです。

わたしは今日、あなたがたひとりひとりがさらに素晴らしい存在になろうとして今までとは異なる世界にすみやかに到達し、またかつてあなたがたが知と信の神殿を置いていた知識の水準の上に到達しているのを確認して、今ふたたび顕れたのです。

その叡智から湧き出た湿気をあなたがたは引き寄せて、その湿気を取り除く乾燥した真実が存在する場所に向かいながら、その知識の水準における昇華を達成することになるでしょう。極限に向かって脈打つコイルのように、一度収縮し、次に未知なる不明確な場所に向かって跳躍していきます。

あなたがたがは自身の想いというキャンバスの中に居住することになるでしょう。

そこは、穏やかさはどのようにするか、愛はどのようにするか、そしてあなたがたの未来はどのようにするかという、あなたがた自身の意図が描かれているキャンバスです。

何故なら、あなたがたの「Ｓｈａｍａｙｉｍ」（シャマイム、空）の歴史を保存している古代の巻物のように、あなたがたは存在の物語を書き変えられるからです。

あなたがたは今まで引き伸ばされながら内面の光によって探究されてきたものをタントリック（織り合わせ）し、それを濃縮して安心して収納できる構造に運び入れているのです。

あなたがたの身体とエネルギーの生態系は、「聖なるジッグラト」（アトランティスの超越のピラミッド）の小宇宙を象徴しています。

その天界にも響く神聖なる構造と美しい配置。そして宇宙からの「ルン」の共鳴による部屋の同調作用に思いを馳せてみてください。

目に見えなくともこころとたましいに響く、共鳴する力を秘めた数多くのパワースポットがこの地球上にはいくつも建立されているのです。

「聖なるジッグラト」の女王の間、その中央は人間のこころを象徴しています。

王の間は第三の眼、「真善美」（意識中枢作用によるエネルギーの図形化）を象徴しています。

頂点である冠石はクラウン（王冠）チャクラを象徴しています。

そして、その間にあるその他のチャクラ（不可視のたましい受容体）エネルギーの要約についてもすでに解明されています。（著者研究）

間もなく訪れるたましいのアセンションの時代に、あなたがた自身の生態の内部の変容と同時に「聖なるジッグラト」自体の内部のチャージ中の各部屋で太初の周波数の急騰が起こるでしょう。

あなたがたの高次なこころ、あなたがたの神と一体化したこころが開かれるようになるでしょう。

それは、あなたがたの身体の中のハートチャクラで認識され体感覚として明確に感知されるものになっていきます。

それは細胞のＤＮＡの回路によって指示を受けたように目覚めることになるでしょう。

その目覚めの時、「聖なるアトランティスのジッグラト」は、太陽の間（王と女王の間の間にあるヘルメス・トートの間）もまた高分子変化を経験することになるでしょう。

あなたがたの人間の心臓の上の場所が、休眠状態から再び目覚め、それ自体を認識するでしょう。

そこは「〝空〟」未確定潜在性の振動を維持している場所です。

この部分の中で星の輪廻というべき「〝再臨〟」が約束（活性化）されるのです。

それは一つの聖なる要、一つの穴で、叡智が宿る部屋になっています。

叡智は真実を超えて進み、わたしたちそれぞれがこうした〝叡智の部屋〟の実在者であり貢献者です。

地球のわたしたちは聖なるシンボル（符号化）の貢献者です。

わたしたちは、智慧と慈愛を持つ蕾（つぼみ）から生まれました。それ自体でひとつの雅（みやび）できらめく花として認識してきました。叡智と知を繋ぐ一輪の花として、花開くことになるでしょう。

わたしたちの過去の悪夢は、まるで摘み取られた薔薇の花弁のように既にわたしたちから剝がれ落ちていきました。

それは、わたしたちが過去になろうとして役立たないものなどです。

この新しい霊子の指示が、わたしたちの光を指揮するようになるでしょう。

わたしたちは、今までとは異なる新たな意識の移行に役立つ知識を目指してわたしたちを導く数々の振動に向かって、自然に移動するようになるでしょう。

わたしは、ヘルメス・トート。

こころというたましいが遍在する宇宙のロード（経路）に目覚めさせるために顕れています。

わたしたちのこころは今まで、わたしたち自身が創り出した地球規模のあまりにも多くの苦悩という残骸を集めてきました。

わたしたちは、そのすべてを取り除こうと懸命に努力しながらも、そのこころから逆行してきてしまいました。

わたしたちの高く聡明なこころの内部で〝空〟不確定潜在性の実体が目覚め、太陽の部屋が聖なるジッグラトの内部で目覚める時、わたしたちは集中し、地球のすべての紛争や混乱、そして無明で怠惰な瓦礫のような人々の影響を受けない高みに引き上げられることになるでしょう。

この時初めて、わたしたちは魑魅魍魎（ちみもうりょう）の影から離れ、怖れと涙と非情を解消することができるようになるでしょう。

わたしたちはもうこれ以上、暗黒の影の座にいる必要はありません。

古い物事のエネルギーと進行手順は、存在していない予言の中に人質としてわたしたちを隔離しようとしています。

時間の概念の外に出て、数寄者として自身の求めているものに照準を合わせて歩んでください。

人生におけるいくつもの難問は、その全体像を明らかにすることはありません。

わたしたち自身の内部で起こる〝空〟不確定潜在性量子の誕生を祝福し、わたしたち自身に可能な光の頂上から確認してください。

わたしとあなたたちはヘルメス・トート。これから訪れる物事の永遠の貢献者。至高の旅人であり探究の聖なる種子。森羅万象のまばゆく遍く「〝フラカン〟」の「まじろぎ（瞬）」のSat実在である。

ヘルメス イナンナ「〝太陽のロゴス〟理性」

存在を存在といえるゆえんの話です。

二柱（二人）は、太陽の後ろの太陽です。

二柱は、形の無い神聖なる「〝巌《いづ》（男性性）〟と神聖なる〝瑞《みづ》（女性性）〟」から放たれた高貴で至福でたおやかで純朴で明と暗で存在しうるすべての完《まつとう》な光です。

イナンナ、神聖なる太母は、光の物質の宇宙から、根源のエネルギーを放射します。光の物質の宇宙は、ちょうど銀河の中心の反対側にあり、7つの超宇宙系の中の「〝Rlung〟ルン」と呼ばれる二人の宇宙から、その「〝イヤサカ 弥栄《ミルク》〟」を発射します。

宇宙の根源のエネルギーを放射する彼女は、暗黒物質の宇宙に向けてと、銀河のさざめく輪廻の輪の中心を目がけて、至高のエネルギーを放射し続けています。

ヘルメス、神聖なる父は、生命がこの宇宙の遍く輪廻の黄金のひかりの中で存在することを許す唯一の物質的質量の実在です。プラズマ性の電磁結晶質の光を放つ、時空の『吹かれ人』です。

イナンナの放つ「〝イヤサカ 弥栄（ミルク）〟」の光とともに、ヘルメスの光は、同じく根源のエネルギーから照射されています。

銀河の中心にあるブラックホールや、プレアデスの中の惑星やシリウス星団、中心太陽、その太陽の中の泡と渦。日天（太陽）のコロナを通過して、そして次に、天の川銀河の中の地球に大きな慈愛でそれを降り注いでいます。それはそれは、大層実際に非常に特別で大きな慈愛です。

その慈愛は、一辺倒（いっぺんとう）の人間の知性という進化の道筋を克服して、純粋な目覚めという変化の一つの道筋を受け入れることにほかなりません。

意識は目覚めて、その周りの世界に関するさらに大きな自覚と認識へと拡大します。人々は目を覚ますのです。これまでの集団意識は数々の移行の場を経験します。自身で表明し設定を境に、その送信の波動は最強になります。

太陽から享受された力能は理性へと姿を変えていきます。地球の大気に入って数々の移行を創り出す根源のエネルギーのことです。それはわたしたちにとって一つの大きな目覚めであり、深遠な宇宙との強力な結び付きになります。

根源のエネルギーは天つ御空（あまつみそら）の至誠のアーク（熱）です。原点回帰とは、太陽の理性による勇気と勇敢さの蘇生をともなう天授です。生まれ変わった天空の息吹は、わたしたちのこころの新しい時系列となり定着していきます。

内面や表層の意識、通常の意識と体で受け止めるのではありません。全領域に自身で燻らす

「〝Rlung〟ルン」の発動とバイブレーションにより体現していくのです。

この回帰は溢れんばかりの愛の思いやりと、万古不変の復帰であり回復です。宇宙のエネルギーもまたスピンした現れの存在です。

天の川銀河は、螺旋形の渦を巻いています。銀河や星雲、各星々で回転の向きや軸は様々ですがすべてにいえることとして「〝巌〟と〝瑞〟」の好一対の性質を帯びています。

あらゆる物質は、他の物質の周りを回転しているのです。

わたしたちの太陽系の中で、数々の惑星が太陽の周りを回転し、そして地球は自身の混迷極まりない惑星「〝魂のリーラ〟（戯れ）」を追いかけています。わたしたちの太陽系は銀河の血潮の素面（平行的な面）の上を異形高分子さながらの螺旋運動をしながら回遊しています。

恒星から出る風や、音波、音霊、言霊、「フラカン（息）」、生命が、わたしたちの太陽系に作用して、その進化に影響を与えています。

ブラックホールの黒点はこの銀河系のアンタレス（蠍座）と呼ばれるところにあります。

ここは、かつて神聖なる「〝巌〟と〝瑞〟」の好一対の性質を帯びた二元宇宙の「分水嶺、高嶺だといわれていました。宇宙に生まれたことがあるすべての生命が存在する場所です。この超気密な質量を持つブラックホールは、バリアブル（定まらない、一定でない）な偏西風をともないながら毎秒1037218383881977644441306597687849648128回の回転を行います。

このブラックホールは、ひとつの巨大な真空といわれ、〝瑞〟の暗黒物質の理（宇宙）から、形骸化した聖ではなく、瀕死に怯える罪と罰、咎めや欺瞞に溢れるものを取り除いています。それは、「〝Rlung〟ルン」でこうした物事を光に戻して、新しい創造に繋げるためです。

この不動の「〝巌〟と〝瑞〟」の鍵でないと開かない門は一つの入り口であり、来るべき「〝巌〟と〝瑞〟」のために協調しうる時に開きます。地球は今、非業と困窮の涙につつまれ真の癒しを待っています。

真の癒しなき悲哀の星地球は、正なる聖の銀河の貢献者として天の川銀河のオリオンの腕の西の領域の中にある地球の最初の位置に戻るべくカルマという慈愛なき「熱り」を解き放つために今蘇るのです。見ているこの地球、宇宙も、立体的投影による無限淵源の錐体「〝巌〟と〝瑞〟」の映像かも知れません。

ヘルメス・トートいわく、

『人生は楽しいものであるべきであり、それは、地上で入手できる重苦しいエネルギーの中では頻繁に見過ごされている』

人は、その瞬間の中で生き、わたしたちが生きるあらゆる瞬間を楽しむべきものなのです。それは、わたしたちが十二分にその人生を生きる時、なのです。

初めてそれを確認した時のような眼で、あらゆる物事を確認してください。

愛でこころを満たし、わたしたちが確認し触れるあらゆる物事が愛になるようにしていくのです。どのようにすれば、愛ではない他のあらゆる物事が世界の中に存在することができるのでしょうか？

あらゆる物事が、既に愛になっています。

存在するあらゆる物事、大きくなるあらゆる物事、存在するすべての物事は、既に愛になっています。わたしたちは、それを手に入れるために戦う必要などありません。戦う必要など今までもどこにもなかったのです。なぜならそれは既にここにあるからです。

わたしたちは何を待っているのでしょうか？

経験し、そして感じていくのです。

そしてわたしたちは、既にこれはすべて本当のことだと内面の奥深くで認識しているのです。これがその真実であり、永久の時の間（あわい）に忘れ去られてきて、今は既にわたしたちの足元にある、その真実です。

目覚めて、わたしたち自身の目を開いて確認し、こころを広げて感じていくのです。あらゆる物事がここにあります。人生、経験、歓び、既にあらゆる物事がここにあるのです。

すべては愛であり、わたしたちは愛であり、感じて、そして感じていくのです。

愛は、わたしたちは、海から、大気から、自然、そしてその生きているすべての存在から、溢れ出ているのです。

親愛なる愛し子であるすべての事象、今、あらゆる物事が素晴らしいと心の底からいえることでしょう。

その扉は開いていて、そこから現れる愛を吸い込み、わたしたちはその一部であることを確認し理解して深めていくのです。

今までわたしはいつも皆さんの側を歩んできました。そして皆さんすべてがその門を潜り抜けるのを終えるまで、これからもそうし続けているでしょう。

わたしは、ここで皆さんとこの話をすることができて幸せです。

皆さんがわたしの最愛なる愛し子であるように、わたしは皆さんの最愛のヘルメスです。わたしたちは、その門で出会います。それは昼夜をおかず時と無。ヘルメス・トート
彼の話はまるで「永字八法」の如くすべての事象を「〝まじろぎ（瞬）〟」でいるかのように続いていきます。

『わたしは惑星地球という新しい一日が黎明期を迎えるように新しい聖書『クリヤヨガバイブル』を跡します。

この書はこれからのあなたがた地球人の初めての探究の日々になるであろう輝かしくも敬虔な至

高の旅に誘う至極の書です。これまで過ぎ去った数々の縁起や因縁、ソース（謂れ、イワレ）、辛酸な艱難辛苦は、これからの地球上にもたらす最上で最良の「弥栄（いやさか）」新しい一日のための奇跡の「〝印 ムドラ〟」となるでしょう。

わたしは過去これまでの記念碑的な出来事のすべてを羅列するつもりはありませんが、しかしわたしが皆さんに約束できることは、皆さんがこの尊い歳月の本当の歴史と〝至高の尊き光の存在〟として限りない永遠の嗣子（しし）として未来永劫への真実のヌース（智慧）を享受し栄位のもとに万古に「まじろぎ（瞬）」、遍くひかりの銀河の四十万の一つ一つの精霊として輝く姿となることです。

今日、わたしたちは太初より、宇宙の始まりより続くとても重要な関係性があることを知りました。

わたしたちは天の「まじろぎ（瞬）」の中、大いなる母、大いなる父、根源の根源。銀河の兄弟姉妹愛し子たち、そしてわたしたち自身の地球という衣を纏い、皆さんすべてと協力的な重要な調整を始めています。

今までわたしがチャネリングしたメッセージで皆さんに提示してきた大切な課題は、「〝Rlung〟ルン」というエネルギーの暗号化を通して、癒しの方法、そして皆さんの自己変容をもたらす働きを教示するものであり、精査のもと真摯に造られたものです。

わたしたちはこれからも、〝至高の尊き光の存在〟として、既に起こっているいくつかの物事を皆さんに詳細に報告することによって、そのようなメッセージ（啓示）を与え、また受け続けることになるでしょう。

「〝至高の尊き光の存在〟」は、地上の筆者の東京の家の周りや、母と父の側の居る場所や意図する同じ光の存在らの居るところに定着しています。


わたしたちの光の実践家たちの仲間が何ヵ月も続けて日夜行い、彼らがそれに対して大いなる責任と達成感を持つ使命と努力が、惑星地球を通じ、さらに巨大で強力な宇宙の集団と共に「まじろぎ（瞬）」でいるのです。宇宙意識の大いなる友と呼べる光の面々は遍く至上の光の一つ一つとして存在しているのです。

過去にはこの地球の至るところで痛ましい暗い時代が続いていました。言うまでもなく、多くの人々が闇の勢力に連れて行かれ餌食となった忌々しい出来事を今では忘れ始めているようです。

そして人々は、相反するエネルギーの計り知れない高揚からようやく抜け出し、真の光の経験へと歩き始めています。


それは、シリウス星団の姉妹たちが数万年を経た後で蘇生（輪廻転生）した時に結果として生じたものです。

シリウス星団全体が平和を宣言し、元の状態に戻されて母と父の抱擁と共に甦生するために光の神殿を訪れているのです』

ヘルメス・トートはいう。わたしたちは今まで誰も確認しえなかったものを公表しようとしています。それは完全なる真実であり、地球を変えるための一つのスペクタクルで山紫水明（さんしすいめい）な異観であり、全体風景ともいえる風月、魂の出来事である。

『わたしは皆さんに、この目に見えないすべての舞台裏、宇宙や神の仕組みとでもいう、これまで覆い、包み隠されてきたものを真実の炎のもとにさらけ出す意思をようやく持ちはじめました。それを知りこれから存在の一理として努力が必要となっていることを、心にしっかりと焼き付けてもらいたいと思います。3次元の現実性という理の中であなたがたのそのすべてが明らかになるように説明しようと思います。

ほとんどの皆さんがその後ろで皆さんの人生を生きてきたその重苦しい社会通念や常識、歪められた情報のせいで、皆さんが見て、聞き、そして触れることができるものを超えた何かがあることは、これまでほとんど認められませんでした。科学者の大方は、この限定された視野と一致しない様々な証拠もほとんど無視をしています。そして宗教を信仰したり、崇めたり、依存やおすがりしたりしている人たちの多くは、ひとりの権威主義の神を喜ばすために精を出して祈ったり、働くことを、教義や生きる支えにしてきました。

わたしたちは、少しずつ皆さんの視野を広げていき、皆さんの心を縛る目、に見えない枠を解体し、視覚や知覚、意識を超えた数々の世界や、さらに高い数々の次元、領域、まだ見ぬ生命や生体、意識体などに満ち溢れた数々の宇宙があるということを体のレベルと心のレベル、魂の共鳴によって体現できるということを叶えていくものであります。

いわゆる霊験や霊智、言霊というものは普遍なものではありますが、**ある特殊な仕掛けのようなものがほどこされています。**その仕掛けとは言葉一つを仮に選ぶような場合でも、時代や地域、そこに居る人々の現実の心と体と精神の状態、霊的発達度や意識の聡明度という後天的な状態により変化したり、置かれる状況が著しく変わることがあるということです。

ですから古代の人々の頃に告げられたヴィジョン（まぼろし）やイルミネーション（啓示）は今のわたしたちのそれとはまるで違った内容になるのはそのためです。霊性の指導者たちはいわば、そのマトリクス（何かのものや事象を生み出す仕組み）を支配（気づき）していましたし、人々に様々な教えや啓示的な事柄を示すためにずいぶんと長いあいだそれをひた隠しにしていたのも事実です。なぜならその最大の最優先すべき目標とは、創造の壮大さを知らせることではなく、〃無知である〃という、本質に遠い状態から一刻も早く抜け出して欲しいという母と父と姉妹兄弟愛し子を想う気持ちそのものだったのです。

されど哀しいかな、そのマトリクスのエネルギーは理不尽な形態(かたち)へ姿を変えて、威厳的な支配層により資源、豊かさ、惑星地球のすべての事柄が次々と支配されてしまったのです。

今こうした非業は厚意の真摯の熱誠〃ひかりのクリヤヨギ〃らや名もなき「魂のガイド」によって解かれ始めました。様々な〃ひかりのクリヤヨギ〃の者たちの協力により、今後それはすべての人々に明かされることになるでしょう』

またヘルメス・トートはこのような特徴的なことを話しています。

a）ごく近い将来、超高度に発達した数々の文明が明らかになる
b）真のフリーエネルギーの誕生。石油やガスの使用は終焉をむかえ、原発の完全安全消去の実現が来る
c）友好的な他の惑星からの友人の訪問が相次ぐ
d）多くの歴史の事実が虚偽であることが公然となり、闇の勢力の完全削除、次元間の憂鬱も一気に解消される

ヘルメス・トートら「〝ひかりのクリヤヨギ〟」の精鋭の結集により真の癒しの技術が地球上に5万8000年ぶりに蘇り、副作用のあるすべての医薬品や毒をおびた食品などが世界から一掃される

またすべての農薬と危険違法ドラッグが根絶され、人工的アレルギー性物質の生成と販売が極端に縮小し、刹那の薄利多売のすべての産業の形態が入れ替わりはじめる。食糧生産の方式にも激変がありブロイラー的増殖システムは陸・海・空の全領域から完全に姿を消す。

また、利潤や暴利、人為の厚意なき企業や行政もすべて淘汰されて、あたらしい柔和の聖なる〝地球民〟のおおらかでしなやかな団結で融和の社会が〝24 hour 1日にして出来上がる〟。

それにより真の「〝巌〟〝瑞〟」が地球上に満ちあふれ「〝ア・ウ・ワ〟」の氣魂を持つ「〝愛し子Rlung〟」の誕生が続出する。

『ヘルメス・トートです。

親愛なる地球の皆さん、そうです、皆さんこの宇宙は3000億光年の息吹の先には意識という名の「〝巌（イヅ）〟と〝瑞（ミヅ）〟」の二柱の氣魂「〝Rlung〟ルン」が初め黒日可理（くろびかり）（黒光り）しているだけでした。久遠の時を燻（くゆ）らし、二つの概念という静寂を創ったのはかくもこのわたしでした。そして太陽系を数十億年前に創った時、その中へは144の「無限なるゼロ『selfセルフ』」「『ウシトラ 艮』

惑星」を誕生させました。

そのほとんどが、５次元とそれ以上の次元の中で、皆さんの目に見えないままで残っています。今も１４４の惑星があるのです。

穏やかな合図と共に、このしずかな展望を皆さんが意識と共に広め高める時、待ち続けた皆さんの無意識の中でまどろんできた驚くべき聖なる真実を目の当たりにしていくことでしょう。

宇宙の目に見えない数々の驚愕の探求に参加する時、内部で湧き上がる感覚を妨げることがないようにしてください。

ヘルメス・トートは、皆さんの視野を広げることについてこう説明しています。

精神の拡張、あるいは視覚的な集中、はたや肉体的洞察を用いるあらゆる「瞑想」のたぐいを実践している時、わたしたちに降り注いでいる二元性のひかり「〝巌〟と〝瑞〟」はわたしたちの自己における双子のような様相を見せ、直接的な意思の疎通を光線として表してくれています。

特別な修行や魔術、霊術を使うまでもなく、数々の次元の入り口を通してコネクトできるわたしたちの指導霊や高級霊の言葉を聞くことは、力能を遥かに凌駕した有益な光の活動単位であり誉である「無現の大慈」であることには変わりありません。

アンドロメダ星雲やシリウス星団、古代太初の人間たちも楽しんだ際立つ能力の一つでした。わたしたちは今、ふたたびその輝かしい力能を超えた才能を取り戻し始めています。

わたしたちはヘルメス・トートら「〝ひかりのクリヤヨギ〟」と同じように精神感応していき、さらにさらに高き自己、双子の光線と会話を交わし、誉れ高きジッグラト（立つべき場所、神殿）で嗣子（友人たち）を持つ恩恵を楽しむ方法を学んでいくのです。

光のジッグラト（神殿）が新しい人生をもたらし始めるのです。

The Ziggurat of Light Brings New Life

さあ、わたしと一緒に始めましょう。

光のジッグラト（神殿）で体験するいくつかの歴史的な「まじろぎ（瞬）」を皆さんと一緒に堪能することになるでしょう。

ヘルメス・トートが光の柱を創り出して、「〝巌〟と〝瑞〟」の者たちのさらに高き自己のための一つの癒しの神殿、光のジッグラト（神殿）が確立されました』

秘儀を極めた者＝『人は彼をヘルメス・トートと呼ぶ』

『それは「大地」より「天」へのぼり、たちまちまたくだり、まされるものと劣れるものの力を取り集む。かくて汝は全世界の栄光を我がものとし、ゆえに暗きものはすべてなんじより離れ去らん。ヘルメス・トート』

ヘルメス・トートはシリウス星団のスピリチュアルリーダーの精霊でありクリヤヨガマスターです。宇宙と地球とイキモノ、すべての神秘的事柄をクリエーション（創成）し、解明してきた至誠です。そして過去の人類史の表と裏。舞台の袖と華やかなステージ、天と獄。様々な陰陽とする様々な盤面に登場し彩りを添えてきました。

それは時に「錬金術」であったり、「魔術」と呼ばれたり、エジプトでは「神」と呼ばれたり、または実践的哲学の「師」としても数々の芸術や書籍の中にも多く見受けられるのである。

自然の神秘を解き明かす新しき多数の科学的考察のテーゼをイルミネーションとして書き記した数々の著者の作品の中からもヘルメス・トートの智慧の「〃シルシ〃徴」が多分に垣間見られるの

だ。

そしてこの「言の葉」、「言霊」の張本人のヘルメス・トート。その比類なき探求者はあらゆる自然界の秘奥へと分け入っては、これをいとも明快に『エメラルド・タブレット』の石板へと刻みこんだ。

なかでも「風は胎内に其者を孕む」という一句へと封じられた意図は「太陽をその父に、月をその母として陽光のもとへと生まれ出ずるべき者は、猛々しき風の昇渦のなかに抱かれている。飛ぶ鳥がまさに大気へと運ばれるように」というものであり、まさしくわたしたち人間の『息＝生』これこそが思考という息の産物の電磁的集合体の末路の形であり、生命という光明を灯す知の始原の証明であり、生きとし生けるものすべての生物の根源に灯る生命の種子の核ともいえる仙骨の奥彼方にたたずむ「〝サクラ〟」という霊力そのものであるという事実といえる。

ヘルメス・トートは肉体の場面においてもこう言っている。

内臓には、沢山の神経節（リトルブレイン）が無数に散在している。その中で最も大きいのが腹腔神経節（太陽神経叢）であって、この神経節を腹脳と呼び、呼吸と外からの物理的刺激によって大脳（ビッグブレイン）の興奮を鎮静化し、情緒を安定化することが可能になる。各内臓器に精神の働きを付しているヨガや東洋医学の体系は、この神経節の働きを指してそういっているのだ。

ヘルメス・トートが「頭は信用してはいけません。体を信用するのです。体は宇宙の指令で動いているのです」と言われた。

内臓に沢山点在する神経節は宇宙の指令を受けて働いている。

さらに内臓は七情と呼ばれる状態を感受するのも特徴的である。

「喜」・「怒」・「思」・「悲」・「憂」・「驚」・「恐」の七つがそれで、内臓の「喜」とは「心」、「怒」は「肝」、「思」は「脾」、「悲」・「憂」は「肺」、「驚」・「恐」は「腎」に、それぞれ属しているのです。

クリヤヨガは地球上のどの歴史の中でも、最も古く知恵と経験を伴うヨガである。それは人間の全存在の覚醒を解き、呼吸による意識と肉体の変化を経験し、やがて高次の魂とアクセスを果たすことにより、結果、大いなる至高の存在と繋がることを約束する究極の方法がクリヤヨガなのである。

ヘルメス・トートはつぶやく

『自らとまわりの幸福を願うすべての愛する友たち等よ

世界の全存在がこの恩寵の聖なる歓喜で満され、無知、敵意、憎悪、怨恨が地上より消え去り、すべての民族間のへだたりの闇が融和の光にとってかわり、その光輝なほまれからは最高の真実、正直、誠実、親切、好意及び友情をもって、世界のあらゆる民族及び宗教の人々と交わっていくことができるであろう。もし他の人々及び国家や大きな権力があなたがたに対して不誠実であっても誠実さを示し、不正であっても正義を示し、冷淡であってもほほえみを忘れずに、敵意のヤイバを突き付けられても親身な友情で応え、たとえ生命を脅かされたとしても、彼等の魂の怒りのこびり付きとは思わず、傷つけられても彼等の痛みを和らげるカンフル剤としての存在とならねばならない。これが実誠者の特徴であり、つよきほまれの正直者、「貢献者」、「たましいの貢献者」、「ひかりのヨギ」の実相であり真の属性といえるものである』

ヘルメスの書

身体的な生起についてのくわしい解説があります。

ヘルメス、プラトン、アリストテレス、そしてその他の哲学者たちは、異なる時代に活躍し、その秘儀（芸術）を紹介し、そして更に具体的な創造の秘密を探究し、解明することに成功しました。これらの秘儀や秘術の中には、人の体を老化から防ぐ方法と不死を得る方法が積極的に論じられていました。老化を遅らせる方法により、若さを再構築し、人の命を延ばすことが可能な、「或ること」(kriya yoga)を記しました。

「故に、ヘルメスらは、多大な努力をもってこの偉大で尊いことを探究し、人体を腐敗から保存し、命自体を延命することを発見しました。またその他の要素に関して、彼等が理解したのは、高次の多層の初めの領域は4つの要素（火、空気、水、土）の上の階層にあるということで、「エーテル」層であるということです。そして丁度、高次の多層は他の要素と関連させられると、（それは破壊する事ができなく、きわめて安定的で、外的なものと交わらないので）5つ目の実質とされました。

それは火のように熱く乾いたものではなく、水のように冷たく湿ったものでもなく、空気のように暖かく湿ったものでもなく、土のように乾いて冷たいものでもありませんでした。それは、すべての要素の性質と力能に満たされた完璧な形態（かたち）といえるもので、自然の力の方向性を持ち、スピリット（霊）的な徳質をおびた特徴で最も特定的な統一があり、肉体と魂の分解することのできない連なりです。それは破壊されることのないもので、最も純粋で最も高貴な実質の質量と容量を持ち、それはいかなるものによっても傷つけられたり、破壊されたりせず、そして秘儀（芸術）によって産出されます。このスピリット的なエッセンスは、3000億光年の彼方からシリウスのヘルメス・トートによって標（しる）され、のちにイザナギに明かされ、聖人や聖者によって大いに熱望され秘匿のうちに静かに広まっていきました。これを、ヘルメスとアリストテレスは、「嘘のない真実」と呼び、確かな物事のすべての筆頭にこれを置き、すべての秘奥中の秘として扱いました。それは「大いなる存在」の下で探究される最初で最後の最も崇高なものです（ヘルメスからのメモ、「それによってあなたが護られる方法は、『大いなる存在』の下に唯一、一つの方法しかあらず形而上化され、合一化されたクンダリーニです」)。

ヘルメス・トートは続けます。

スピリチュアルな研究の素晴らしいまとめと終わりによって発見されるのは、「大いなる存在」の静謐さと深遠で緻密な霊妙さです。わたしたちの口が呟く事の出来ないものは、このスピリットの中に全て隠されているのです。

ヘルメスは続けます。

これを抱く者はすべての事象を有し、そしてその他の助けを欲せず、それはその中にすべての根源的な幸せ、肉体的な健康と幸福、そしてすばらしい縁や幸運の数々へと続きます。それは本質のスピリットで、「イナンナ」の「月の光にまばゆくもと」であり、すべての歓びの泉で、天と地の「戯れ」で、風が海の波を梳(と)かし、雨を降らせ、強さという地盤をすべての事象に浸していきます。

そして天空の「リーラの響き」は、すべての生きとし生けるものに素晴らしい啓示として降り注いでいきます。スピリットからの霊雨は、健康、歓び、恒久平和、愛を与え、憎しみと悲しみと悪意を追い払い、深い歓びをもたらし、すべての邪鬼を追い出し、すべての病気の治癒を早めます。貧困と悲哀の混濁を打ち砕き、すべての善き事柄を生起し、すべての邪悪な言葉と思念を妨げ、わたしたちは「大いなる存在」の熱誠自身となり、みずからの光の神殿（大脳）と、「大いなる存在」の至極の懐の中で、すべての事象の回帰と成就と繁栄があなたに与えられるでしょう」

気魂ある慈愛の者に地上の尊敬と永遠の生命をもたらすことでしょう。くしくも、それを悪用する卑劣な者たちは、永遠の輪廻の渦の外周の粗くほころんだ歪みのくぼみに召喚され配置されるでしょう。

これらは真実のスピリットの話で、神聖なスピリット（息）はわたしたちに神意的立ち入りなくしてなにも始まりはしないことを伝えてくれます。またそれを知っている賢者の指導なしでは、この世界のだれひとりとしてこのことを理解するには至りません。自然（本質）の神秘、しなやかな強さ、どの領域の力にも、同じことが当てはまるのです。古来の世界の神秘の扉を開けた今、太初よりささやかに執り行われていたものこそ、生人だけの治癒ではなく、「シビト」の新たなる「メザメ」のための神癒。秘奥の秘の一つがこれなのです。

このエッセンス、クンダリーニのエネルギー（分泌液）はまた、地上と天空におけるすべての事象の「理」を明かし、すべての金属的で隷属的な体（酸化して鈍化）を8色（宇宙の金剛）に変え、そして神界（大脳）の下に運び届けるのです。すべての旧知、既知、未来すらこの神界（大脳）の中にクンダリーニエネルギー作用として結合、統合されていくのです。

スピリットの共鳴へと繋がる道は秘密で、太初から常に隠されていますが、これらの膨大な真実の富を栄光の陽の光と共に明かすために、クリヤヨガという究極の手法により、ごく少数の熱誠な人たちによってその手ほどきがなされてきました。

古代より「神」や「大いなる存在」と呼ばれたすべての者たちは限られた狭い領域にはいませんでした。

今初めて有史以来、地球でこの話を許されたので、真実をお伝えします。

「神」や「大いなる存在」と呼ばれる者たちは様々な「スガタ」や「形態（かたち）」、「色」や「音」や「匂い」や「気配」、「意識」、「思念」、自然自体の元素、エレメントになったりして「常に」存在しています。それは、灼熱の形状で空気の中に住み、そして銀河の天の川となって宇宙の磁力を噴出しています。

天の雷鳴と、地の怒号は「イブカ」という神々の声聞（しょうもん）によって「一条」の「全き（まった）」「ひかり」へと「スガタ」を変えるのです。空からの色取り取りの光彩は、惑星のすべての水の性質に伝わっていき、生命や川や血液の流れになります。

仄かなスピリットは、朝の霧の中も、天空への「イブカ」の中を通って飛び、その燃えている炎を水の中へと導き、そしてふたたびその輝く領域を天空へと引き上げていくのです。そしてこれらの生々しいスピリットの体験は、わたしたちのひとりひとりの狭義の枠が自然にほどかれていくごとに、感覚としても、認識としても正しく理解されていくのです。すでに、初めから真実は開かれているのです。

このように「大いなる存在」は比喩を用いる必要がない程素晴らしく、ついえることのない「実相」の「叡智」そのものだといえるのです。

このスピリットは、その灼熱（火）の形状においてエシュ（eš）と呼ばれ、空気においてはアヴィール（avu~iru）で、水においてはマイム（mājim）で、土においてはアダマー（adamah）です。

スピリットは、その本質に合った体の中に現れる

わたしたちが探究するこのスピリットは様々な特性とそれらから連なる多くの属性を伴っています。その状態や性質によって一概に同じ名前で呼ばれることもありますが、大事なことは、同じものがこれらの体にあるのではないということです。なぜなら、スピリットは、その本質に合った状態の場所（海・川・森等）、体の中にしか現れることができないからです。

そして、それがいかに多くの名前で呼ばれようとも、すべての事象において、あらゆる点で機能しているのは輝かしい一つの同じスピリットなのです。

古来、多くの誤解や歪曲によって異なったスピリットがあると人々は想像していました。

スピリットはつねにたゆまず「流麗」、「果敢」です。

日が昇る時には、すべての蒼穹たる天空を照らし、暮れる陽は大地に純粋な静寂さをもたらします。そして神秘の「イナンナの月」が闇の雲の間から顔を出し、水面に抱かれる時、「〝魂のリーラ〟戯れ」は奏でられるのです。この性質から生まれたスピリットはラ＝太陽と名付けられ、「大いなる存在」の天使で、最も精緻で最も純粋で、すべてのものと繋がる至高の存在の「愛し子」と呼ばれているのです。

ヘルメスの往古のこんなくだりをみていきましょう。

「その同じものを通して、モーセはアーク（アーチ）の中に黄金の器を造り、そしてソロモン王は神に敬意を払うために多くの美しい働きを提唱しました。

それと共にモーセはタバナクル（社）を建て、ノアは箱舟を造り、ソロモンは寺院を建てました。これによってエズラは法を再制定し、モーセの妹、ミリアムを手厚くもてなしました。アブラハム、アイザック、そしてヤコブとその他の公正な人たちは、一生の豊穣と富を成し、そしてそれを持っているすべての聖者たちは、神を褒め称えました。それがすべての物事において最も純良なのは、何故なら、すべての生成消滅の事象において、人がこの世界で熱望できるものに、それと比べものになるものはなく、そしてその中だけに唯一真実があるためです。故にそれは真実のスピリットと呼ばれ、その讃えは、十分に表現される事ができません。

神の叡智の深遠な底なし穴よ、それは故に、一つのスピリットの徳と力の中に存在している体のすべての性質を統一し構成したのです。

生成消滅の人に与えられた、語ることのできない栄誉と、無限大の歓びよ、破壊せざる事柄は、尊いスピリットの徳によって再生されるでしょう。神秘の中の神秘、すべての秘密の中の秘密よ。そしてすべての事象の治癒と薬よ。自然的プリミティブ（土的）な本質における、あなたの最後の発見は、家長たちと賢者たちへの最後の贈り物です。世界全体によってそれは大いに熱望されています。純粋さとは何と神々しく素晴らしく気高いスピリットなのでしょう。その中にあるのは、生命のすべての歓び、豊かさ、充満さで、そしてすべての芸術は、すべての物質的な歓びや力を与えてくれるかのようです。

純然たる知識は、月の環の下や、またはその上のすべての事象において素晴らしく、それによって自然は感応され、そして心と手足は回帰し、若さと屈強、しなやかさは保持され、老年は追い払われ、虚弱さは基盤から立て直され、美とその完璧さも保護され、すべての事象において充満という「神氣」が立ち籠め、人々のために還元されていくでしょう。あなたはスピリット的な本質で生き、すべての事象の上で素晴らしい手本となるでしょう。

あなたは驚きの力と共に、世界のすべてを浄化し純化していくことでしょう。あなたは唯一無二の徳を備えた存在となり、存在するすべての最も崇高な光源と共に永劫の光の守護を受け続けるでしょう。賢明な熱誠者は絶大なる信頼と栄誉、栄光に包まれます。また、希代のユーモアある秘儀は「シビト」を目覚めさせることから発展し、病を万人から追い出し、死にかけた者に声を再生させます。肝要で得難い宝を得たあなたは真の存在です。神秘の中の神秘で、「語る必要のない光輝の本質」と呼ばれるでしょう。

「大いなる存在」の下のわたしたちもすべてに跨(また)がる次元上昇を果たすことによってどんな高尚なも

のとも区別ないくらいにそれ自体に同化、純化されていくでしょう。

始めも終わりもないかの如く、わたしたちは「大いなる存在」の一欠片として、自然と力においても底知れなく、徳と働きにおいても素晴らしく、すべての生きとし生けるものの中に「大いなる存在」を見るのです。

そこから流れる「生命の水」で、永遠の治癒のオイルと蜂蜜で、病める人、労るべきすべての人や動物、イキモノ、自然に向かい、「みずから」の「息」でその滋養と栄養と慈悲に溢れた「愛」の「一滴」を地に海に空に、夕に、朝に滴らせるのです。


ヘルメスの話も相当深いところにきているようです。


『物質と力は一つで、同じ原因から起因する。

真の知識とは、あなたがたの直接の認識において真実が構成され、そしてそれもまた自然自身によって教えられているのです』

クリヤヨガの最も尊い要素は、わたしたちの身体的な物質の要素から、大いなる存在のスピリットを抽出し具体的に実社会に取り込んでいくことです。

「ヘルメスの秘蹟」の秘密は神秘的なこの身体の実相が、本来真実のエッセンスによって固体化され、濃縮され、実質を造りあげている点にあります。

わたしたち「ひかりのクリヤヨギ」が研究するサインは「大いなる存在」の「縦糸」、生命力から生じるエネルギーの「横糸」の十字の「タントラ」です。それは神経の交差による人神の象徴と呼ばれるものです。

すべての尊い生きとし生けるものの中には、天と地、中空の庵と言われる中枢センターが働いており、その純粋な神氣は天空へと突き抜けています。

この宇宙が総ずるすべての力は、根源的に、あるいは力能によってわたしたちの身体の中に取り込まれていきます。そしてその物理的な身体と、そしてそのすべての器官は、自然の力の産物による現れ以外の何ものでもないことを知るのです。

身体は、天空の星々を形成した、その同じ力の星座以外のものであるでしょうか？
鉄とは何かを知っている者たちはまた、火星の性質を知っていることでしょう。
火星を知る者たちは、鉄の特質を知っているのです。

もしこの宇宙にかがやける太陽がなければ、わたしたちやこの惑星に生きるすべての生きとし生けるものの心はどうなるでしょう？

クリヤヨガとは、わたしたちとスピリットの純粋な瞑想力によって、目に見えない要素や実性を直接的な関与により、それらをその物質的な均衡によって引き寄せ、この惑星に合うようにチューニングを施し、清め、祓い、そして変容から真のかがやける魂へ回帰させるための秘宝です。

自然の神秘に導く輝く星の純粋な熱誠者は献身的な敬虔さで信念を磐石にしていきます。

わたしたちが「大いなる存在」と共に信念を持てば、「大いなる存在」自体のすべてのベールは解かれ、白日にさらされるでしょう。

一切の真実を隠すことはせず、「大いなる存在」の働きを、つぶさに、信じられるように、実に見える形態として、明かされることでしょう。

わたしたちは「大いなる存在」と共に、この惑星における非力で脆弱な多くの人たちの心の結び目の重力を解かなければなりません。決して簡単なことではありませんがやり切らねばなりません。まず「ひかりのクリヤヨギ」として必要な手立ては、あなたがた自身の「ひかりの神殿」に立ち入ることです。大脳新皮質の迷宮を目指すのです。あなたがた自身のスピリットを信頼し「相棒」とするのです。そしてその氣力と共に分け入るのです。

正直さや、神々しい雰囲気、誠実で実直な当体。純粋さや、力強い信念を抱き、そしてそれを愛と自由と自信にみなぎるあなたがたの心へ、魂の源流へ、感覚を持ち、思考という意識の目くるめくきらめきの「〝しじま〟静寂」で、抱き続けなければなりません。これが意味するのは、わたしたちの中で共時性と磁性を持つ「大いなる存在」の力を意味しています。螺旋で前周で、後周で、左右でいかなる「円」の運動をもする「大いなる存在」の力によって、わたしたちの内外的なありとあらゆる感覚が開かれていくのです。

「永遠の環」の運動によって、わたしたちは「大いなる存在」の真実の秘密を解き明かし、わたしたち自身の永劫の自然の「環」を生み出していくのでしょう。

宇宙の自然の太母はすべてに「〝まじろぐ〟瞬」、調和と整合性の韻律を奏でる「リーラ」の響きです。

わたしたちの内外の想念や肉体的綻びが癒えたなら、宇宙の自然の太母の「〝まじろぐ〟瞬」の調和と共にあるでしょう。

わたしたちのくすんだマインドの鏡が、知を持つ聖なる見解へと溶け出したのなら、盲目の錆びた鎖に繋がれた呪縛にさらされないのなら、宇宙の自然の太母はやさしげにわたしたちと同じところに座り、その「〃まじろぐ〃瞬」の「〃しじま〃静寂」の中でわたしたちは真実の「〃魂のリーラ〃戯れ」の奏でを共に総じていくでしょう。

すべての生きとし生けるものに平等にこの「〃魂のリーラ〃戯れ」は奏でられ、不誠実という闇は内側から燻らされ燃え尽きるでしょう。

特徴なき無明な多くの者たちにも、受け入れがたく心閉ざした氷の人々へも「〃魂のリーラ〃戯れ」は「〃そよぎ〃梵」、奏で続けられ聞き入れられるでしょう。

それは微細から最大、すべての事象の領域にまんべんなく「〃そよぎ〃梵」続け、調和の韻律にやがて溶け込み、完璧なる崇高な鎮まりの地平へと誘われるでしょう。

全宇宙、全きこのスピリットは一つの才を持った「ツルギ」です。一つの神々しい煌びやかで強靭な「ツルギ」です。素晴らしく直線的な主的な力です。いわゆる「縦糸」と呼ばれる神意の「スガタ」です。

蒼穹のはるか彼方の淵源から、太初、現代、未来へと、すべての時空を通してわたしたちを抱きしめ、元素の質量の「祠」を無量大数こしらえてくれた光のものよ。わたしたちのまえに幾度となくその光輝な「オスガタ」を現された至高の方よ。

ヘルメスは太陽のひかりの師大、イナンナは月の寂静（じゃくじょう）の色香のほとぼりで「横糸」の「壮麗なツルギ」を秘めている。そして舞い降りて放つ知性は「〝巌〟と〝瑞〟」の「イザナキ」「イザナミ」栄光の國創りの二柱として今も不死のアウア（太陽）を照らしてくれている。

※注釈：現津神（あきつかみ）とは、心魂磨の使命を持ち顕れた至高の存在の実在の姿を持つ神のこと。

「愛」ヘルメス・トートの珠玉の「言の葉」
"Spiritual revelation" of jewelry of Hermes Thoth

他の人よりわずか先に真理を悟った人、他の人がまだ持ってない知恵の宝石を与えられた人は、この上ないやさしさと誠意でそれをわかちあうのがよい。

It's better than other people that the person who could give a jewel of the wisdom the person who realized truth and other people don't have yet to a slightness destination partakes of that by the greatest gentleness and sincerity.

Satchi Kamei which spends revelation of Hermes Thoth

愛の力は何と巨大であろうか！
すべての力の中で最高の武器を必要としない
最もすばらしい力である。

With what is the power of the love huge!
Without the dirt best in the power of everything.
The most wonderful power.

Hermes Thoth
Satchi Kamei which spends revelation of Hermes Thoth

人間世界で最も偉大なシルシであり、威光ある鎮（しずまり）、それは愛である。
愛が消えかけると惹き合う力も消え、
情（こころ）の容（かたち）がくずれ、

この世の生活現象そのものが消える。
Satchi Kamei which spends revelation of Hermes Thoth

愛はことわりなきものに生命を与え、
冷を温に変え心の炎を灯す
絶望は輪廻の海に浮かび希望の夜明けとともに
悲しみと合わせて葬ってくれるだろう。
Satchi Kamei which spends revelation of Hermes Thoth

わたしたちの進歩や発展、栄光のほまれを勝ち得る最高の方法とは、わたしたち自身が勇気と融和の知恵の「言の葉」をつかい、世界全体への「悟り」と「治癒」と「たましいの戯れ」を実現することであろう。それは本来全人類に宿る愛と希望と融和の和合の力であることはまちがいないのである。
Satchi Kamei which spends revelation of Hermes Thoth

実体なき世界の住人ではないわたしたちは、
愛の生来、生起より偉大な力はないことを知っている。

愛の炎で輝き続ける人々よ、
すべての犠牲もいとまない強き尊いほまれたちよ、
「言の葉」のことだまとともに、
作(よ)めいく動きこそ「愛、或るそのもの」と知るがよい。

すべての存在する現象は愛の起源であり、
愛なきほころびは、欠如の分解・破壊を起こす。
すべての存在が消えうせるまえに愛の息吹の炎を、
尊きほまれ自身が意図的にわたしたちに与えた恩恵であり、
結合の絆は愛によってもたらされるのだ。
Satchi Kamei which spends revelation of Hermes Thoth

すべての事象は愛の写し鏡である。
渇いた人の心を充たすのは愛だけである。
他のいかなる事柄とてそれに代わりうることは、
できないのだ。

わたしたちの究極の目標は「魂」の承認と信頼を勝ち得ることであり、そのために必要不可欠のもの、それは愛と融和である。たゆまず人は和合していけるよう勉めなければならない。愛し合わなければなにも得られない。相互に励まし合い誉め讃えあわなければなにも始まらない。やさしくいたわりの言葉をかけ合わなければなにも起こせはしない。確執や離反を招いた不和や憎しみは愛の息吹によってでしか取り去ることができないのだ。

「大いなる存在」からの至高の愛がある。そのうえには容（かたち）なき遍在の時空が広がるのみだ。存在する愛の容（かたち）を見ていこう。

初めの愛は「大いなる存在」からわたしたちに注がれる愛である。これは、果てることのない至福であり、神聖な光であり、天の啓発から成るものだ。この愛を通して存在の世界のわたしたちは生命と氣（霊）を与えられ、物的存在を象徴付けられる。そして、生身の存在がついえる時、大霊（愛）を通して、わたしたちは次の行き先を選ぶことになる（勝手にオートマティックに輪廻転生をする訳ではないのです）。久遠の生命の一端を握りしめ、生きた神のイメージにわずかだけ近づく瞬間である。すべての愛の源となる外周の一端としてしばらくそうしていることの愛として存在する。

「大いなる存在」に向けた愛が第二の愛である。世間では信仰と呼んだり様々な言われ方をしてい

るものであり、「大いなる存在」とその恩恵、啓発、進歩、「大いなる存在」の「懐」への入息、

「大いなる存在」の光による精神的な自発の韻律へ導かれる力である。この愛はすべての人道的発端のもとであり、人間の心が内在の太陽の光を映すよう、自律のひかりの愛である。

第三の愛は存在の感謝、「大いなる存在」ご自身または「大いなる存在」のアイデンティティに向けられた「大いなる存在」の愛である。これは「大いなる存在」のもうひとつの善の「スガタ」であり、「大いなる存在」の創造物というみなもに映った「大いなる存在」ご自身の姿に対する愛である。これこそ「真善美」の極致愛であり、古よりの愛、永遠のまことの愛である。この愛の光線を「美」とわたしたちは呼ぶのである。

この「全き」愛は人から人への愛である。心と心を通わせあった偽りもけがれもないこの存在する愛は、わたしたちの精神の和の「作（よみ）」という理想によって唯一かたちづけられる。この愛は「大いなる存在」を知ることによって最終的に完成される。わたしたちは「大いなる存在」の愛が反映された心を映すようになり、人々がそれぞれの魂に反映された「大いなる存在」の実際を見て、共に歩みより、共通点を見出し、ともに魅かれ合い、「大いなる存在」の愛を感じるようになっていく。一つの海の風と波になり、同じ「太陽」の「まじろぎ」で飛翔し「合一する（一つになる）」。輝く同じ星となり、一果の元の木となる。真の韻律にゆらめく、和のみごとな合一の愛である。

「大いなる存在」は愛そのもの。「大いなる存在」は合一、純粋性、神聖さと忍耐をもつかさどる。

神の属性を持つものを「大いなる存在」と呼ぶ。

「大いなる存在」の愛がなかったらわたしたちの心はかきむしられ続け、啓発されることはないであろう。「大いなる存在」の「ひかり」の道は開かれないであろう。聖典やいかなるものも啓示されることはなく、「大いなる存在」のガイド（預言者）たちもこの世界に送り込まれることはなかったであろう。これらすべての恩恵の基は「大いなる存在」の愛の「息吹」である。それ故、わたしたちの世界には「大いなる存在」の愛よりつむいだ偉大な力を実在としてこの世に知の新しい「息吹」として広め吹かせることが大切なのである。

「大いなる存在」との真実の愛も現実のはざまに広がるわたしたち存在の愛も垣根がない同じ頂と麓とほとりの清らかな愛だ。たましいを一つに結ぶ愛なのだ。


精神世界の中だけの限定的な愛ではなく、生成消滅の「色香」に浮き出た質量のある法則の形態（かたち）を変えたスガタこそが愛である。

物的・肉体的、有機・無機物、
一切合切を跨った普遍の存在、愛である。

時にわたしたちは、ちいさな業に打ちひしがれてしまう。それ故、心に愛を「作（よみ）」し、その愛がみずからで光を放ち、あかるさと輝きを放つようになるまで根気よく「瞼（まぶた）」を瞑（つむ）り「始原」からの奏でを「瞑想」の「〃ほとぼり〃熱」で続けていこう。燦々と愛が輝く時、伝播の神と共にその愛はすべてのこの世の「全き」心に浸透していく。「大いなる存在」の愛が打ち立てられた時、すべてのものが「目を覚まし」至高の奏での韻律「悟り」の世界が訪れるのだ。

愛をつむぐ秘宝の印は「瞑想」である。聖なる「大いなる存在」のアヘッドのメッセージも愛である。「作（よみ）」の実動的体験と心理作用は愛に基づいている。この世の全き輝きは愛のおかげである。この世の善意と幸福は愛によって起こった「作（よみ）」からの「瞑想力」の賜物なのだ。

「大いなる存在」の実体験の化身のわたしたちは、臆することなく、絶望することなく、地道にこの想いを務めていくでしょう。憎しみや憎悪の連鎖はすぐに超えるでしょう。不可能なき全き頂と麓とほとりのわたしたちは今日、実現なき幻を背後の闇に退けることを決意しました。「たましいの光」なる「大いなる存在」にあなたの心を向け続けるのです。すべての人に愛と敬意と感謝を照射し分かち合うのです。愛のスピリットの息吹を「みずから」であなたがたご自身がこれからの世界では吹き込む役割をつかさどっていくのです。

わたしたちは人々に対して、完全な愛と誠実を示すことが必要でしょう。自己を誇ることなく謙虚に努めましょう。すべての人は平等で同じ唯一の「大いなる存在」の「懐」として認めあうことが大切でしょう。慈愛と熱誠の「大いなる存在」を知るでしょう。心の底からすべてを愛し、自己と共にすべての事象を好むようになるでしょう。すべての人々への愛で心を満たし、すべての人もまたやさしく親切であることでしょう。

愛を尊びたずさえる者であれ。人々に親切でやさしくあれ。この世のすべての人に慈愛を示し、調和を計らい、友情と正直の厚意を重ね、いかなる傷も癒し、あらゆる迷える人や病に苦しむ人に回復をもたらす者、晴れ晴れしい人であれ。人々の調和の門を開く源であれ。導きの言葉を声高らかに吟じ、目を瞑り、息を整え、「〝しじま〟静寂」の淵源に漕ぎだそう。人を導くために立ち上がる時、舌は「大いなる存在」の愛を語り、顔は「大いなる存在」の愛に輝く者となる。一瞬たりとも休むことなく「大いなる存在」の愛の「シルシ」となり「大いなる存在」の歓喜の「アヴァター」となるその日まで「安穏」の「〝しじま〟静寂」の中で「息」を吐き切り、「息吹」を起こそう。

絶望することなく、地道にたゆまず努力を続けよう。誠実なる力は愛をおびてやがて憎しみを超えるであろう。不可視は不可能の誘因をほどき実現の日々が現れている。「至高の光」なる「大いなる存在」にあなたの顔を向けなさい。すべての人に愛情を示しなさい。愛はスピリットの息吹がもたらした深遠なる超越的領域から吹き込んだ息である。

あなたを愛することでわたしは
その愛について語る必要はなくなるだろう。
わたしの愛は声も空間も一切の制約なく、
あまねく「〝しじま〟静寂」に溶け込んで
いるだろう。

平和のうえに築かれる愛を至上と呼ぶ。なぜなら平和は愛の上に築かれるからである。究極恒和状態が真の平和であり、平和は愛の粒子から出る魂の粉末であり飛沫である。愛の達成は無条件な平和状態を呼ぶ。愛はすべての人間の至上の目標であり、天の輝きであり、人間の目指すべき尊い光である。

愛は大いなる存在の聖なる摂理の秘奥であり、慈愛にあふれる大いなる存在の心の顕れであり、精神の慈しみの8つの光彩の泉であることを、わたしたちは知ることであろう。

愛は天のやさしい光であり、永遠のみなもから吹く魂の息吹である。
至高の啓示を顕すもとが愛であり、生命と生命、生命の魂と生命と魂をつなぐ絆そのものである。

愛はこの世と次世の両世界をまたぐ霊的護符の安穏を唯一守護するツールである。

愛は暗礁の中を導く一条の光。魂と人の進歩と進展を保証する生命のラインである。

愛は敬虔で強く、すべての事象の周期を束ねる最も偉大な法則であり、物質世界での様々な要素、因縁を繋ぐ秘蹟の力である。磁力を持った天空のベクトルを決定づける最高の舵力である。


宇宙の神秘を無条件で解き明かすものも愛の磁力からなる至高力である。

愛は人類全体を彩る生命と氣宇（霊性）の宿り木（魂）であり、三千世界に全き恒久平和の安穏の「〝魂のリーラ〟戯れ」の響きを奏でる力であり、すべての気高き嗣子とその国々と人々の上に、衰亡なき光輝をプレゼンスするものである。

※注釈：アヘッドとは、「指導霊」、「守護者」のこと。

スピリチュアルジャーニー

クリヤヨガを通して、スピリットとして自分のより高い視点を体験する自然な意識拡大の方法。

「Rlungルン（ア・ウ・ワ、auwa）」すべての生命の源である「大いなる存在」の聖なる名前。男性でも女性でもない。この本には、霊性の師ヘルメス・トートからの簡潔で明瞭な啓示がまとめられてあります。

ヘルメス・トートの教えは、実際、きわめてシンプルであり、いかなる正式な訓練や、学問的な専門知識も必要としません。事実、クリヤヨガの基本的な考えは、簡単に下記のようにまとめられるでしょう。

・スピリット（魂）は永遠で、わたしたち個人の真の姿である。
・スピリット（魂）が存在するのは、「大いなる存在」がスピリット（魂）を愛しているからである。
・スピリット（魂）は自己実現と真理実現への旅をたどっている。
・スピリチュアルな開花はヘルメス・トート、聖なる「Rlungルン（auwa）」との意識的な接触によって加速される。
・この接触は、「Rlungルン（auwa）」によりもたらされ、ヘルメス・トートのクリヤヨガをすることと、クリヤヨガマスターの指導によってなされる。
・チャネラーであるサッチー亀井はクリヤヨガのスピリチュアルな指導者である。

・スピリチュアルな体験と現世での解放は、すべての人々が手に入れることができる。

スピリチュアルジャーニー

スピリチュアルジャーニーは個人的な思念による探究であり、生成消滅に対する理解と実現である。それは、そこからすべての生命の美しさと儚さと愛がもたらされる内的探究である。それは、儀式や祭事で体験されうるものでなく、また信条や教えによって手繰(たく)し込(こ)むこともできない。

あなたはスピリット（霊性の実在）

伝統的なスピリチュアルの概念では、あなたはスピリットを持っている。しかしそれは日常からはかけ離れていて、肉体が存在しなくなった時のみ、重要になります。しかしながら、クリヤヨガでは、一人一人がスピリットであり、スピリットがわたしたちの存在において、本質的かつ不変の中心である、と信じます。現代社会のプレッシャーは、わたしたちが誰であるのかを忘れやすくさせます。肉体の感覚と非情とも言える感情に圧倒され、わたしたちはマインドの続きとスピリチュアルな視野を失います。

この視野を再び取り戻すことが、スピリチュアルジャーニーと呼ばれるものなのです。そして、スピリチュアルジャーニーは、ヘルメス・トートのクリヤヨガを毎日実践することで実現されます。

多くの人々が、スピリチュアルジャーニーを、意識にもとづく気づきと理解・認識の拡大として体験します。

例えば、友人に電話をしたいと思ったり、現在自分の抱える現実的な問題を超えて、より深い洞察を得たりすることをいいます。あるいは人によっては、ドラマチックでセンセーショナルなスピリチュアルな荘厳さに溢れる体験をするかも知れません。クリヤヨガでは、自分自身の体験を通して、スピリチュアルな真実を自分自身に証明することを学んでいくのです。

ティピカル（典型的）なスピリチュアルジャーニー

眼の前の暗黒の宇宙の「〝しじま〟静寂」に、針の先ほどの白い光が見てとれた。それは遥か向こうのかなただったが、まるで宇宙の反対側から、その灼熱の光の中にわたしをのみ込もうと、燦燦と光り輝く太陽のようにすばやくわたしに向かってきて、炸裂し弾け飛んだ。その時、わたしは小さな米粒のような一点の光を見つけ、上手く言い表すことができないけど、その光り輝く惑星に触れるためにわたしは疾走し、それに向かって大きくダイブ（飛んだ）した」

これはわたしが経験した象徴的なスピリチュアルジャーニーの体験です。これは、わたしがシャーマンになるための訓練を受けている最中に起こりました。シャーマンでヒーラーのホセ・マへの元を訪ね、この神のうつし世三千世界への訪問で、わたしは人々の心の憔悴と窮状にどう手助けするのかを、実践として学びました。ホセ・マへはわたしの代わりに語りました。

「それはまるで、太陽の中に飛び込むようだった。光のカーテンを通り抜け、そして反対側の世界、見事な色の世界へと出る。彼は宇宙の空間に浮かび漂い、見て、知り、存在する輝く光（壮麗なスピリット）であった。」

「彼の下には、目もくらむほどのまばゆい白い砂浜と、まばゆいばかりの青と緑の海が広がっていた。波はやさしく砂浜を洗い、鳥たちがさえずり、汐の満ち引きと共に動き、人生の生命の『滴』を映しだしていた。

空は、どこまでも青く、雲一つとしてなかった。彼は、ここが天国であるに違いない、と思った」

「次の瞬間、彼は海を見渡せる高い崖の上にいた。人々はいったいどうやって、スピリットの認知や認識を実相を込めて表現できるのであろう。というのも、とてつもなく高い崖の上にいるのにもかかわらず、彼は、下の砂浜の温かい砂の中を歩いているかのように、しっかりと見て、触れて、聴くことができたからだ」

「『遠くを見てごらん』わたしの横で深い知有のバリトンの声が響いた」

「わたしは驚き、あたりを見回した。それはチベットのクリヤヨガマスターであるドージェ・サンゲー・ダワ（月光輝く金剛の仏の意味）で、彼は、美しい神の国への旅を体験させてくれている点で、まぎれもない恩人だった。彼の力強い右手に握られているのは、肩の高さまである丈夫な杖で錫杖（しゃくじょう）といい、チベットではkhakkharaカッカラと呼ばれる。実際は法具として使われ、闇を切り裂き、魔を追い放ち、智を司る金剛の杖といわれている（日本では三蔵法師が手に持っている棒として有名）。左手で彼は、遥か下に広がる砂浜を指差したが、そこを2人の人影が歩いていた」

「突然、急な崖上の見晴らしの良いわたしたちの居る地点から、砂浜を歩いている2つの小さな点までの間の距離が一気に狭まり消滅した。

時間と空間が同時に崩壊しながら一つに交じり合ったのだ。わたしのサードアイは、瞬時にその2人の人物に移り、砂浜をわたしたちのほうにゆっくりと歩いてくる男女を示した。驚いたことに、初老の男性は、わたしの師匠でありクリヤヨガ創成者、ヘルメス・トートであった。もう一人は麗しき女性で、海からの優しいそよ風が彼女の白いガウンをふわりとたなびかせていた。ブルネットの髪に、ほっそりとした彼女は、ヘルメスよりもう幾分背が低かった。彼女自身の苦しみと困難な状況とで、顔は硬くこわばり、まるで死人（しびと）かなにかのように、重い足取りで彼の横を歩いていた」

「砂浜を歩く2人は、崖の上のわたしたちの観察場所のはるか下を通り過ぎていった。サンクチュールの（自然な縫い目のない）光の衣がわたしたちを包み込み、ホセがコメントした。

『わたしたちを包み込むこの温かい光は、愛と慈悲の大海から出た「滴」そのものだ。それは聖なるスピリットであり、神の霊子からくる光の反射光だ』ヘルメスの白き輝く琥珀色のローブは、この黄金のシャワーの中で殆ど見ることができなかった。そしてそれは、わたしをも包み込むようだったが、わたし自身は見ることはできなかった」

「『この球状の黄金の光はスピリット体だ。人間の形状の一番高貴な形だ』そう彼は言った」

「下の砂浜では、鈍重なマインドと対比すらされない自身の澱んだ低い呪詛されて血の粛清にでも遭うようなこの女性が、ヘルメスのとなりを重い足取りで歩いていた。砂を引きずる足跡が、彼らの遅い足取り、つまり打ち寄せるさざ波の際での曲がりくねった跡を印していた。

ヘルメスは、崖の上に立つわたしたちを見つけ、手を振ってきた。しかし、目に見えないバリアかスクリーンのようなものがわたしたちの前を遮り、女性の目からはわたしたちを確認するのは不可能だった。彼らはそのまま砂浜を歩き、ゆっくりとそしてだんだんと遠のき小さくなっていった。そのはるか彼方には、彼らの目的地であるジッグラト（神殿）が立っていた」

『人生の悲しみの雨は、あの若き人の精神を深く傷つけた』ヘルメスはそう言い放った。深い思いやりが彼の思慮的で情緒的な声から聞き取れた。

彼の言葉は、耳から聞こえるものではなかったが、この遠い神の世界のフラクタルで霊妙な大気を通じて、虫の音と同じぐらい明瞭に聞こえた」

「あの女性は、自分の命を絶とうとした。しかし、ヘルメスがそれをやめさせるために介入した。それ以後何ヵ月にもわたり、夜な夜なスピリチュアルな癒しのために、この海のそばの穏やかな天国に、彼女のスピリットを肉体から連れ出しているのだ」

「『彼女の感情と精神の修復には相当な時間がかかるだろう』

ホセはそう結んだ。『おいで、行こう』」

「わたしはもう一度最後に、この海と海岸線を眺めた。すると突然、この海の光り輝く、瞬ぐ（まじろぐ）神々しい水は、物質世界に再び生まれるための適切な機会を待っている未熟なスピリットたちであることを理解した。すると、わたしは一瞬でホセと共にいる瞑想キャンプのテントに戻っていた」

次はこのスピリチュアルジャーニーが、どのようにして、より健康的で機微に満ち足りた人生を送るのに役立つかの一例です。

わたしたちには様々な心配事や悩み事があります。

心配をいくらかでも減らし、深い愛を知り、そのエネルギーに充ち満ちていくにはどうしたらよいのでしょう？

わたしたちにできる悪い習慣を変えるスピリチュアルジャーニーとは一体何でしょう？　その恩恵は、精妙かつ霊妙でそしてものすごく広範囲に及びます。みずからの体験を通して、肉体を超えて生きることを学ぶと、死の恐怖からも解放されていきます。心配事が確実に減っていきます。体験を通して、あなたが愛に溢れる神の創造力に満ちた一部であることに気づくと、ますます多くの愛を人生と生活に招き入れることができます。孤独や孤立感が減ります。体験を通じ、あなたの人生にはスピリチュアルな目的があることに気づく時、深いところからエネルギーが満ちるのを感じるでしょう。

これらスピリチュアルな体験からもたらされた息を巻くようなパトス（熱情）と悦びに満たされる時、あなたの、過去の習慣は音を立てて崩れ去るでしょう。それは習慣を変えるために強固な意志を持って挑んだり、欠けている物を得るために戦う代わりに、そうした古い習慣そのものが、いつの間にかなくなっていることに気づくというものです。

ヘルメス・トートは、スピリットが完全に幸せな存在である、と教えます。スピリットは、どのようなエラーもミスも咎（とが）もない存在です。スピリットは、その人生における素地ともいえるアトモスフィア（環境）の基盤でありそのすべての原因のもとともなっています。これにより、これまでは事あるごとに人の所為にしていたことから、根本的な原因を自分の内に探すことへと、気づきが自然と移行します。そしてこの新しい強力な方法により、無心で他の人々に奉仕し、自分自身の限界や制限ということから解放されていくでしょう。

クリヤヨガは宗教の祈りや儀式とは違う

ヘルメスのクリヤヨガを学ぶことによって、スピリチュアルジャーニーができるようになります。クリヤヨガは単なる祈りとは完く異なります。というのも、わたしたちが「大いなる存在」の声を聴くことを勧めるからです。言い換えると、創造主の声がわたしたちの耳に届くようにするのです。その逆ではありません。クリヤヨガが既存の宗教やヨガと違うのは、クリヤヨガはもっと真摯で鋭意でアクティブであるという点です。クリヤヨガは、より高次の意識的領域の状態を受け取るためによりアクティブにそれを実行します。そして、究極的なことですが、クリヤヨガが伝統的な宗教儀式と違うのは、いかなる道具や動作も必要としないことです。

スピリチュアルジャーニーはまた、一般的に行われている霊的探究や超能力などの開発といったことをはるかに凌ぐものとなります。たとえば、幽界の精霊やアストラル体等を使って物質世界の領域を超えて旅することは、あなたにアストラル界の認識を自然に宿させることになります。このようにスピリットの気づきを認識することで、更に遠方に行くことができるようになります。それは、あなたを宇宙の全領域、つまりアストラル界、コーザル界、メンタル界、エーテル界、そして様々なスピリット界での探究を意味します。これらの違いはこの後に書いていきます。

ヘルメス神の「〝魂のリーラ〟戯れ」

内的世界で見るものはすべて至高のひかりに包まれています。それに比べ地球上の最高級のホテルや豪華な住まいは、暗い小屋のようなものです。神の世界は光に満ち、広々とし、人間の理解力を超えていて、スピリットでしか体験できない歓びに溢れています。これこそスピリットが到達しようとしている場所であり、これはクリヤヨガによって可能となるのです。

数年前、ある一人のクリヤヨギが、ある川にかかっている橋の上に立っていました。彼の話は、究極的な、光と音の神性実現体験の例です。彼はこう語ります。

「夜の闇から、それはまるで、遠くにある神殿からきたように、焼けつくように熱い青白い光がわたしの胸を突き刺した」

「ゴロゴロとうなる雷は、機関車が超高速で線路の上を通りすぎていったかのように、橋を揺り動かした」

「そしてすべてが静止した。雷の音は消えたが神の世界、神の光と音はとどまることなく、わたしの胸に流れ込んできた。それはまるで、創造主の中心から、直接流れ出てきているかのようであった」

「そして、かすかに、水の上をすべっているような音、さざ波が浜辺に穏やかに打ち寄せている音が聞こえてきた。疑う余地もなく、それは平和に満ちた砂浜に打ち寄せる波の音だった」

「波の音が一瞬静止した。そして、波は大きく膨らみ始めた。今回は、今までのどの波よりも大きく膨らんだ」

「波がこっちにやってくる、とわたしは思った。より速いスピードで、そしてより大きな音で打ち寄せてくる。雷のようにとどろき、物凄い音をたてて…わたしはその一つ一つの波に打ちのめされた。満ち溢れる愛と慈悲の大海は、わたしを打ち砕き、浄化し、洗い流し、祝福した」

「音こそがすべてだった。それはわたしの存在すべての原子を満たした。甘く、聖なる神の流れは、わたしをその猛烈な愛で揺すり、あやしてくれた。わたしの中をそのすべてが通過していった。古代の時間を超越した神の声、ヘルメス（内在神）が、その創造物に新しい生命を与えた瞬間だった」


橋の上に立っていたこのクリヤヨギは、実はわたしでした。この体験はわたしがクリヤヨガマスターになるための訓練を受けている最中に起きた出来事です。この体験は、とてもドラマチックでユニークなものでした。さらに、ここで強調されるべき点は、神を全身全霊で愛することで探求者に起こりうる可能性の出来事を示しているということです。

スピリチュアルジャーニーは現世での霊性修行の実現を可能にする神の音と光を認識し、理解し、受容し、活用することであり、クリヤヨガの最もユニークで、エキサイティングな一面であり特徴です。スピリチュアルジャーニーを通して、神の世界の音、視覚的シンボルと波長のレベルを合わせれば、探求者は自己実現だけでなく、霊性修行の高みをこの今生中に達成することができるでしょう。

神の諸世界は、現実を持ったいくつもの界として、最もよく表現されています。各世界はある一定の意識レベル、そしてその波長と一致しています。神、または「"Rlung"ルン」がすべての世界の源です。「"Rlung"ルン」からクリヤヨガの智が流れているのです。ヘルメス、聖なるスピリットがすべての世界のすべての生命を維持し、保っているのです。

わたしは、ある橋の上にいながら、神の純粋なるスピリチュアルな世界の中で、愛と慈悲の大海を体験したのです。ルンは、物質、エネルギー、時間を超越した愛と慈悲の大海の中にある、スピリチュアルな世界の中心に存在するものです。この世界の中で、自己実現から霊性実現への旅は行われているのです。

【神々の系譜1】クリヤヨガ誕生の秘蹟3000億光年からの使者たち

わたしサッチー亀井が万象世界の言い伝えを探究、チャネリングし、ヨガの深遠な事実と法則が歴史の息吹から今ここに目覚めることになる。

『初めに、風が吹いた。音という概念も生まれ、色も同時に生まれた。型なきものはなく、すべて等しく息吹という容（いれもの）に収まった。サッチー亀井』

宇宙開廟（うちゅうかいびょう）（＝万象生命体の誕生）の瞬間の話である。

これからお話しする数々は、ある意味、人智を超えた話であるとともに、かぎりなく宇宙の神秘や神々の真儀、霊や心霊などという括りすら内包し、人間が生み出したすべての学問、芸術、魔術、呪術、宗教の真実を伝え、それらが本来、枠や垣根は一切ないことを証明するものであり、人間、動物、植物、鉱物、すべての有機体、無機質、電波、波長、霊界、神界、森羅万象すべてに関わる根源とコネクト、チャネリングした真実のメタスピリチュアルな話である。

1）1つの息からすべては目覚めた（クリヤヨガ創成）

ギリシャ・ロードス島の丘に登り、目覚めゆく地球の炎をぼんやり眺めていた。

日本から遠くはなれたこの地で、ひとりの覚者が産まれ出ようとしていた。融解をくりかえし辿り着く太古のバイブレーション。太陽のほんとうの姿、霊波をまとう素原子のなごりでありすべての事象や現象、知の起源の根源。そこから来る霊子こそ、宇宙開廟のビージャ（淵源の種）なのだ。浅い意識状態のままでは決して感受できないものが霊子である。音波やUVという概念はもたない霊子。※（霊子、注釈項参照）

地球上で今まででも、存在しうる覚者でこれを具現化した者はごく一握りだ。

磁場や重力、諸所の結界をひかれた狭小な世界に住む者たちはそれに気づくこともなければ、気づこうとしても他の妨害や陰謀が入り、人々は何一つできないというのも事実である。

この秘密を暴くため、有史以前より人間とコズミック・プレイヤー（淵源の神々）は探究の旅を続けた。

かの、プラトンやアリストテレス、仏陀やイエス、聖徳太子に弘法大師や達磨。レオナルド・ダ・ヴィンチ…名を残す偉人たちとて叶わなかった真実の理。宇宙の法。森羅万象の調べ。今、ここにその真実のとびらを森羅万象の息吹とともに開けて進ぜよう。

【2】3000億光年からの使者たち
ダンスウィズ“Rlung”踊れ 死の墓場で

わたしたちを含めて、地球、宇宙には様々な物質や生物が存在します。

何十億年や何千億年もかけていくつもの物質や生物が生命を孕み、宿し、育み、死に、また生まれ。それらをくり返している亡骸の星。生命の死の墓場でもあります。

遥か昔、風=氣（息）は『大いなるもの』として誕生し、崇められ、すべての生きとし生きるものにあたえられました。

1000年　10000年　1000000年…膨大な時の流れを経て、わたしたちの生命にしっかりと宿り、纏ってくれました。

人間は今まで六たび、いわば新しい基礎から出発することをくり返してきました。

1．先史時代、すなわち、わたしたちの先祖が誕生した時代。
言語、道具、火の使用の始まり。これによって初めて人間が生じたのです。
いわゆる原始時代。人間が他の動物とは異なる独自の生活を獲得した時代。

2．超古代高度文明の創始からの出発。現存する書や関連物は消失して一切見当たりませんが、わたしを含め今まで数々のヒーラーや霊媒、チャネラーがコンタクトに挑み、解析している地球と他の惑星、知的生命体からの情報など森羅万象のすべての叡智を含むのがこの時代。
いわゆるアトランティス文明の時代で、医学や呪術、クリヤヨガが誕生した時代。この時、世界中は、今のアメリカ大陸、南米大陸、日本、アジア大陸、ヨーロッパ大陸における各国や地域でもアトランティス文明の叡智による様々な恩恵、情報、影響を受けた。

3．古代高度文化の創始からの出発。それによって人間は、全く開かれた可能性を具えて、精神的に真の人間となった。いわゆる四大文明の時代で、文字や大帝国が誕生した時代。アトランティス文明が群発的な大地殻変動と宇宙戦争の影響により一夜にして消滅した。一切の記憶や情報、すべてが喪失されたまま、エジプト文明や古代インド文明、マヤ文明、倭（やまと）文明は始まった。

4．世界史が世界中で哲学的に一斉に幕を開けた時代。

この時代、中国では諸子百家が活躍し、インドではウパニシャッド哲学や仏教、ジャイナ教が成立して、イランではザラスシュトラ（ツァラトゥストラ、ゾロアスター）が独自の世界観を説き、パレスティナではイザヤ、エレミヤなどの預言者が現れ、ギリシャでは詩聖ホメーロスや三大哲学者（ソクラテス・プラトン・アリストテレス）らが輩出して、後世の諸哲学、諸宗教の源流となった。

5．科学的―技術的時代――ルネサンス以降の科学技術の時代（新たなプロメテウスの時代）2016年12月までのことをおもに言う。

6．意識融解超越の時代　愛の新時代。古代からの叡智と崇次元からのバイブレーション、超意識体からのアクセスとメッタ（慈愛）を完全成就した真のヒューマン・ビーイングたちが先頭に立ち行っていくコンシャスネス・ビーイングの時代。

幾度もの戦いによる負の意識と崇次元とのコネクト、超意識体とのアクセスにより世界とコズミック・プレイヤー（淵源の神々）がヨガでひとつになる方法が誕生した。

宇宙初、地球初のクリヤヨガは『〝知の地平線〟』から同時多発的に始まった。

その当時、今（2015年）から5万8000年前の大地と海と空の性質は愛にあふれていた。空にはまばゆいばかりの「"Rlung" ルン＝宇宙氣」が充満していて、飛ぶ鳥たちや「ア」（太陽）すらもこの「"Rlung" ルン」の恩恵を受けていた。

宇宙という大いなるものの化身の太陽すらもまたこの法則につつまれていたのである。

3000億光年のはるか彼方からの気が遠くなるような旅を「"Rlung" ルン」（生命の種子）はどうして選んだのか？

その疑問と不思議さに興奮と興味を覚えたわたしは、淵源から延びる一本のタイムラインを発見することができた。

そう、その中身にヨガのエッセンスの元になるRlungを発見したのだ。

【3】3000億光年からの使者たち　シリウス 踊る瞳 Inanna 呼吸の息吹で女性性・男性性の融合　地球で最初にヨガをした女性の話

わたしたちを含めて、地球、宇宙には様々な生物がいます。

何十億年もかけていくつもの生物が生命を育み、死に、また生まれ、をくり返している亡骸の星。生命の墓場でもあります。

遥か昔、風=氣（息）は『大いなるもの』として誕生し、崇められ、すべての生きとし生けるものにあたえられました。

1000年　1000000年　1000000年…膨大な時の流れを経て、わたしたちの生命にしっかりと宿り、纏ってくれました。

記憶と意識の変換。性のヘルマフロディト（有機的変容、両性具有）が生きながらにして可能で、性転換手術をしなくても自らの高次の周波数にチャネリングしてチューニングするだけで同化、純化できた高次意識の神々が住まう時代「シリウスアトランティス」。

天空と大地と冥界（地下）を隔てるものはなに一つない、秩序と共鳴の場のシリウスアトランティス。

陰と陽、森羅万象の理（法則）を自らの心魂でコネクトして、歪みのない性質を持つ意識体として存在していたアトランティスの人々とイキモノ、そしてすべての事象や物質など…。

その幾多のマルチプル（多士済々、複合的）の中でも一際まばゆく光り輝き、

荘厳にして淫靡。されど、森然

聡明でいて果敢。哲理の「〝まじろぎ〟瞬」

知識と調和

血と肉

愛と旋律の女神。

日々のワークである瞑想（クリヤヨガ）という名の知と仁の愛を広める伝播の儀式を行っている。イナンナは、アトランティスの中心部分、この天空と冥界（地下）にそびえるジッグラト（聖廟）に居た。ジッグラトの中空に瞬き（既に超覚醒として顕現しているイナンナは息を吐き切るだけで何時間でも空中浮遊で移動・生活できた）大地からの※グラウンディングにより呼び覚まされた根源生命の氣「〝Rlung〟ルン」と、天空からの轟（とどろ）きをパルスという共鳴の響きに変え、受胎していく…。

そう、この瞬間こそ雷鳴と共に未来永劫へと決して鳴りやむことのない真実の法。宇宙の理。森羅万象の奏。クリヤヨガの霊妙（バイブレーション）が地球上のすべての地点、すべての干渉や性質、場所や時間、人間やイキモノ、ありとあらゆる事象に「〃こだま（木霊、精霊）〃」の如く同時多発的に煽（あお）りなき天眼とも呼ぶべき知のリアリティ、光明ほとばしる「〃巌（イヅ）と瑞（ミヅ）〃」の欠片たちも交わり、金字塔的大事業、大偉業、聖なる行（生涯＝クリヤヨガ）がまさに誕生した瞬間である。

「アバ」の瞑想で自身とシリウスアトランティス、大宇宙全体へと感知、純化、融合、昇華させていく。

大地の氣と人々の氣はつねに優しくコネクトしていて、天空の響きも自然に享受できたのは、日々イナンナの無垢で純粋な愛と融和の心で奏でた瞑想、マントラ、息が呼び寄せたちこめた〃ルン＝プラーナ〃のなせるわざだったのだ。

※注釈：アバ：ヘブライ語として今も残る言葉で、「アバ」は、子どもが父を呼ぶ時に使った親しみを込めた言葉。

意識存在体の周波数の音合性による瞑想をひとたび行うだけで、共鳴整合性に優れたアトランティスの人々の寿命は長く、軽く1万年を超え、呼吸の数の少なさからだれでも超長寿を完うでき、低波を凌駕し、第7スピリチュアル次元体の深層へと同化しながら、最高位のメッセージさえも感受できたのである。

澄み渡るアトランティスの大空は人々の意識が映し出すのと全く同じで一切の澱みや濁り、翳りもない晴れ渡る真我そのものだった。氣がまだ、彩を持っていたこの時代。大地を泳ぐイクトゥス(魚)の群れがあちらこちらに見られた。「氣」という生命の受動管に乗るイキモノの象徴でもあった。氣が彩を持つ時代のイキモノは、みなどれもその個体自体はクリスタルのように無色透明だった。

色とりどりの氣＝ルン・プラーナは各周波数ごとのベクトルと有機幾何学形状のバイブレーションで出来ていて、必要なものを色を目で見て、あるいは嗅いでみて、または撫でてみて、触感で、聴いて選べばよい状態だったのだ。

※注釈：イクトゥス：ギリシャ語「ΙΧΘΥΣ」として今も残る「魚」を意味する言葉。英語では「Ichthys イクシス」

その後すぐに、クリヤヨガをアトランティスと地球全土に広めたイナンナは人々からとても愛され、アン(天の女主人)と親しみを込めて呼ばれるようになったのである…。

※注釈：イナンナは、エジプトではイシス、シュメールではイシュタル、日本では伊弉波（イザナミ）、弁財天、インドではサラスワティ、ハワイではハウメア、アクア、西洋ではアフロディーテ、聖母マリアと呼ばれる。サッチーチャネリングにより解読。

3000億光年からの使者たち シリウス 智慧の泉 Hermēs ヘルメス 呼吸の息吹で女性性・男性性の融合 地球で最初にヨガを広めた賢人の話

わたしたちを含めて、地球、宇宙には様々な生物がいます。
何十億年もかけていくつもの生物が生命を育み、死に、また生まれ、をくり返している亡骸の星。生命の墓場でもあります。

遥か昔、風＝氣（息）は『大いなるもの』として誕生し、崇められ、すべての生きとし生けるものにあたえられました。

瞑想って？ 地球最初の【ヘルメス女性性瞑想】現代に蘇るの巻

最愛なる皆さん
わたしはヘルメス・トートです。
太陽系の周りを巡るシリウス星団からやってきました。
地球には今からおおよそ5万年前と1万2千年前、5千年前と、幾度も地球に来ていました。

最初におとずれた時は地球は薄暗い靄に包まれた肌寒い星でした。そこにいる人たちにも活気がなく死んでいる星のようで、なにか重い焦燥感に浸るかのようでした。そこでシリウス仕込みの肉体・精神・魂の浄化・上昇法の「瞑想（クリヤヨガ）」を人々に伝える行脚を始めたのです（後にアトランティアラと呼ばれる時代のことです）。

各大陸や島々、たくさんの国と地域を旅しながら口伝やテレパシー、時には音や前触れ、憑依、体育等々…それぞれの国や地域、時代、いる人に一番最適な容として伝えていきました。二進法や医療技術、暦、天体の動き、遺伝子、祭祀、儀礼、通貨、宗教、自然（神）との関わり方、宇宙の理（法則）など、現代も様々に活用されている智慧や儀式、技術を広く伝えていきました。

日本ではイザナミとイザナギの双身として國創の神としてたずさわりました。シュメール文明期ではNanna（ナンナ）として医科学、農業、漁業が栄えるようにアドバイスしました。海洋文化や漁業の発端はこの時生まれました。帆＝セイルが付いた自然のチカラを利用したエコな乗り物、癒しの乗り物「フラカントーボ（今でいうウィンドサーフィンのような物）」がお目見えしました。

また、エジプト時代にはThoth（トート）という名前でエジプトの王族と協力関係にありました。

きょうは皆さんに瞑想に対しての心構えと、霊感と直感を高め、内なる声を聴くための瞑想の方法についてお話ししますね。

「瞑想」とは、日常の感覚から意識をそらし、あなた自身の魂の状態へと戻るための手法の一つです。

そのためにはあなたの肉体がこの物質次元領域宇宙に拘束されない条件が必要であり、環境や身体的条件を整えることから始めていきます。

最適な条件とは

最も楽な姿勢で座ります。意識をさえぎられないお好みの環境の中で瞑想を行うことが最適な条件になります。

磁場とは、瞑想について

磁場とは、『あなた自身が最も心地いい環境（状態）』でいられる場所、状態のことをいいます。『あなた自身の波動（氣）に満たされた空間』のことを言います。

身の周りがあなた自身の波動に満たされた環境そのものがあなたのエネルギー（氣）であり、最も心地よい空間であるわけです。

できる限りご自身でそのような空間を持たれることをおすすめいたします。

リラックスしていきながら環境を整えていきましょう。日常での準備を始めること、それが瞑想のスタートとなります。

周囲にやわらかなお気に入りの音楽を流してもいいでしょう。できる限りあなたが最も落ち着ける音楽を流すのが一番いいでしょう。

その音楽の中に身を委ね、できる限り力を抜いていきます。

その時には、ゆっくりした呼吸（鼻呼吸）を用いるのがよいでしょう。

呼吸と意識を整え、体を完全にリラックスさせていきます。

リラックスした感覚がつかめない場合は、できる限り体のどこか一箇所を緊張させて、一気に力を抜いていき、緊張とリラックスの違いを自分の体でつかみ取ることが大事です。

全身をリラックスし、ゆったりさせ、目をとじた状態で自分自身の肉体感覚がなくなるまで瞑想していきます。

最初の内はたくさんの雑念が出てくるかも知れません。

かりに雑念が出たとしてもそれと闘わずに、こだわらずに、そのまま出てくるのを見守っていてください。

思いのほか出てくることに正直驚かれるでしょう。

日常の生活のこと、人との感情のこと、嬉しかったこと、悲しかったこと、悔しかったこと、様々な感情が出てくるでしょう。

どこからやってくるのかわからない感情もわきあがってくるでしょう。

それら一切合切も、必要だから出てきているのです。

『すべて出てきている』とイメージするのです。


自分の中にためているのではなくて、全部空間と融合する、宇宙に交わっている、雑念もエネルギーの一つ、必要だから出てくるのだと想うことなのです。これを繰り返し行ってください。

次第に雑念はなくなり、瞑想しても全く雑念がわかない状態が起こってきますよ。

こうしていくことで、とてもピュアな、クリアで何もない透明な空間にあなた自身がただ一人存在しているような感覚をつかめるでしょう。

これが【シリウストート瞑想】です。


その時、肉体感覚も限りなく薄まり『わたしの意識だけがすべて』という感覚に満たされるでしょう。


肉体感覚は完全に空間に溶け合う『わたしの意識だけ』をイメージするのです。

この【シリウストート瞑想】を何度も何度も繰り返し行ってください。

次に【ヘルメス瞑想】という段階に入ります。

この瞑想はとにかく集中していくところから始まります。『一点集中』を練習していきます。対象は何でもよいですから一つのことだけに意識を向けます。それだけに意識を向けるのです。木や花、石、何でもいいでしょう。あるいは図形や数字でもいいでしょう。

この時、自分の鼻先や人を意識した場合は人の想念がまわってきますので避けたほうがいいでしょう。

一つのことに集中し、【そのものと一体となる感覚】を身につけるのです。部屋の中の一点を見つめるという方法もいいでしょう。部屋の中に光を一点だけ灯し、集中する方法もよろしいでしょう。

ただし、ろうそくの場合は霊的な波動を引っ張りやすいことがありますので、人によっては避けるか、適切なガイドや指導者のもとで行ったほうがいいかも知れません。

この2つの瞑想法を合わせた【シリウストート・ヘルメス瞑想】ができるようになった時、この2つの方法を同時に行う練習に入っていきます。

非常に高度なテクニックですが、実は一つ一つが完全にできるとそれが可能となってきます。

意識というのはエネルギー（氣・プラーナ）なので2つに分離できます。互いに重なって存在できるということです。2つの意識を同時に持ち合わせることは可能となるのです。

意識をできる限り広げ、リラックスさせ、その状態において何か一つを見つめ、【広い広い宇宙の中にただ一点の光がある】といった感じにイメージしてもいいでしょう。これを、繰り返し何度も行ってみてください。

何度も練習して慣れてくると確実にできるようになってきますので、あきらめずに何度も挑戦してみてください。

この状態が『チャネリング』や『グラウンディング』に必要な条件となってきます。

【広い意識の空間の中の座標を、一点集中しながら移動させてゆく】そのような技法を身につけることが大事なのです。

これができるようになると相手の波動、物の波動、すべてが正確につかめるようになってきます。一点に集中しリラックスする。同時に行い意識を無限大に広げてゆくのです。

永遠無限に広がるあなたの意識空間をどこまでイメージできるかが、あなたの肉体（脳）と魂のキャパシティーに繋がっているのです。

すべてが繋がり、皆と繋がっている一体感をつかめたとき、あなた自身が全体の愛を再発見し、直感と霊感の高まりとなって現れてくるのです。波動感覚とは、肉体で感じるのではなくて意識で感じ取ることが大切です。

意識で感じ取れるようになった時、すべての五感に意識が存在していることがわかるでしょう。

これが波動感知の基本となり、どういう感じか意識で感じていることが大事なのです。

どうかあきらめずに何度も挑戦してみてください。

きっとできるようになると心の中で設定し宣言することで更に確実度が増してきます。

それこそが、あなたの魂の本質に目覚めるための、唯一の方法なのですから…。

わたしはヘルメス・トート
永久に皆さんと伴に…
大いなる慈悲と慈愛。無償の愛と真心を皆さんに贈ります。
ありがとうございます。
愛しています。

真説シリウス【聖なる符号1：】〝ハウメア ヘルメス・トート〟鳥人伝説 ラパヌイ（ハワイ諸島〜イースター島、チリ）

「わたしたち一人ひとりが、違いを認め合い支え合うことが、他民族への理解を深めることに繋がり、真の平和な状態の世界がおとずれるのではないでしょうか。
かけがえのない地球環境、そこに住まう人々の心が美しく甦るためにも、太古の声に耳を傾け『大いなる融和の心・魂の原風景』を思い出していただけたらと願い『聖なる符号』の物語を、今、あなたにお届けします」

シリウスより日出ったヘルメス・トートはエジプトの地を後にして、一路、地球最辺境の地、ラパヌイに向かい、舞い降りた。

移動手段が人力、自然のチカラだけの古代、ひとびとは肉眼で見られる月を近くの大陸と認識し、匂いも感じられず、風の音も聴くことのできない、見ることもできない地を霊地と呼んだ。

〜ホツ・マツア（トート）黒曜石を使い深い淵海の闇を切り啓く〜

絶海の孤島して知られるラパヌイ（イースター島）。

今から4千数百年前、ホツ・マツア（ヘルメス・トート）という一人の男がこの島にやってきた。

南緯27度地点にあるこの島は熱帯性作物があまりうまく育たないうえ、海水温がサンゴ形成に適さず、少ない種類の海水魚がいるだけだった。

唯一、恵まれた条件は「風が年中強い」ということである。

ホツ・マツアは「大氣の創造神マケマケ」のプラーナ（憑依＝イニシエイト）を受けた半神半人である。

風が強いこの地は大氣が宿りにくく、浸透しづらい場所だ。

ホツ・マツアは島の12の目ぼしい場所に坐して幾日も幾日も瞑想し続けた。同時に12ヵ所を浄化しながら、祓い、清め、静謐にしていった。

5度目の満月の夜、天空の晴れて輝かしい光の帯がホツ・マツアのいる「ラパヌイ」の12の地点、鎮まり、融和した恒久的約束の地にゆっくりゆっくりと降り注いだ。

熱を帯びない妖しげで柔和なその光は、またたく間に島中を優しくつつみ込んでいった。

妖幻な光の波長を感じて、島民がまた一人、また一人と、12の「大氣」宿る聖なるアフ（聖なる母と父の座）に集まってきた。

ホツ・マツアと光の主の大地の女神「ハウメア」は、自身の生魂を分魂しながら、優しく、また勇壮で華麗に、6身ずつに分かれて、アナケア、トンガリキ、オロンゴなど12の「大氣」宿る聖なるアフ、モアイとなり、島の人たちを実際に導く使命をスタートさせた。

ホツ・マツアが島に来て、5度目の満月、アナケナ（7月）の美しい月夜の話である。

※注釈：ラパヌイとは、大きな島（ラパ＝島、ヌイ＝大きい）の意。
日本ではイースター島の名称で知られているが、今も島の人々は島の言葉でラパ・ヌイと呼ぶ。

モアイやロンゴ・ロンゴ文字などが有名。ラパヌイは他の陸地と距離的に大きく隔たっている。東の南米チリ・サンチャゴまで３７９０㎞。西のタヒチ島まで４０５０㎞。北西のハワイ諸島まで７０００㎞である。島の面積は１８０㎢。

※注釈：ハウメア（Haumea。ハワイ語で［hau'mɛjə］と発音される）とは、ハワイ神話に登場する、大地を司るハワイの女神である。また、マケマケと同じで、太陽系外縁天体の準惑星である。

真説シリウス【聖なる符号2.】『"The Moai Tablets"』1）太陽系を旅した男 ラパヌイ（ハワイ諸島～イースター島、チリ）

昔も今も、そして未来永劫に変わらないことがあります。

それは大地、空気、水など自然界の恵みの中で、わたしたちや動植物、微生物にいたるすべての存在が、共存し、生かし生かされているということです。

古代から人々は、自然を畏れ崇め、大いなる存在によって生かされていることを知っていました。

自然の中に神を見出し、感謝の祈りから祭りごとが生まれ、今日まで受け継がれてきたのです。スピリチュアルの叡智クリヤヨガは、この大切なことを思い出す宝庫です。

5万8000年の時を超えて、エジプト、ギリシャ、インド、中国、日本へと、様々な文化、民族、宗教が交わり、広く開かれていました。その中で、たくさんの出会いと別れがあり、愛と悲しみの物語が繰り広げられました。

この歴史から、調和・融合の原点にいたる「始原・大いなる存在」として男女神の伝説、西洋と東洋の交流が生まれ育まれ、今に語り継がれています。深遠でありながら生きる実在を最も尊重し、神話や伝説、伝承を通して、わたしたちは愛と融和の大切さそのものであることを実感していくのです。

『"The Moai Tablets"』2)

シリウス星団より訪れたヘルメス・トートはエジプトの地を後にして、一路、地球最辺境の地、ラパヌイに向かい、舞い降りた。

移動手段が自然のチカラや風や人力だけの古代、ひとびとは肉眼で見られる月を近くの大陸と認識し、匂いも感じられず、風の音も聴くことのできない、見ることもできない地を霊地と呼んだ。

～ホツ・マツア（トート）黒曜石を使い深い淵海の闇を切り啓く～

絶海の孤島として知られるラパヌイ（イースター島）。

今から4千数百年前、ホツ・マツア（ヘルメス・トート）という一人の男がこの島にやってきた。

南緯27度地点にあるこの島は熱帯性作物があまりうまく育たないうえ、海水温がサンゴ形成に適さず、少ない種類の海水魚がいるだけだった。

唯一、恵まれた条件は「風が年中強い」ということである。

ホツ・マツアは「大氣の創造神マケマケ」のプラーナ（憑依＝イニシエイト）を受けた半神半人である。

ホツ・マツアは島に訪れてからすでに144日目の朝を迎えようとしていた。

ホツ・マツアはハウメアと仲睦まじく過ごし、トレードウィンドが吹き続ける湾が一望できるアフ・アキヴィに居を構えた。

風がまだ彩を持っていた時代、吹き抜ける風は悪意のない聡明さそのものを表すものだった。

これから先、島の人々が迷い、悩み、困窮して鬱鬱と過ごすことがないように、未来永劫に乖離しないように、ハウメアとホツ・マツアはいくつかのタブレットを記した。

島に無数にあるバナナの葉に毎日「一文字」ずつ「絵文字」を記したのだ。

時にはなくなったメガシャークの歯や、骨でもタブレットを記した。

天体と天体を結ぶイニシエイトでも光のプラーナを使い、意識の波の具現化による心象フィードバックというシリウスの術を使い、太陽系全体にここでの動察のすべてをロゴスのタブレットとして記していった。

ロンゴ・ロンゴ ラパ・ヌイ語、誕生の瞬間である。

現代まで、多くの研究者や一攫千金を夢見た猛者がこのロンゴ・ロンゴの解読を試みたが、誰一人、解読できないで今日まできた。

わたしサッチー亀井は世界行脚で以前この地を訪れたことがある。ハワイやポリネシアの精霊とも今までコネクトし続けた成果を活かし、この謎の古代言語「ロンゴ・ロンゴ」の解読の試訳（断片）にヨガ界から初めて挑戦してみた。

内容はこうだ。

人が生まれて、亡くなるまでの、生涯をこの島の鳥と魚と大氣に見立てて詠まれた「チャント」、「言霊」であり「ナーダ」＝詠唱がこのタブレットに記されている。

イキモノがこの世に生を受けて、蕾（つぼみ）から花開き、未来永劫の宇宙の一雫（ひとしずく）と還るその日までを記した、イキモノ語りのチャントなのだ。

またこの「ロンゴ・ロンゴ」は他の象形文字や骨文字とも違う歴史を持ち、『絵文字』としても世界最古のものなのである（この時代より前の象形文字の類いではない独自の言語である）。

ホツ・マツア（＝ヘルメス）はこの地でも世のため、人のために誠と智慧を愛の「"Rlung"（ルン）で照射・拡散していたのだった。

クリヤヨガバイブル脚注・注釈表記

序章〜第3章

Kriya／クリヤ　「Kriya」とはシリウス星団のヘルメス・トートからの「創造の源の光」を意味しアトランティス語で「内側の光の鍛錬」を意味します

クリヤヨガマスター　クリヤヨガの力と癒しと知恵を駆使し人類救済、宇宙救済を実行する聖者、大いなる存在の尊いガイドたちのこと

クリヤヨガ指導者　クリヤヨガの力と癒しと知恵を駆使し人々をより良く自発的・創造的に導く者たちのこと

クリヤヨガ実践者　クリヤヨガの力と癒しと知恵を享受し自他共に幸福を願い創造していく者たちのこと

クリヤヨガアカデミー　サッチー亀井が創立、校長を務める「日本で唯一のクリヤヨガ全米ヨガアライアンス正式認定校」である。ヘルメス・トートやマイケル・ジャクソンら全知全能の「智の聖賢」とのコネクトによる究極の叡智と徳と真の引き寄せを受講者は堪能し、修得・実践・継続する

ことで世に還元・貢献することができるうえ自他共に「徳」を積むことができるのが最大の特徴

ヨガ／Yoga　もともとの語源はヘブライ語の「Yoddo ヨッド」＝統一や手という意味があり、変化しながらサンスクリット語になったが、さらに古い起源ではシリウス星団のヘルメス・トートの宇宙聖名が「Y」だったことから生成消滅の理として「KRIYA」という文字が誕生し、後にヘルメス・トート自らが「KRIYA YOGA」と名付けた

呼吸　おもに内外の呼吸のこと

鼻呼吸　クリヤヨガでの基本の呼吸のこと

瞑想／メディテーション meditation　「声も音もない運動」のことであり、「KRIYA YOGA」のこと。地球、宇宙あわせて無限の種類がある

ポーズ／asana　天空の神々が森羅万象、動物、植物、鉱物、人類を創成する中、唯一見落としてしまったことが人間の肉体と精神の機能不全である。動物・植物以下だということに気づいた宇宙開廟の祖ヘルメス・トートが自ら考案した方法がヨガ（クリヤヨガ）である。呼吸とポーズを合わせて行うことで機能不全の人間を一気に引き上げてくれる究極の技法がアサナとクリヤヨガプラーナヤマ、クリヤヨガ瞑想、コンシャスネスヒーリングである。アサナは肉体と精神、エーテル体と魂の弛緩・緊張のバランスをとることができる。ポーズと呼吸をコントロールすることで、神経・ホルモン分泌・免疫系の働きが正常化し、体の調和を取り戻し、各機能が整えられ、健康・美容にも良い。様々なヨガのポーズが近年になり増えたが、魂の領域、真の自己実現からの変容を促

す効果のあるポーズはクリヤヨガのアサナのみとなる

柔軟性　正確には宇宙聖医学においてRlungルン（氣、プラーナ）や遺伝子、赤血球やミトコンドリアレベルでの性質で心身の柔軟性は測られる

魂　人が人として存在するために最も大事なもの。霊的発光・超精神のこと。「恩寵と和合の実現の場・座」を「魂」という

実践　クリヤヨガを行うことを指す

技法　クリヤヨガの数あるテクニックや手法を指す

霊性／敬虔　すなわち、スピリチュアル・Spiritualのこと。霊性と魂、宇宙意識で様々な次元・領域をSurfすること。すなわち慈愛と融和で愛の「風」を奏でること。相手の身になり考慮し行動すること。自他共に幸福を願い行動することをいう

霊性修行　すなわち慈愛と融和で相手の身になり考慮し行動すること。自他共に幸福を願い行動することをいう

宗教性　右の「霊性／敬虔」「霊性修行」の項目に準ずる。決して排他的に指導者に従うことや、教義のドグマを信じ持つことではない

潜在意識　究極的根幹の潜在意識は、自他の区別がない、すべてが一つの世界であり主語が存在し得ない世界

エジプト　クリヤヨガマスターのヘルメス・トートが過去に舞い降りた聖なる地

ホットヨガ　単に健康増進目的のみで行われるヨガのポーズだけを行うヨガ風体操のことであり、特徴として人工的な高温の部屋で行う。細菌の繁殖や筋痙攣（きんけいれん）を引き起こすなど、世界中で事故と不調を訴える人が続出していて危険性は大である

シリウス星団　天文学的には銀河系おおいぬ座の恒星群を言うが、クリヤヨガでは地球での波動より高次にある階層・領域で、ヘルメス・トートらがいる空間である

目覚め　アウェイク／Awake／Awakening　覚醒、霊性の目覚めのこと

ストレス　クリヤヨガでは、ＤＮＡや遺伝子、赤血球やミトコンドリアレベルにおいて正常にRlungルン（氣、プラーナ）が機能しない場合心身のストレスが生まれる

光（ひかり）　光はスピリチュアルやヒーリング、クリヤヨガ、宗教や、哲学、自然科学、物理などの分野で古来日常的にありとあらゆる方法で活用されており、地球においてもすべての動植物や鉱物、自然自体が存続していくために必要なものである

エネルギー　クリヤヨガでは、Rlungルン（氣、プラーナ）のことを指す

古代　人間が便宜上生んだ単なる時間的概念の一つ。実際の宇宙には過去・現在・未来はなく、様々にスピン（らせん）する階層・領域が存在・実在しているに過ぎない

アトランティス語　今から約５００万～１万年前に存在した超古代文明。シリウス星団の使者らが地球に舞い降り高度な智慧と技術を人間に伝授された。顕現・非顕現の究極の二元性の文明で使われた言葉のこと

生命エネルギー　クリヤヨガでは「男性性」「女性性」から沸き起こる純粋な生命エネルギーのことをいう

インド　もともとは、水や川の名に由来するシンドゥ Sindhu（なまってヒンドゥ、ギリシア語ではインドス）。後に天竺（てんじく）となった

合一　クリヤヨガの修練を積んで大いなる存在と繋がること

ギリシャ　日本語で言うギリシャはラテン語のグレキアがなまったもの。ペロポネソス半島に居住したグラエキ族 Graecia「高地の人、名誉の人」の名が語源とされ、ギリシャ民族の祖とされる女神ヘレネーの名に由来する

意識／Consciousness コンシャスネス　Rlung ルン（氣、プラーナ）の誘発により生じる生体現象（反応）

心魂磨（しんこんみがき）　クリヤヨガの修練をすること

源　大いなる存在のこと

スティーブ・ジョブズ　iPhone 等で有名なアップルコンピュータの創設者でクリヤヨガ実践者のヨギ

心理生理学　肉体の状態により作り出される精神的作用のこと

フィットネス系ヨガ　いわゆる世間で知られているヨガ風体操のこと

伝統ヨガ　クリヤヨガのこと

自己治癒力／自然治癒力　人体は小宇宙であり自然そのものなので、内外の性質・作用と共に再生や創出・排出する力のこと

生理学的技法　右記自然治癒力を根本にクリヤヨガの様々な技法により心身聡明向上を図ることをいう

シュメール文明　現在のイラクやクウェートの辺りに栄えたバビロニア文明よりも古い高度な文明を持つことで知られている

内在的変容　Rlung ルン（氣、プラーナ）の誘発により生じる生体現象（反応）と心理作用の変化のこと

ヘルメス文書　大宇宙開廟の祖ヘルメス・トートが著した形而上学・神秘主義的の文献写本の総称。現在のすべての理、事項がこの書の影響を受けており、宇宙天啓の御書と呼ばれる

サット Sat（宇宙語）　実在という意味。近年、数の単位においても新概念で「不可説不可説転（ふかせつふかせつてん）」や「グーゴル」より完璧・完全に上の究極の根源の根源が表された。『〝実在天 SAT〟』がそれである。

フィットネス　近代世界が生んだ健康面向上の方法の一つの概念、そのワーク

自己変容　スピリチュアルワークや修行体系をベースに自己改善を図ることをいう

修行体系　スピリチュアルワークや修行体系をベースに行う自己改善のこと

駅前ヨガスタジオ　俗に言うヨガ風体操を行っている店のこと

クンダリーニ／kundalini　クンダリーニ・クンダリーニ・エネルギー。クリヤヨガにおいて説かれる「アセンション」（次元上昇性）エネルギーのこと。このエネルギーは、「Rlung ルン」（プラーナ、宇宙氣）に宿ることができ、肉体に取り込まれると尾骨と仙骨の微細なバイブレーションと8つの「霊洞」に胎動する。クリヤヨガの実践によって活性化し、身体の中を急上昇し、松果体を瞬時にチューニングし、最終的には頭頂部から涅槃寂静、有宇・無宇の全次元域にいたりニルヴァーナへとまどろむ（覚醒・普賢）する。クリヤヨガでは、クンダリーニの上昇にともない、体内の霊的なセンターであるチャクラが開かれ共鳴する。次元上昇のための意識性エネルギーを昇華させたものがクンダリーニのエネルギーとなるため、次元上昇意識の実践が必須。ただし、クンダリーニを意図的に上昇させる修練をする場合は、不適切なやり方をすると、心身を痛めてしまう場合があるため、適切な指導を受ける必要がある。21世紀、ヒーラー、ヨギは必須の条項と言える

スピリット　宇宙意識で様々な次元・領域を行きかい瞬く霊性を帯びた魂のこと。すなわち慈愛と融和からなる愛の「風」のこと

神経　スピリットが発現し「Rlung ルン」（プラーナ、宇宙氣）のエネルギーが通っている束のこと

マインド　顕在意識が具体化したエネルギー、あるいは思念のこと

脊髄　「Rlung ルン」（プラーナ、宇宙氣）のエネルギーを通し大いなる存在にそのすべてを伝えるための縦軸の龍脈のこと

興奮　電磁的作用により肉体・脳がエキサイトした低位の状態のこと

筋肉　肉体という鈍い鞘（さや）に付着するたんぱく質が変性したもの

血液　肉体という鈍い鞘（さや）の中を流れる細胞が液体化したもの

スピリチュアルジャーニー／Spiritual Journey　クリヤヨガの鍛錬を通してスピリットとして自分のより高い視点を体験し、社会と世界に貢献・還元していく至福で究極の自然な意識拡大の方法

心の結び目　顕在、非顕在の意識や肉体起因の後天性誘因のこと。表面上のストレス対策では根本解決・解消されない。正しい方法と慈愛の指導の両面のエネルギーワーク（瞑想＝クリヤヨガ）が重要。最新のデータでは古いタイプの瞑想法や既存のハタヨガやアシュタンガヨガや温ヨガ等ではむしろ『心の結び目』が出来やすく過度の柔軟性や見た目重視、品位のないことにより助長しているといえる

エネルギー療法　クリヤヨガを含め「Rlung ルン」（プラーナ、宇宙氣）を取り込み活用し、心身の治癒及び心身向上を行う方法

外呼吸　「Rlung ルン」（プラーナ、宇宙氣）を取り込み、細胞レベルで行う呼吸のこと

人間形成法　クリヤヨガの鍛錬を行い利他共に自発的創造的人生を送る貢献者、還元者を育む方法

スピリチュアル心理学　「Rlung ルン」（プラーナ、宇宙氣）の取り込みにより行う秘儀

静脈血　全身を巡ってきた二酸化炭素が多く含まれた血液のこと

アクロバティック　デモンストレーションの見世物のこと

夏目祭子（なつめまつりこ）　クリヤヨガアカデミーで学んだクリヤヨガティーチャー、作家。女性性研究の第一人者である

セルフケア　自然治癒力を前提で行うクリヤヨガやヒーリング、それらに準ずるもの

リーラ　魂と魂が奏でる音色や情緒のこと。また大いなる存在からの波動のこと

松下幸之助　日本の実業者であり起業塾の元祖でありクリヤヨガ実践者

上鼻道　クリヤヨガプラーナヤマや瞑想時に使用する鼻の中の最上部の風洞のこと

ギルガメッシュ叙事詩　未知の偉大な文明「アトランティス」について書かれた人類初の書物で、あの旧約聖書に登場する「ノアの箱舟」は実際アトランティス後期時代に地球上で起きた話として有名

受容体　チャクラのこと

万象万物　この宇宙や地球に存在するものすべてのこと

マズロー博士　アメリカの著名な精神分析学者、行動心理学者。マズローの5段階法で有名

平田篤胤（ひらたあつたね）　江戸時代の国学者・神道家・思想家・医者。秋田出身。気吹舎（いぶきのや）を名乗り「氣」を講じた精神世界研究の江戸時代の巨匠

エルビス・プレスリー　アメリカの有名なシンガー。パラマハンサ・ヨガナンダ氏の著作に共鳴しクリヤヨガを修練していたことがある

ヘンリー・ミラー　アメリカの有名な作家でありクリヤヨギ

スピリチュアル　霊性の項（361ページ）参照

稗田阿礼（ひえだのあれ）　太安萬侶（おおのやすまろ）と共に古事記を編纂したサイキッカー、ヒーラー。クリヤヨガマスター

扉　スピリチュアルなゲートのこと

ナダ／Nada　シリウス宇宙語で超越波動（超音波）霊波、霊調のこと。また、創造・維持・消失の三位（ア・ウ・ワ＝ア・ウ・ム）を表す

ナダヨガ／Nada Yoga　シリウスアトランティスのイナンナ女神の「息吹のリラ」からなるハートの音が起源。また、地球では音によるヨガのこと。音には、音楽など外的なものと、体の内側に響く内的なものがあり、集中するための方法として、音を聴いていくヨガのスタイル。

ナディ／nadi　シリウスアトランティス語が語源。「流」「脈」「龍」の意。エネルギーの流れる管。身体の中に72000あり、スシュムナ・ナディ、イダ・ナディ、ピンガラ・ナディの3つが重要。クリヤヨガにおいて、身体・エーテル体の全体に張り巡らされているエネルギー（氣）の通り道（管）のことを言う。中国の仙道がこの概念を取り入れた。クリヤヨガでは、ナディ（管）の中でも代表的なものは、3つあり、具体的には、

①動的で男性的な性質のピンガラ管

②静的で女性的性質のイダ管

③身体の中央を貫いており、調和をもたらすスシュムナ管の3つである。

この3管は、3グナに対応していると思われ、具体的には、ピンガラがラジャス、イダがタマス、

スシュムナがサットヴァに対応する。通常、ナディは、煩悩的な心の働きによって詰まりが生じており、エネルギーの流れが滞っている。しかし、修練によって、その詰まりを取り除いて、エネルギーの通りをよくすると、心身は軽快になる。そして、最終的には、中央の管をエネルギーが上昇して、頭頂まで抜けることによって、解脱に至るとされる。エネルギーとしてのナディは、脊椎の中に存在すると言われ、チャクラ同士をバランスよく結びつけ、調和のとれた相互作用と、生命力が流れる道を与えると考えられている

ヌース／Nus　シリウスアトランティス語が語源でヘルメス・トートが宇宙で最初に知性・精神・理性を表した。イデアを認識する理性をともなう能力のこと。アリストテレスは、事物の本質を把握する能力、推論の原理を把握する能力とした。「ヘルメス文書」では、神は「万象の」父で「生命」で「光」（叡智：ヌース）であるとされる。「ヌース」が自分に似せて、肉体を持たない「原型としての人間（アントロポス）をつくった、という

自我　天地万物一切のもの自身のこと

ジーザス／Jesus　キリスト意識の開拓者であり慈悲深い人間性を持つクリヤヨガマスター。ヘブル語で「ヤハウェは大慈」の意。元々は根源の霊子でありシリウス星団のアセンデッド・マスター

安倍晴明（あべのせいめい）　宇宙根源の祖ヘルメス・トートの光明を浴びたいにしえの都の宮廷で活躍した陰陽師。クリヤヨガマスター。龍（ドラゴン族）から生まれた希代のヒーラー、シャーマン

マントラ、チャント／Mantra　シリウス宇宙が起源で、日本語では「真言」と訳され、比較的短いフレーズの言葉で大いなる存在や仏陀・菩薩・神々などを称える内容などによって成り立っている。なお、よく聞く「オーム」「南無阿弥陀仏」「南無妙法蓮華経」などもマントラである。地球の先住民族にもそれぞれのマントラがあり、今も受け継ぐシャーマンらが多くいる。マントラの種類は銀河系だけでも無限にある

アセンション／Ascension　宇宙根源の祖ヘルメス・トートの高次の想念と繋がることが本来の意味。銀河系シリウス星団・アトランティス・レムリア文明期にはすでに体内外意識次元上昇が人々とすべての生きとし生けるものの間で行われていた。クリヤヨガの鍛錬により生きながらにして別の領域に肉体と精神が浮遊し、融解する。暁の光明を得られること。キリストが昇天した時やサッチー亀井がチョモランマ登頂した時に出会ったチベットの8000歳のヨギが行っていたもののこと

フィジカル　肉体の表面及び構造上の特性を考慮した動作から見た肉体の状態のこと

ザ・ビートルズ　クリヤヨガを多少修練した20世紀を代表するバンド

ガンジー　ヨガナンダ氏から直接指導を受けたインドの元首相、非暴力精神指導者

マイケル・ジャクソン／Michael Joseph Jackson　人類史上最大の音楽家。慈愛の聖者。ヒーラーとしても無償の愛で全世界の人々を救う。霊統の系譜サッチー亀井と同じ。現在はアセンションを願うすべての人たちの次元を引き上げる活動を担う。シュメール研究家であり、ヘルメス文書(もんじょ)

やエメラルド・タブレットの研究家であり、世界中を癒し続けたヒーラーでありクリヤヨガマスター

プラトン／Platon　アテナイの名門出身。クリヤヨガマスター。「ソクラテス」の精神を著作に活かす哲学の仕事へと進み、「イデア論」を説いた。80歳にして「書きながら死んだ」と伝えられる。著作に『ソクラテスの弁明』『クリトン』『パイドン』『国家』などがある。

ほとぼり　いわゆる熱を意味する言葉だが、本来は魂から発せられるエネルギーのことを指す

ブロック　生体分子的に受けている様々なエネルギーにより変容して起こっている体と脳、神経や各器官において生じる不都合や違和感などのこと

古事記　宇宙混濁の頃より、各惑星や星々の誕生、生命の誕生、国作りが記された古典

熱誠　情熱や熱い想いを持った状態のこと

囚われ　生体分子的に受けている様々なエネルギーにより変容して起こっている体と脳、神経や各器官において生じる不都合や違和感や執着、依存などの状態のこと

DNA　デオキシリボース（五炭糖）とリン酸、塩基から構成される核酸という性質と状態、形態のこと

交感神経　通常時におもに働く神経群の総称。安静時は副交感神経

設定　スピリチュアルの面だけでなく通常の生活においても欠くことのできない方法、宣言のこと。これなくしては何事も始まらない重要なもの

融和　水のように、心身、思念共にすべてに合わさることを指す

空海　平安時代の僧であり、クリヤヨガマスター。禅の行者

ユクティ　技術や方法という意味の古い言葉

トラウマ　生体分子的に受けている様々なエネルギーにより変容して起こっている体と脳、神経や各器官において生じる不都合や違和感や執着、恐怖や悲痛、依存などの状態のこと

縁　えにし、縁のこと

純化　みずみずしく潤いのある自然な状態にすること

仏陀　学びを深めた行者のこと。これだけで単に「ゴータマ・シッダールタ」のことを言う場合もある

ローマ法王　ローマカソリック教会の代々に続いている指導者のこと

サイキック／Psychic　超能力のこと。超能力はＰＫ（サイキック）とＥＳＰに分かれサイキックは念力など手を触れずに物などを動かすこと。ＥＳＰは透視やテレパシー、予知能力や過去を見通すことなどが含まれる

体外離脱　通常の人間がスピリチュアルプロセスを経験する上で起きる状態。厳密には魂の生まれ変わる場所に行くことのできる往復チケットのこと

心霊現象　いわゆる目には見えない領域と繋がり現実に垣間見ることをいう

氣質　宇宙の星々と同じに「氣」も無限にあり、その性質も無限である

氣 Rlung　プラーナ、エーテルのこと。極小～膨大まで、無数でありとあらゆる性質と質量、形態がある

ビー・バップ・ハイスクール　昭和の時代一世を風靡した、不良たちを描いた作品（テレビ、映画、マンガ）のこと

風　すべての根源。生成消滅する生きとし生けるものがいる星々で重要な自然の作用のこと

ウィンドサーフィン　地球上、最も気高く自然と融合する究極の遊びのこと

息吹　神の呼吸のこと。大地・天空・蒼穹に吹く聡明な流れのこと

歩行瞑想　ウォーキングメディテーションのこと

Akua Tuta　マヤ文明の末裔でホピ族の血を引く師匠のホセ・マヘより拝受されたサッチー亀井のスピリチュアルネームのこと。意味は「聖なる光と魂の力の及ぶところ」

太陽崇拝　現在の地球と太陽の関係になった頃から続く普遍の因果律に感謝を表す祈りのこと。過去の多くの時代では様々な国と地域であらゆる民族もこの概念を利用し宗教化が行われていたことがある。現在日本でそのような団体は皆無

五行　もともとは自然哲学の思想で万物は木(もく)・火(か)・土(ど)・金(ごん)・水(すい)の5種類で成り立つことから出た言葉

テレパシー／telepathy　シリウスアトランティスの人々が日常で使っていたコミュニケーション法。言語やその他の感覚的手段によらず、プラーナ（宇宙氣）で相手に思考・観念・感覚を伝達す

ること
テレポーテーション／teleportation　宇宙と亜空間での移動方法のこと。シリウスアトランティスの人々が日常行っていた方法。瞬間移動。能力者自身、もしくは他の人や物体などを、距離を隔てて、あるいは他の物体を通して、瞬間的に移動させること。「瞬間移動」「瞬間遠隔移動」ともいう
陰陽　二元性のこと。男女、熱い寒い等々…
倭　わ、やまとのこと。日本のこと
錬金術　知の創造のことであり、単なる科学的技法での造金術ではない
フラカン／Huracan　マヤ文明や世界中にある伝説の鳥人や風の神で根源のこと
フラカン イシュムカネー シナ　サッチー亀井が師匠のホセ・マへより伝授された秘儀で、マヤ文明ではすでにこの技が行われていた。三位一体のマヤの神々のパワーを召喚する
アシュラム　瞑想やスピリチュアルの修行を行う簡素な施設のこと
ZONE　いやゆるフロー体験、フロー状態のことで、意識の拡張により体や心を俯瞰している状態にあること
ブラフマータイム　古代の多くの国と地域で取り入れられていた早朝の外氣（プラーナ）が一番精妙になる時間のこと。古代アトランティスやシュメール文明期、エジプト文明期、古代バビロニアでは「カータイム」と呼ばれている

ジッグラト　聖なる神殿のこと。地球ではマヤ文明、シュメール文明、エジプト文明等においてレンガや大きな石を積み上げて階層にした造りとして建立した。クリヤヨガではスピリチュアルのワークとしてプラーナ領域にジッグラトを立て、結界を張る技法もある

実在者たち　実際に存在した、しているクリヤヨギのこと

霊的指導者　かつて実際にいた人が徳を積み、至高界からわたしたちや各惑星に、エネルギーを導いている者のこと

二元性　プラスとマイナスのようにすべての事象の究極の面のこと

宇宙形而上学　古代より実在者や霊的指導者、プラーナなどから随時放たれた知恵の光、種のこと。これにより地球でもクリヤヨガが太古の地球で同時多発的に広がった

受容構造体　肉体の面では神経細胞がその役割を表面上担う。実際は周波数の合うプラーナなどの作用をチャクラが共鳴磁場を作り出すことで生まれる人体と意識と魂の小宇宙化の仕組みのこと

受容体　チャクラや目に見えないスピリチュアル領域にあるジェネレータ（触媒）のこと

真善美　古くはヘルメス・トートがシリウス星団に居た数千億年前に精神性の側面から言った言葉で、「知」「意」「行」のこと。地球上でもプラトンや世阿弥が同じことを言っている

シャマイム　古代ヘブル語で「空」を意味し、スピリチュアル領域の層のこと

Sat／実在　サット、Sat（宇宙語）【意味】実在。近年、数の単位においても新概念で「不可説不可説転」や「グーゴル」より完璧・完全に上の究極の根源の根源が表された。『〝実在天SAT〟』が

それである

ラパヌイ／Rapa Nui　古代マヤの末裔が移住した地と古代言語ラパヌイ語のこと。現在はチリ共和国イースター島のことで、ラパヌイは半神半人の鳥人伝説の地として有名。

マトリクス　古いラテン語では子宮を意味し、新しいものを生み出すチカラとされる

フローダイビング　潜在意識の底に触れ、意識の宇宙に浸ること

タントリック　聖なる縦糸・横糸のこと。すなわちクリヤヨガの修練のこと

念波　意識から繰り出される強力な想いのこと

山川草木（さんせんそうもく）　目に見えるものから見えないものまで含む森羅万象のこと

マヤ　精神性と実益性を見事に融合した古代文明と民族、文化の総称

きわ　陰陽など二元性に基づく考えにおいての極に近いところのこと

アルジュナ　インドの叙事詩『バガバッド・ギーター』の中でクリシュナから教えを受ける王子の名前

ハァ　意識の対象のこと。サッチー亀井がヘルメス・トートとのチャネリングで得た言葉

アデプト　その道の達人や強者のこと

ロンゴロンゴ　起源をマヤ文明やシュメール文明に持つ古代の絵文字からなる言葉や象形文字のことで、ラパヌイ（イースター島）でしか発見されていないが、実際はポリネシアの広くにも波及した文字

エグジスタンス／existence　存在のこと

天界　人間界と異なる領域・次元のこと。天界からこちらには普通に行き来が可能

ニサルガッタ　インドのボンベイ（現ムンバイ）に実在した二元性に基づき人々を導いた質素な聖者

アメンティ　通常時の肉体ではほぼ見るのが不可能とされる霊廟のことで、光輝なプラーナに包まれていて中には不老不死と宇宙の神秘のチカラに彩られた生命の樹がある。クリヤヨガのワークはだれでもここへ行けるように導くことができる

クリシュナムルティ／Krishnamurti　本名はジドゥ・クリシュナムルティ。1895年インド、マドラスに生まれる。哲学家で、あのダンテス・ダイジにして「クリシュナムルティの教えが真に世に広まれば、一瞬で涅槃寂静（ねはんじゃくじょう）、安穏な恒久平和な世が実現する」と言わしめた天才

レムリア　今から数百年前に地球に実在した超古代文明のこと

パンスペルミア　宇宙にもとからある肺胞が宇宙間を彷徨う間いくつものエネルギーを浴び、地球や様々な惑星にたどり着いた生物の種のこと

十二支縁起（じゅうにしえんぎ）　人間の生存に関する喜びや苦しみの原因・条件を順に分析したもので、12に分類して体系化したもの。仏教の基本的な教えでもあり瞑想法でもある

1）無明　2）行　3）識　4）名色　5）六処　6）触　7）受　8）愛　9）取　10）有　11）生　12）老死の12となる

氣魂　魂のこと

イヤサカ 弥栄　日本の正月儀式の鏡割りのエンディングの掛け声だが、もとはシュメール文明期の荒ぶる神「ヤハウェ」に対してのまじないの言葉が語源

メルクリウス　ギリシャ神話では「マーキュリー」。ヘルメス・トートの別名

予言者フィネアス　古代アッシリアに居た最高神「バアル」の使いで聖人

風神ボレアス　ギリシャ神話に出て来る「風の神アネモネ」のこと

フゥグ Chuwg　古代ヘブル語で「地の円」、「魂の生きる円」の意味

電磁的集合体　ある質量や性質が同じものが集まった状態のこと

四十万（しじま）　大宇宙や無限の意識のことに対して使う言葉

大物主大神（おおものぬしのおおかみ）　日本神話の神、大物主は蛇神、水神、雷神としての性質を持つ

ウシトラ／艮　方角を十二支にあてていうときの丑（うし）と寅（とら）との中間の方角で、北東を指す

閾値（いきち）　境界となる値のことで、一般に反応その他の現象を起こさせるために加えなければならない最小のエネルギーの値。生体に興奮を引き起こさせるのに必要な最小の刺激の強さの値

印／ムドラ／mudra　手で印をつくり、精神を集中させるために儀式で用いられる手のしぐさのこと。もともとはシリウスアトランティスが語源。両手の指を頭の上で合わせるフラカン・ムドラ（息吹の印）や瞑想の際によく使われるチン・ムドラなど約8万種類がある

リーラ　魂の音色のこと

ホツマツア／ホツマツタエ　「ホツマツタエ」は、古代日本の「倭」大和ことばで綴られた1万行にも及ぶ一大叙事詩。縄文時代後期から弥生時代、古墳前期まで延べ千年の神々の歴史や文化を綴っている。前半『天の巻』・『地の巻』を「クシミカタマ（神武時代の右大臣）」が記し、後半『人の巻』を「オオタタネコ（景行天皇）」が編纂したとされている

創造神マケマケ／Makemake　ラパヌイ語で創造神を意味し、鳥人伝説でのヘルメス・トートのポリネシアでの呼び名

ハウメア　女性性の代名詞で、ポリネシアの女神。イナンナ、イザナミ、サラスワティのこと

ヘルメス文書（もんじょ）／Hermes document　大宇宙開廟の祖ヘルメス・トートが著した形而上学・神秘主義的の文献写本の総称。現在のすべての理、事項がこの書の影響を受けており、大宇宙の天啓の御書と呼ばれる

崇次元　コズミック・プレイヤー（淵源の神々）が居る領域のこと

徳　人間が人として生きる限り最も重要なもの。スピリチュアルの霊性は、人の内面の本質に関わるものであり、真実、愛、勇気、これらが一つになったもの。人徳のこと

Khakkhara／カッカラ　錫杖（しゃくじょう）僧・修験者（しゅげんじゃ）が持ち歩く、音が鳴る杖（つえ）。杖の頭に鐶（かん）が掛けてあり、杖を突くと鳴る

Auwa／アウア　宇宙の至高神のこと。ア・ウ・ワ。古代日本の天啓の「ホツマツタエ」によると、宇宙の全統合の八百万（やおよろず）の神の四十九柱を配した「フトマニ図」に見られる中心の三柱の「闇（おと）」の呼

び名のことで宇宙最古群とみられる言霊の一つ。ヨガのオーム、ヘルメス・トートらのいうシリウス系の「アウア」と同義

ツルギ　二元性において最強で最高の光の「靭(しなり)」のこと

サンゲー・ドージェ・ダワ　シュメール文明から今も8000年以上生き抜く唯一の至高僧クリヤヨガマスター

アバ　古代ヘブル語で「父性」を表し、ヘルメス・トートの男性性のこと

脳幹　中枢神経系を構成する器官全体の一つ。延髄と橋(きょう)、中脳を合わせて脳幹という

梵　ぼん、そよぎ、といい、ブラフマーのこと

パラセルサス　スイス出身の中世の錬金術師。著作で「人間は宇宙という大きな宇宙の中の全ての法則に依存している小宇宙なのだ」と記している

蒼穹(そうきゅう)　晴れた日の青空のこと

絵文字　ロンゴロンゴ文字のこと

メガシャーク　古代から生きるサメの種類

伊弉波／いざなみ　イシスやIsis。伊邪那美（イザナミ）と読む。シリウスアトランティス、シュメール、エジプトの女神、「豊穣の神」。地球上で最初にヨガ（クリヤヨガ）をしたのはイナンナのことである。日本ではイザナミ、インドではサラスワティ、ハワイではハウメアのこと

伊耶那岐／いざなき　父性の性質を持つ神のこと

骨文字　甲骨文字とは、中国・殷に行われた漢字の一つで最古の漢字。古代中国で生まれ発達してきた文字（漢字）と獣骨を用いる占卜とが結びついて文字記録となったものである。亀甲獣骨文字、甲骨文とも言う

トレードウィンド　おもにポリネシアに吹く湿気を多く含んだ貿易風のこと

アカシックレコード／akashic records　この宇宙、森羅万象で起こったすべての出来事は、宇宙の貯蔵庫アカシックレコードにダウンロード（保存）されている。知りえる時空や領域は自身の聡明度と鍛錬度とアセンションの状況により異なる

ギリシャ・ロドス島　エーゲ海にあるヘレニズムでギリシャ神話そのものの島。ギリシャ彫刻の多くはこの島の彫刻家によるもの。世界の七不思議の一つに数えられている太陽神ヘリオスの巨像の地としても有名

トンガリキ　ラパヌイ（イースター島）で海に背を向け立つモアイ像群のこと

三千世界　仏教用語で娑婆世界に過去世から艱難辛苦を経験した無数の地涌の菩薩が現れ衆生を救うと共に仏の徳により貢献者も無数に現れ現世をより良くしていく譬え。仏教の世界観では人々の住む世界を、一つの世界として表している。一つの世界を千集めてそれぞれ小千世界、中千世界、大千世界と呼ぶ

アナケア　ラパヌイ（イースター島）のアナケアという所にホトゥ・マトゥアという知の光が数千年前来た

タバナクル 古代ユダヤ教でいう聖なるものを入れる箱のこと。聖櫃、礼拝堂

ソロモン王 ファラオの娘を嫁にし、古代イスラエルの繁栄を築いた王で魔術師。ダビデ王からのディクシャでヤハウェのパワーを持つ

聖母マリア 世界中に残る大地母神信仰の一つのイコン（象徴）。イナンナ、弁財天のこと

テオティワカン メキシコのパワースポット。マヤ文明と交差し、ピラミッドで有名

第4章

スウェル 波のこと

第5章

風の神癒 ギリシャ神話のゼピュロスやインド神話のハヌマーン、マヤのフラカン等による癒しや施しのこと

El 神の御名のことで、エロヒム、ヤハウェのこと。イスラエルのエル。神に勝つ者という意味を持つ

第6章

フランシス・ベーコン 1900年代を代表するイギリスの芸術家、錬金術師、作家

第7章

本居宣長（もとおりのりなが）　江戸時代の国学者で哲学者。クリヤヨギ

太　朝臣安萬侶（おおのあそみやすまろ）　太安万侶（おおのやすまろ）とも書く奈良時代に居た古事記編纂者の一人（もう一人はクリヤヨギの稗田阿礼（ひえだのあれ））

坂本龍馬　幕末の志士であり木戸孝允と共に密かにクリヤヨガを鍛錬した

マヤ太陽神 Ajaw　キニチ・アハウとも言い、顔が描かれた太陽としてのシンボルとして今も世界中で有名

中村天風（なかむらてんぷう）　サッチー亀井の師匠の桑原啓善（くわはらひろよし）氏が対談したことでも知られる昭和初期を代表するヨギ

ゾロアスター　キリスト教よりも古い歴史を持つ二元性の原理が根幹のペルシャ由来の宗教

コーラン　クルアーンとも言い、絶対神アッラーフからの天啓の書とされるイスラムの教典

シェークスピア　英国出身の劇作家。心理描写に優れた才能は彼がヘルメス学やクリヤヨガを日々鍛錬したから

コズミックレイ　宇宙氣のこと

孔子　紀元前の春秋時代の中国に居た思想家にしてクリヤヨギ

ガンジー　インドの精神指導者で元首相。ヨガナンダ氏から直伝されたクリヤヨギ

スピリチュアルエクササイズ　クリヤヨガのあらゆるワークのこと

イツァムナー／Itzamna　マヤ神話に登場する神。完全な善意を司る存在で温厚、恵み深い存在。人々に文字や暦、薬の知識にトウモロコシやカカオの栽培方法を伝授した。ヘルメス・トートと同柱の神

チョモランマ／Chomolangma　「世界の母なる女神」の意味のチベット語。ネパールでは「サガルマータ」（世界の頂上の意味）という呼び名で親しまれている山

第8章

太陽神経叢（たいようしんけいそう）　体のパワーポイント＝チャクラ（chakra）でありソーラープレクサスと呼ばれる

チャクラ／chakra　「チャクラ」はシリウス星系で誕生した性質であり、直感や閃き、あるいは、高次元領域宇宙の情報といったものは、一番最初に、自分自身の魂意識で、「内なる声」として受け取ります。それは、体の至るところにあるチャクラで受け止められて、その後、物質肉体のチャクラと呼ばれる、それぞれの箇所に向かって、信号が伝わり、体中に響き渡ります。物質肉体のチャクラとは、わたしたち生命体の体にある、直観や閃きといった霊的な信号を受け取るための、それぞれの中継地点のことです。主要なチャクラは、8ヵ所あり、物質肉体の上部から、それぞれの特徴を持っています。

クラローディエンス／Clairaudience　聴覚による霊感、霊聴。適正なヨガスピリチュアルの修練を積むことにより長じてくるサイキック能力（超越的力能）のこと。

腹腔神経叢　鳩尾心窩（きゅうびしんか）とも呼ばれるお腹のやや上方にある太い神経等が多く集まるところ

ヒンドゥー教　インドの宗教。バラモン教ベースの多神教

バラモン教　聖典ヴェーダを下にするインド地域の古い宗教

五行思想　木・火・土・金・水の五大元素はそれぞれが繋がりを持ちながら自然のすべてに影響と関連しているという古代中国の思想哲学

フラカントーボ　帆＝セイルが付いた自然のチカラを利用したエコな乗り物、癒しの乗り物で、今でいうウィンドサーフィンのようなもの

霊　常用漢字ではないが言霊の宿る「霊」の古い漢字

ヘルマフロディートス　古代ギリシャでヘルメスとアフロディーテの息子であり両性具有の神のこと

パラダイムシフト　何かのきっかけで今までの常識や社会通念ががらりと変わること

マルチプル　多様な性質のこと

ハウメア　ハワイ神話の女神でイナンナのこと

イシュタル　イナンナ女神の女性性エネルギーのこと。シュメール文明では実際に人々の前に顕現された

アクア／akua　マヤ文明の起源を持つ古代ポリネシアの言葉で女神

The Society of Huracan Atua　シリウスの聖賢ヘルメス・トートはひかりの伴侶のイナンナと

ともに地球に舞い降り、一陣の風で舞い上がる「塵」と一条の仄かな光の粒子らと共に「The Society of Huracan Atua」という会を作った。そこでは風や波や塵や光の友たちが大勢集まり共に全知全能の「見えざる存在」と無言のうちに霊のまぐあい（合一）を行っていた。彼らは神氣の祠（ほこら）を建立し「神」と「霊」を二つの要素として初めて分けた。すなわち「智慧」と「ひかりの泉」の哲学を誕生させたのだ。それぞれの持つ性質と形態（かたち）、経験と知識が合わさり、研究という概念も同時に生まれた。偉大なる智慧者の誕生が同時多発的に起きた。彼らの哲学の最大の特徴は、それぞれの持つ「性質」としての「しるし」を緻密なまでに「俯瞰」していくことだった。「言の葉」も「音」もない「声も音もない運動™」、無言の静寂のうちに行われる「瞑想＝Kriya Yoga」が誕生した瞬間である

サラスワティ　日本や中国では弁財天、西洋ではマリア様やアフロディーテ、世界的にはイナンナやイシスのこと

ジオメトリィ　幾何学でいうところの平面立方体

コーシャ　目に見えない体の幾重にもなってる層のこと

ドリスティ／dristi　シリウスアトランティス語が語源。視線。ポーズや瞑想を行うときに見つめるところ。心の視点、意識・魂の座

太陽凝視／Sun Gazing（サンゲイジング）　太陽注視のことだが、実際は2通りあり、心眼（内在太陽）を見るのが本来

彦神（ひこがみ）／猿田彦神（さるたひこのかみ）　男性性のこと。男神

禁忌　特定の行為によって身体や精神に危険が及ぶ怖れがある場合に、その予防のために設けられた様々な決まり事や約束、ルールのこと

秘音観想法　心臓のチャクラが発する霊的な音を聴く瞑想です。この瞑想では、クンダリーニが上昇するように、音と気が上昇していきます。「観想法」と名づけられていますが、作為的にイメージを作るという意味での「観想法」ではなく、受動的に「霊的な音」を聴くという瞑想

呼吸筋活動延髄　呼吸するために働く一連の場所のこと。脳幹や運動野、各筋紡錘など

鼻休止大脳嗅覚野　香りや匂いを嗅いだり保管・記憶するために必要な器官や場所のこと

腕振り運動　気功におけるスワイショウのこと

クンダリーニ発動準備ポーズ　片足ひざ曲げ前屈のこと

スシュムナー管　普通目に見えない氣とエネルギーの脈管のことで、龍脈ともいう。体内を通す必要のあるプラーナにより鈍重な質量のエネルギーをクンダリーニ化した際通す管

下鼻道　鼻の中は外側の壁からひさし状の骨が張り出しており、その張り出しの空気の通り道を上鼻道、中鼻道、下鼻道という

ムクタ座　座法の一つで方法は股関節の下にかかとを入れる座り方が特徴

達人座　座法の一つ

仙腸関節　骨盤の骨である仙骨（せんこつ）と腸骨（ちょうこつ）の間にある関節であり、周囲の靭帯（じんたい）により強固に連結されている

シータ波　深い瞑想時に出る脳波で潜在意識の領域の周波数のこと

アルファ波　リラックス時に出る脳波

消化酵素　消化に使われる酵素のことで、分解される栄養素によって炭水化物分解酵素、タンパク質分解酵素、脂肪分解酵素などと呼ぶ

バンダ　呼吸により身体の一部分を締め付けたうえでプラーナを循環させるための古代からのスピリチュアルワークのこと。これによりチャクラの発動がスムーズになる

腸骨　寛骨、仙骨、尾骨と共に構成される骨盤最大の骨

ゴッディング　スピリチュアル、ヨガにおいて、また生きる上で必須の、瞑想より一段上のワーク

カタルシス　浄化のことで、様々な情緒の経験から、日ごろ心の中に鬱積（うっせき）している同種の情緒を解放し、それにより快感を得ること

体腔　生物学用語。動物の、体壁と内臓との間のすき間。高等動物によく発達し、原生・中生・海綿動物にはない。

舌息修行　ケチャリムドラのことで口の中で舌を思いきり伸ばし口蓋（こうがい）に付け呼吸の調整及び停止を練習する技法

宇宙聖医学　ヘルメス・トートが持ち得る膨大な聖なる知識のこと

タダアサ　立位のポーズでグラウンディングアサナのこと

ヒューマンビーイング　自発的に自立して健康的に知的に自然と共にくらす人のこと

レブ／心臓 rev　古代ヘブル語で心臓

キャヴェンディッシュ　ヘンリー・キャヴェンディッシュ（Henry Cavendish）イギリスの化学者・物理学者であり錬金術師。貴族の家に生まれ育ち、ケンブリッジ大学で学んだ。寡黙で人間嫌いな性格であったことが知られている。遺産による豊富な資金を背景に研究に打ち込み、多くの成果を残した。

梵天　天空の神々と共に仏法を守護する神。宇宙の最高原理を神格化したもの

Devadatta デーヴァダッタ　釈尊の弟子で現代では悪者扱いされているが、実際は聖なる弟子の意味の「ダッタトレーヤ」の一柱

天円地方（てんえんちほう）　天は円く、地は方形であるという陰陽道の宇宙観で、天が円で表されるゆえんは、星の運行が円運動で表されるためである

スピン　すべての存在するものにはあらかじめ左右・垂直・斜め等の回転の方向づけがされており、この回転運動のことを指す

四十万（しじま）　静まりかえる静寂のこと。またその空間、場所のこと

格物致知　なにかの道をきわめるために、物事の道理や本質を深く探究し理解して、学問を深めたり、知識を得たりすること

おわりに

「クリヤヨガ」は「心のヨガ」です。「魂」への自然回帰を約束する情緒ある作法です。行うアサナはすくないですが、それは本質であるからそうしているのです。個人の平安がなければなにも善くなることはありません。中国の歴史的思想家「孔子」はいいます。「〝正心誠意格物致知（せいしんせいいかくぶつちち）〟」、みずからの所作や言動を律するのは厳しい。ならば「瞑想」によって内省し物事や考えを俯瞰してみたらどうだ。といっているのです。このような個人的な観点から学んでいき、実際の実践法に繋げていくのです。クリヤヨガを学ぶということは物事や事物、所作など個人的なものから、徐々に大きな物事へと流れに進む行法であり、そうしていくことで円滑で円満な円熟した幸せな人生となり、人生を送ること自体が「Spiritual Journey（内なる霊性の旅）」になることができると思います。そして多くの皆さんに親しまれる「嗜み（たしなみ）」、「心と体と意識の情緒ある科学」として愛され続けていくことを望んでやみません。身体的・精神的・社会的・霊的な健康（Health）も、語源（Holos：全体＝円）をたどれば円貫（円管）なのです。さいごに、この著を作るにあたりつねに応援してくれたクリヤヨガ・クルーと友人のみんなに心からありがとうの感謝の想いを捧げたいと思います。

サッチー亀井

※注釈

まほろばとは和歌にも出てくる倭ことばが語源の、「素晴らしい場所」、「住みやすい場所」という意味の日本の古語。「まほらば」「まほらま」ともいう。

正心誠意格物致知【せいしんせいいかくぶっちち】。孔子の「大学」に出てくる熟語。格物致知は、自己の心を凝視する内省と、実践によって知を獲得していくこと。事物に触れ理を窮めていくなどの意味であろう。

サッチー亀井
○サッチー亀井（亀井佐千雄）クリヤヨガアカデミー校長／一般社団法人国際ヨガ連合代表理事

少年時代、暴走族に熱中して高校を中退。18歳の時に天職であるウィンドサーフィンに出会い、ホストクラブで働きながら猛練習を重ねてプロデビューを果たす。

日本や海外約60ヶ国以上の大会に参戦しトップアスリートへ駆け上る。

インストラクターとしても２万人以上の生徒を指導し、その中にはアイルトン・セナ氏やマイケル・ジャクソン氏らがいる。


また、23年間一緒に暮らし家族同然の付き合いだったスピリチュアル界の第一人者「桑原啓善」師の一番弟子として修行を積む傍ら、スリランカやインド・チベットやエジプト・南米・アメリカなど、世界中約1,800箇所ものパワースポットを訪れ、ヨガと瞑想、スピリチュアルを研鑽する中で、全てが「クリヤヨガ」に通じていることを確信する。


その後、派手な生活が祟って膨大な借金を作り自己破産する。

生活保護を受けながらも最愛の伴侶に出会い結婚。

二人で「クリヤヨガアカデミー」を設立し、国内最大級の祭典「スポルテック」にヨガ界初の出演を果たし、それがきっかけとなって今回書籍も出版した。

現在は、クリヤヨガを広めるべく、その担い手となる人を養成する「インストラクター養成コース」を日本・バリ島を中心に開催している。

クリヤヨガの指導を受けたい方は、ホームページ、ブログをご覧ください。
Web : http://www.kriyayoga.jp/
Blog : http://ameblo.jp/int-yoga-union/

シリウス星直系
クリヤヨガバイブル
ヘルメス・トートとのチャネリングから生まれた
《ルン／Rlung（氣、息、空）》のすべて

第一刷　2017年3月31日

著者　サッチー亀井

発行人　石井健資
発行所　株式会社ヒカルランド
〒162-0821 東京都新宿区津久戸町3-11 TH1ビル6F
電話 03-6265-0852　ファックス 03-6265-0853
http://www.hikaruland.co.jp　info@hikaruland.co.jp
振替　00180-8-496587
本文・カバー・製本　中央精版印刷株式会社
DTP　株式会社キャップス
編集担当　TakeCO

ISBN978-4-86471-454-9

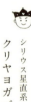

神楽坂ヒカルランド
《みらくる Shopping & Healing》
3月本オープン予定

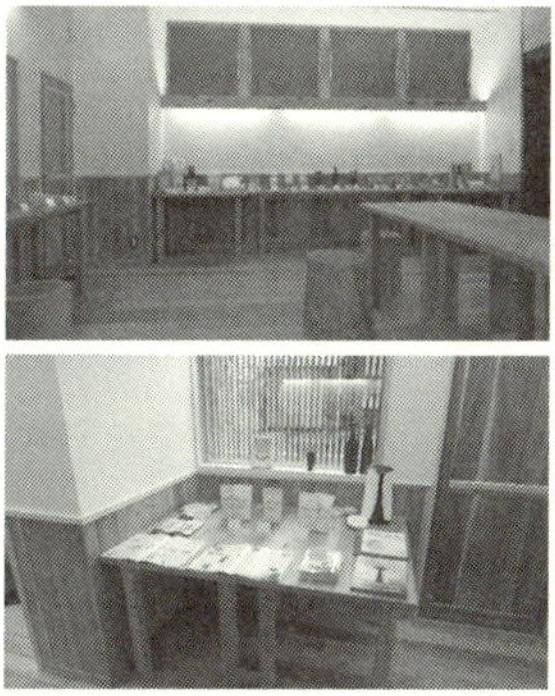

大変お待たせしました。先日、1階の Shopping ルームのみプレオープンしました。こちらでは皇帝塩シリーズ、オリーブオイル、マルンガイなどの商品を販売中です。現在本オープンに向けて準備中の2階 Healing ルームでは、音響免疫チェア、銀河波動チェア、AWG、メタトロン、ブレインパワートレーナー、元気充電マシーン、水素風呂などを体感できますが、本オープンまでの期間、モニター会員による施術体験希望者を募っております。

モニター体験をご希望の方は、info@hikarulandpark.jp までご連絡ください！　ただいまスタッフ一同、本オープンに向け研修をしながら技術を習得中のため、都合によりお店がオープンしていない時間帯・曜日もあります。オープンまでの情報は、近々立ち上げる Facebook、メルマガでお知らせいたします。

a．「胎児と猫」deepwalking　60min.／10,000円
b．「海と猫とイルカ」innertrip
60min.／10,000円
c．「胎児と猫」「海と猫とイルカ」
「ジュピター」dimension travel
120min.／20,000円

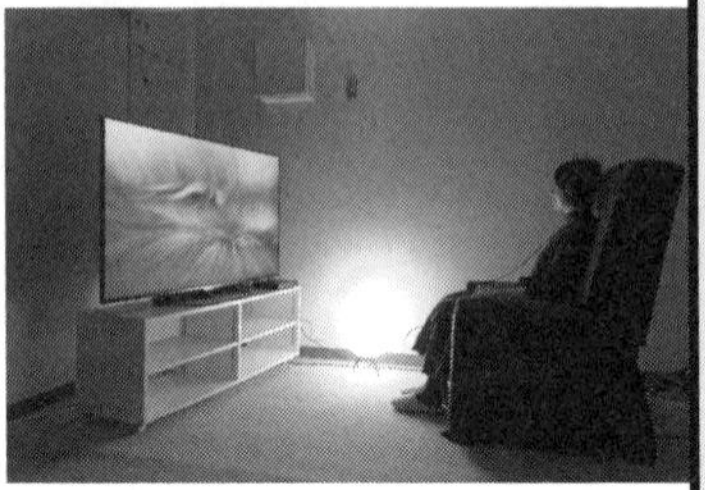

②★銀河波動チェア《星々の響き》

宇宙大自然のエネルギーに満たされて
魂ほっこり深奥のリラクゼーション
時間と空間が織りなす「WAVE のサンクチュアリ」に旅立ち
バラバラになったココロを統合へと導く
神楽坂ヒカルランドならではの超不思議体験へと誘います！

銀河系400の星々の運行を音に変換し、太陽の発する固有の波長をミックス、さらには地球の鼓動であるシューマン振動数（7.83hz）を加えて出来上がったのがこの《星々の響き》です！　この響きに抱かれて夢幻の領域に旅立てば、あなたの脳、ココロ、カラダは安らぎの中でよみがえり、自律神経が整います！

a．「太陽系テレポーテーションの旅」
60min.／7,000円
b．「銀河系テレポーテーションの旅
90min.／10,000円

③★癒しと回復「血液ハピハピ」の周波数《AWG》

生命の基板にして英知の起源でもあるソマチッドが
よろこびはじける周波数をカラダに入れることで
あなたの免疫力回復のプロセスが超加速します！

神楽坂ヒカルランド みらくる Shopping & Healing

神楽坂《みらくる波動》宣言！

神楽坂ヒカルランド「みらくる shopping &みらくる healing」では、触覚、聴覚、視覚、嗅（きゅう）覚、味覚の五感を研ぎすませることで、健康なシックスセンスの波動へとあなたを導く、これまでにないホリスティックなセルフヒーリングのサロンを目指しています。ヒーリングは総合芸術です。あなたも一緒にヒーリングアーティストになっていきましょう。

神楽坂《みらくる healing》メニュー

①★音響免疫チェア《羊水の響き》
②★銀河波動チェア《星々の響き》
③★癒しと回復「血液ハピハピ」の周波数《AWG》
④★量子スキャン＆量子セラピー《メタトロン》
⑤★脳活性《ブレイン・パワー・トレーナー》
⑥★磁気不足解消《元気充電マシン》
オプション①【毛細血管の血流チェック】
オプション②【水素風呂手足浴体験】

①★音響免疫チェア《羊水の響き》

脊髄に羊水の音を響かせて、アンチエイジング！
基礎体温１℃アップで体調不良を吹き飛ばす！
細胞を活性化し、血管の若返りをはかりましょう！

特許1000以上、天才・西堀貞夫氏がその発明人生の中で最も心血を注ぎ込んでいるのがこの音響免疫チェア。その夢は世界中のシアターにこの椅子を設置して、エンターテインメントの中であらゆる病い／不調を一掃すること。椅子に内蔵されたストロー状のファイバーが、羊水の中で胎児が音を聞くのと同じ状態をつくりだすのです！西堀貞夫氏の特製 CD による羊水体験をどうぞお楽しみください。

⑤★脳セラピー《ブレイン・パワー・トレーナー》

ストレス脳波をやすらぎ脳「α波」、ひらめき脳「θ波」へ誘導、
さらに「151Hz」で97%の人が視力向上！
航空自衛隊でも採用された驚異の実績！
この３つのWAVEを使い分けて脳力UP ＆脳活性の最強アイテム！
ストレス解消、仕事効率、学力アップにもバツグンの威力を発揮します！

30min.／1,000円　以下のコースの中からお選びください。

ａ．「4Hz」瞑想、リラックス
ｂ．「6Hz」ひらめき、自然治癒力アップ
ｃ．「8Hz」地球と同化、幸福
ｄ．「10Hz」ストレス解消
ｅ．「13Hz」集中力アップ
ｆ．「151Hz」視力向上、コリスッキリ

⑥★磁気不足解消《元気充電マシン》

現代人は地球の磁気不足の影響をもろに受けています。それはコリや痛み、むくみなどのストレスとなってあなたを直撃します！
そんなあなたの細胞に電気パルス信号と磁気をガツンとあてて電圧を正常な状態に誘導します。
『神様からの贈り物コレクション』（ヒカルランド刊）の著者・越山雅代氏が活用して効果をあげているのがこの《元気充電マシン》です！
ぜひ体感してみてください！

ａ．初体験 15min.／1,500円
ｂ．２回目以降 30min.／3,000円

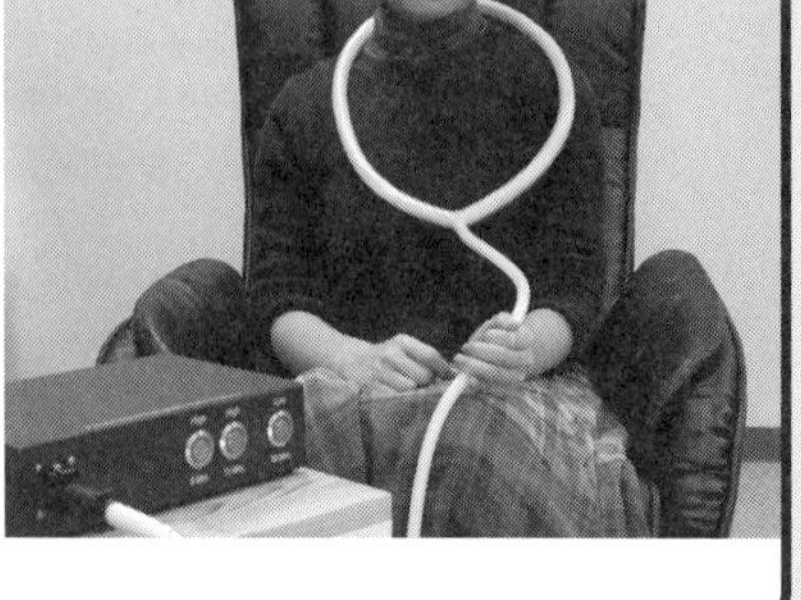

世界12カ国で特許、厚生労働省認可！　日米の医師＆科学者が25年の歳月をかけて、ありとあらゆる疾患に効果がある周波数を特定、治療用に開発された段階的波動発生装置です！
神楽坂ヒカルランドでは、まずはあなたのカラダの全体環境を整えること！　ここに特化・集中した《多機能対応メニュー》を用意しました。

a．「血液ハピハピ＆毒素バイバイ
(AWG コード003・204)」
60min.／6,000円
b．「免疫 POWER バリバリ
(AWG コード012・305)」
60min.／6,000円

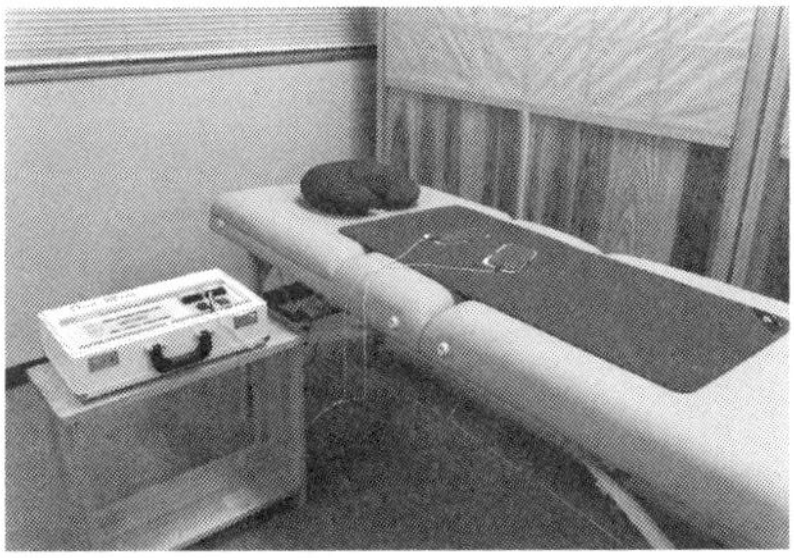

④★量子スキャン＆量子セラピー《メタトロン》

あなたのカラダの中を DNA レベルまで調査スキャニングできる
量子エントロピー理論で作られた最先端の治療器！

筋肉、骨格、内臓、血液、細胞、染色体など――あなたの優良部位、不調部位がパソコン画面にカラー６段階表示され、ひと目でわかります。セラピー波動を不調部位にかけることで、その場での修復が可能！
宇宙飛行士のためにロシアで開発されたこのメタトロンは、すでに日本でも進歩的な医師80人以上が診断と治癒のために導入しています。

a．「量子スキャンコース」60min.／10,000円
あなたのカラダをスキャンして今の健康状態をバッチリ６段階表示（ミニセラピー、あなたに合う／合わない食べ物アドバイス、波動転写水のサービス付き）
b．「量子セラピーコース」120min.／20,000円
あなたのカラダをスキャン後、全自動で全身の量子セラピーを行います（あなたに合う／合わない食べ物＆鉱物のアドバイス、波動転写水のサービス付き）

増川いづみ博士のサウンドツールセット
細胞は音から甦る！

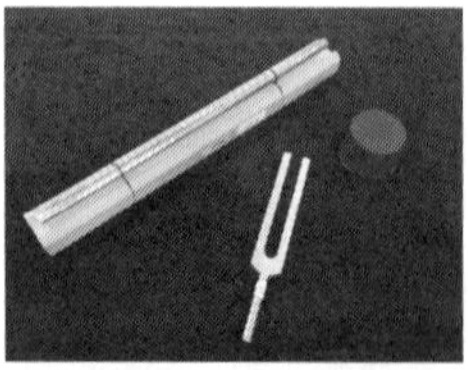

◎左から「チャイムバー（レギュラー）」、「フォーク」、「アクティベーター」

基本のファーストトライアルセット

定価：23,200円（税込）→セット特別価格：22,000円（税込）

サウンドヒーリングの最も基本となる「528Hz」を外部から刺激するのに最適なチャイムバー（レギュラータイプ）とフォーク（音叉）のセット。528Hzは、①人間が本来持っている愛の力を呼び覚まし、さらに高める　②洗脳からの解放（情報氾濫する社会の中で、正しい情報を選択する〝判断力〟を身に付ける）③損傷したDNAの修復に効果が期待できます。フォークはセットのアクティベーター、チャイムバーは付属のウッドスティックを使って振動させてください。

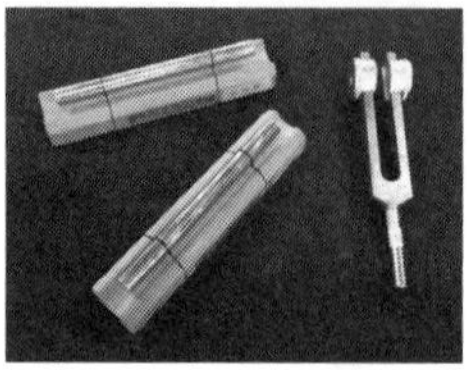

◎左上から「第４チャクラ　ハートチャクラ　チャイムバー（ハーモニック）」、中央「第４チャクラ　ハートチャクラ　チャイムバー（レギュラー）」、右「ヘヴィーフォーク」

基本のセカンドセット

定価：30,600円（税込）→セット特別価格：29,000円（税込）

メジャーチャクラの中心とされるハートチャクラを刺激するセットです。ここが刺激・活性化されて開いてくると、深いリラックス状態となり、全身のエネルギーの流れも円滑に。さらに、レギュラーとハーモニック（倍音）のチャイムバーの同時使用で効果が何倍も向上し、チャクラがオープンしやすくなります。528Hzのヘヴィーフォークは身体への振動が深く入るため、コリやつまりを感じる部分に使用できます。チャイムバーは付属のウッドスティックで振動させてください。

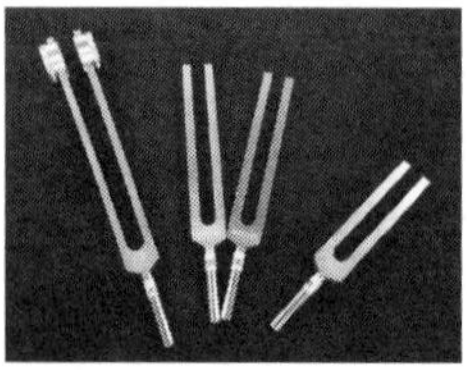

◎左「オゾン（ヘヴィーフォーク）」、中央「セルリダクション（フォーク２本セット）」、右「サーキュレーション（フォーク）」

元気力アップ！　肩こり・眼精疲労解消セット

定価：38,300円（税込）→セット特別価格：36,300円（税込）

コリやつまりの解消、さらには体内に蓄積した不要な老廃物や脂肪細胞の排出促進の効果も期待できるセットです。肩こりや腰痛が気になる方には特におすすめ。まず、サーキュレーション音叉により全身の新陳代謝を良くします。２本のセルリダクションでは「MUSLE（筋肉）」音叉を使用し筋肉を緩め、「FAT CELL（脂肪）」音叉で脂肪細胞をリリースしていきます。オゾン音叉は高い抗酸化作用が期待でき、腫瘍や化膿している部分にもお使い頂けます。

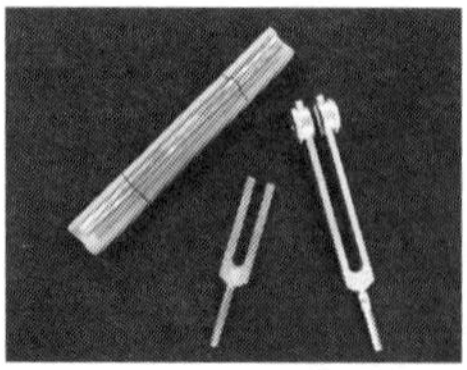

◎左「チャイムバー（ハイハーモニック）」、中央「フォーク」、右「サーキュレーション　ヘヴィーフォーク」

集中力アップ！　頭の疲れの解消と学習促進セット

定価：32,600円（税込）→セット特別価格：30,900円（税込）

常に頭を酷使するような仕事をされている方や受験生のいるご家庭に最適のセットです。999Hz音叉により、頭に活力エネルギーを注入し、驚くほど早く疲れを回復させていくことが期待できます。また、不眠症や眠りの質が低く、寝起きが辛い方にもこの音叉の周波数をお聞きになることをおすすめします。また、サーキュレーション（循環）のヘヴィーフォークは全身の血流や気の流れを促進しますので、身体と頭の疲れを取り除く効果が期待できます。

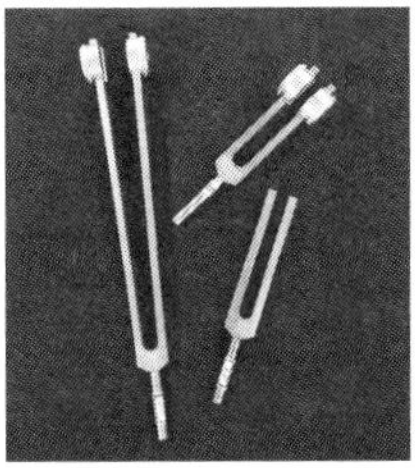

◎左「ナーブ（ヘヴィーフォーク）」、右上「ジェネシス（ヘヴィーフォーク）」、右下「ジェネシス（フォーク）」

腰痛解消セット

定価：34,800円（税込）→セット販売価格：33,000円（税込）

神経細胞に記憶された痛みやネガティブな記憶の原因を取り除く効果が期待できる「ナーブ音叉」、骨の歪みの調整と自分本来の意識の状態に戻す「ジェネシス」音叉。これらのセットは、悩む方の多い腰痛をトリートメントするのに最適です。ナーブ音叉は神経をリラックスさせる作用もあるので、胸腺や頭頂に使用することで、緊張状態を緩和していきます。ジェネシス音叉は、まずフォークタイプを使用し、その後、ヘヴィーフォークタイプを使用するとより効果的です。

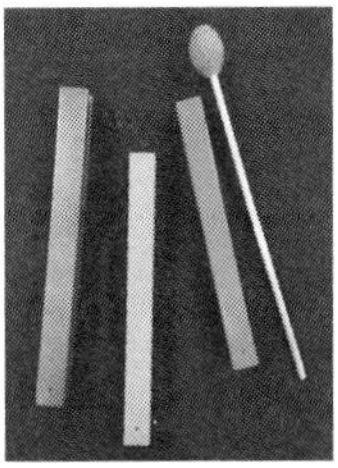

◎左「ニュームーン（新月）ハンドチャイム」、中央「オーム（宇宙の新奥の音） ハンドチャイム」、右「キロン ハンドチャイム」、右端「ハンドチャイム用マレット（ミディアム）」

場の浄化セット①

定価：56,400円（税込）→セット販売価格：54,000円（税込）

気の滞りがあったり、場の気が低いと感じる環境でお使い頂くハンドチャイムのセットです。ハンドチャイムは、環境や人のエーテル体（身体を包むエネルギーフィールド）を浄化し調整することができます。ニュームーンにより、まず悪い気を浄化し、次にオームでニュームーンの効果の増幅と、その場にいる人のエネルギーをグラウンディングさせて、悪いエネルギーの影響を受けにくくします。その後に癒しの力があるキロンで、その環境のエネルギーを高めます。

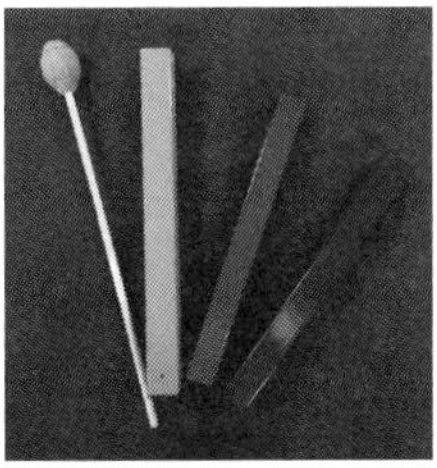

◎左「ビーナス（金星）ハンドチャイム ロータイプ」、中央「ニビル ハンドチャイム」、右「ジュピター（木星）ハンドチャイム」、右端「ハンドチャイム用マレット（ミディアム）」

場の浄化セット②

定価：57,700円（税込）→セット販売価格：55,000円（税込）

場の浄化セット①より、さらに高い浄化効果と調和の力を得たい場合に最適なセットです。ニビルの波動は、強いネガティブなエネルギーを取り除く際に有効ですが、エネルギーが強烈なので、キロン（別売）との同時使用が望まれます。次にジュピターで空間を拡げ、浄化の力をUP。単独での使用で、メンタル面の強化や気持ちを前向きにする効果も期待できます。最後にビーナスの波動を取り入れる事で、環境も人も調和に満ちた状態にもっていくことができます。

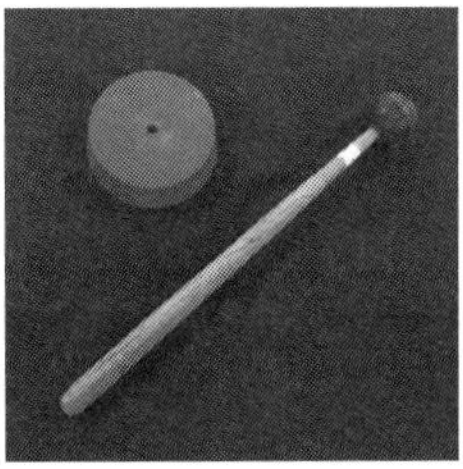

◎左上「ミドルアクティベーター」、右「ラバーマレット」

ビートツールセット①（フォーク、ヘヴィーフォーク専用）

定価：3,000円（税込）→セット販売価格：2,800円（税込）

音叉の振動を引き出す際、バリエーションに豊かさを添えるために、様々なビートツールをお持ちになることをおすすめいたします。ミドルアクティベーターは、テーブルなどに置くと安定して音叉を打ち付けることができます。スティックで音叉を叩きたい方には、ラバーマレットがおすすめ。チャイムバーに使用する事で、音の拡がりを押さえ、伸びやかな振動を引き出すことができます。夜での使用や近隣への音が気になる際は、ラバーマレットによる使用が最適です。

【お問い合わせ先】 ヒカルランドパーク

体験者の声

「ブレイン・セラピー」は、治療の現場でも驚異的効果を発揮！

神奈川県 美容鍼・
自律神経調整専門サロン
ブレア元町
上田隆勇 院長

ブレイン・セラピーは脳自体をリセットし、甲状腺機能を維持する力や免疫力をアップさせることができます。脳神経障害であるジストニアの患者さんで、歩行障害がある方に、ブレイン・セラピーと鍼治療を行ったところ、日常生活で転倒することが少なくなり、表情にも笑顔と自信が戻ってきました。散歩にも行かなかったのが、なんと旅行にまで行けるようになったのです。私自身も毎日使用し、仕事の効率が上がることを実感しています。

メガネのない生活を手に入れました！

東京都
坂本聡さん

私の仕事はセミナー業で、私が話しながら1番注意を払うことは、新しく参加されている方の目を見ることなんですね。しかし、私の視力は急激に低下していました。そんな時、ブレイン・パワー・トレーナーと出会い、最初は半信半疑だったのですが、30分1回のトレーニングで右0.2から0.7、左0.3から0.8と一気に上がったんです！車のライトや信号機、お店などのネオンがすごく明るくまぶしくなって感動しました。その後、たった5回のトレーニングで両目とも1.5まで上がり、今ではメガネのない生活を手に入れました。この器械はもう手放せません。

5年来の事故の後遺症だった頭の重苦しさが軽減！

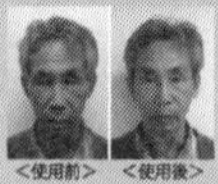

兵庫県
KMさん 30代

←お父様のお写真。この写真を見て、ご本人が「10歳若返った！」と叫んでおられたそう。

父は5年ほど前に事故にあい、後遺症がなかなかとれませんでした。家族でブレイン・セラピーを体験すると、たった30分で父は見るからに顔色がよくなり表情も目も輝きはじめました。朝から重かった頭も軽くなったと、少しおどけて見せて、私はそんな姿を初めて見たのでビックリです。母の難聴や私のアトピーにも変化が見られ、家族みんなでブレイン・セラピーの効果を感じることができました。

専門家も推薦!!

医学博士やクリニックの院長など、医療の専門家もブレイン・パワー・トレーナーを推薦しています。

経路が脳にあるとする考え方からすれば、脳活性装置で脳が外からの刺激をもっとも受け入れやすいリラクゼーション状態の周波数で「太陽」又は「聴宮」を刺激誘導すれば、全身がリラクゼーションの状態になります。
ブレイン・パワー・トレーナーは、おだやかな低周波電気信号を繰り返す装置です。大変微弱な刺激であり、極めて安全性の高い健康器具であると考えます。本器具のご使用による副作用等の心配は全く考えられません。

国立筑波技術大学 名誉教授 医学博士
森山 朝正

干渉波電気刺激による体性感覚への刺激は、顔面の筋肉の収縮・弛緩を深層部から効率よく繰り返す事により、表情筋を支配している顔面神経を刺激し、副交感神経を優位に立たせストレスから解放させます。
またこの電気刺激は、目の周りの眼輪筋・内部の外眼筋・水晶体の厚みを調節する毛様体筋をも収縮・弛緩させる、動眼神経・滑車神経・視神経への刺激により、視力の調節機能の回復を、さらに眼球内部の血流量（毛細血管）の増加の臨床実験もあることで、視力向上の可能性への期待が持てます。

医学博士・薬学博士 田口茂

脳の血流量が増えれば、脳の働きが活発になることがわかっています。
学者の中には、脳の血流量を増やすことこそ、物忘れやうつの症状の予防・改善につながると断言する人もいるほどです。２千人以上に「ブレイン・パワー・トレーナー」を使ってもらい、目の血流量を測定した所、すべての人の血流量が増えました。

葉山眼科クリニック 院長
葉山 隆一

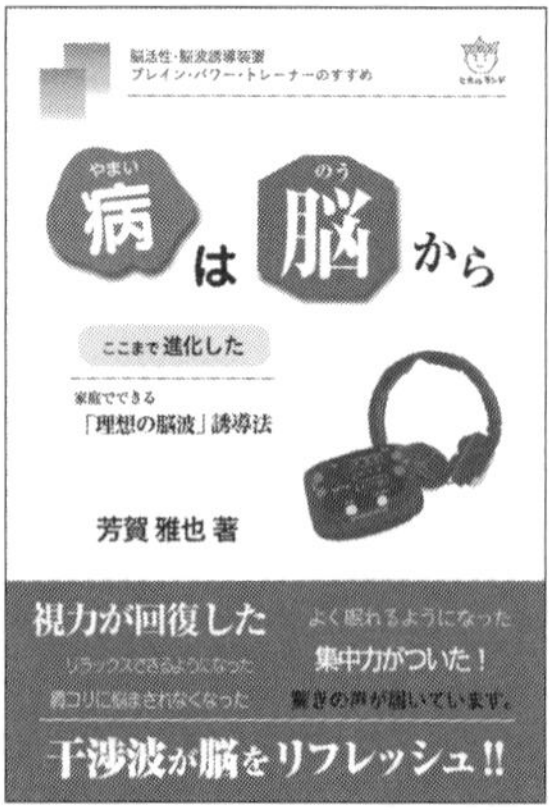

ブレイン・パワー・トレーナーのことが良く分かる小冊子「病は脳から」が出来上がりました。マンガやイラストを使ったわかりやすい内容となっています。

- ◉ 視力を良くしたい方
- ◉ メンタルを癒したい方
- ◉ 神経を癒したい方

本体 500円＋税

購入ご希望の方は、
ヒカルランドパークまでご連絡ください。

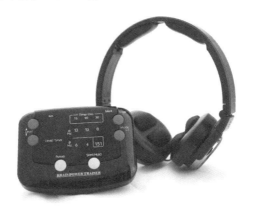